伯林文集

以赛亚·伯林爵士

（Sir Isaiah Berlin，1909—1997）

英国哲学家、观念史学家、20世纪著名自由主义知识分子。生于俄国犹太家庭，童年目睹俄国革命，1921年随父母前往英国。1928年进入牛津大学攻读哲学，1939年撰写《卡尔·马克思》，1944年转向观念史研究。1957年就任牛津大学社会与政治理论教授，发表具有开创性的“两种自由概念”演说，同年获封爵士。1966年参与创办牛津大学沃尔夫森学院并出任首任院长。作为杰出的观念史学家和学科主要奠基人，先后被授予耶路撒冷文学奖和伊拉斯谟奖。

伯林文集

卡尔·马克思（1939）
启蒙的时代（1956）
俄国思想家（1978）
概念与范畴（1978）
反潮流（1979）
个人印象（1980）
扭曲的人性之材（1990）
现实感（1996）
人类的恰当研究（文选，1997）
浪漫主义的根源（1999）
观念的力量（2000）
启蒙的三个批评者（2000）
自由及其背叛（2002）
自由论（2002）
苏联的心灵（2004）
浪漫主义时代的政治观念（2006）
伯林书信集 卷一（2004）
伯林书信集 卷二（2009）
伯林书信集 卷三（2013）
伯林书信集 卷四（2015）

特别收录

伯林谈话录（1992）
伯林传（1998）
未完的对话（2006）

概念与范畴

Concepts and Categories:
Philosophical Essays

哲学论文集

[英国] 以赛亚・伯林 —— 著
[英国] 亨利・哈代 —— 编
凌建娥 —— 译

译林出版社

图书在版编目（CIP）数据

概念与范畴：哲学论文集／(英) 以赛亚·伯林 (Isaiah Berlin) 著；(英) 亨利·哈代 (Henry Hardy) 编；凌建娥译.—南京：译林出版社，2019.4 (2024.8 重印)
(伯林文集)
书名原文：Concepts and Categories: Philosophical Essays
ISBN 978-7-5447-6571-8

Ⅰ.①概… Ⅱ.①以… ②亨… ③凌… Ⅲ.①哲学—文集 Ⅳ.①B-53

中国版本图书馆 CIP 数据核字（2016）第 211887 号

For more information about Isaiah Berlin visit https://isaiah-berlin.wolfson.ox.ac.uk/ and http://berlin.wolf.ac.ox.uk/

概念与范畴：哲学论文集 ［英国］以赛亚·伯林／著 ［英国］亨利·哈代／编 凌建娥／译

责任编辑 陶泽慧
装帧设计 韦 枫
校 对 孙玉兰 张 堃
责任印制 董 虎

原文出版 Princeton University Press, 2013
出版发行 译林出版社
地 址 南京市湖南路 1 号 A 楼
邮 箱 yilin@yilin.com
网 址 www.yilin.com
市场热线 025-86633278
排 版 南京展望文化发展有限公司
印 刷 南京新世纪联盟印务有限公司
开 本 850毫米 × 1168毫米 1/32
印 张 13.625
版 次 2019 年 4 月第 1 版
印 次 2024 年 8 月第 3 次印刷
书 号 ISBN 978-7-5447-6571-8
定 价 72.00 元

缅怀J．L.奥斯汀

奥斯汀是牛津哲学中最有影响力的人，我们俩私交甚好，他对我的影响比当时任何人都要大，至少在我作为哲学家所持的信念方面是如此。

——以赛亚·伯林[1]

[1] 引自本书附录中与弗朗斯·本德斯的访谈，参见下文第286—287页（中文版编注：本书边码即原书页码，若无特别注明，脚注中所指页码均为本书边码）。

“哲学”一词使用极为普遍。自诞生于古希腊以来，其含义就多种多样、含混不清。“哲学”既被用来指“对所有生命与所有存在的沉思”[1]，是“灵魂与自身的对话”[2]，又被我们当代一位奥地利讽刺作家用来指“对某一术语的系统性滥用，而该术语正是为了系统性滥用而被发明出来的”[3]。然而，上述说法并没有表达出哲学的本质。

[……] 在西方，特别是近四百年来的西方，哲学的内涵主要指对包含于人类思想与行为当中最常用的范畴与概念（如真与假、好与坏、相同与相异、人与物）进行的批评性思考。哲学最重要的一大任务就是引出对人类社会（在西方指的自然就是西方社会）最重要也最持久信仰的各种预设，并通过理性方法设法评估其有效性；有时对那些理性方法的评估还须借助源于其他领域的知识。

这种关联中最常见的问题就是“何以见得如此？”和“这

[1] 来源不详。

[2] “思想是心灵与自身的（无声）对话”：Plato，*Sophist*，263e—264a。此定义在柏拉图对话中共出现两次，但“无声”一词只出现在第一次。Cf. *Theaetetus*，189e.

[3] Arthur Koestler，*The Act of Creation*（London，1964），89（系书中引用的警句，作者不详）。

意味着什么？”，以及更为古老的形而上学的疑问：“本质何在与表象何在？”人类思想与行为的每一领域都可能存在上述疑问，事实上也的确一直有人在提出这些问题，也正是在此意义上哲学是最普遍的问询。

——以赛亚·伯林，《论哲学》[1]

[1] *Good Book Guide* 8（Spring 1980），10.

目　录

第二版附录

前　言

阿拉斯戴尔·麦金太尔

以赛亚·伯林将自己早年大部分哲学论文集结为《概念与范畴》于 1978 年出版的时候，他本人其实是不大情愿的。其中部分原因在于，他认为自己彼时已将哲学置于身后，转而潜心研究观念史了。有意思的是，恰恰是在该书收录的最后一篇论文的最后一段当中，伯林将自己多年以来潜心研究的一个重要哲学观点往前推进了一步，并且在此后非同凡响的学术生涯中继续致力于解释、辩护、研究它。这一观点就是，他认为存在多种善，否认“所有的好的事物都应该是彼此相容的”[1]，也就是说，在生活中或在建构某种社会秩序的时候，人们必定要为了一些善而牺牲另外一些善。正是伯林对这一观点的辩护，并且用它来解释各种政治、观念与文学纷争的事实，让他成为一位至今依旧非常重要的政治与道德哲学家。那么，他为何会觉得自己已经将哲学置于身后了呢？

伯林告诉读者说，这是他与哈佛逻辑学家 H. M. 谢费尔在 1944 年一次谈话的结果，他因此“离开哲学，转而进入

[1] 参见下文第 259 页。

xi 观念史领域”[1]。然而，《概念与范畴》中的大部分文章事实上都是在此后多年才发表的——最后一篇是伯林任亚里士多德学会主席的发言稿，都已经是晚至1964年的事了。如此一来，就出现了两个问题。第一，伯林早期的哲学文章与后来的历史文章关系何在？第二，伯林为何会歪曲乃至错解这一关系？伯林的读者要感谢杰米·里德，他看到了伯林早期的哲学文章和后来的历史文章中都同样关注到一些重要问题。[2]基于他的考察，我们可以确定有三个否认是伯林自己在后期著作中都假定其真实性的。

第一个是否认基于意义理论的考量让我们有足够的理由优待某一类句型或直陈句，其他类型的句子或直陈句只有在可以置换或还原到优待句型时才被看作有意义。如果这些考量被认为是不可抗拒的，它们将阻止我们发现道德、政治和审美的主张与义务的多样性和异质性。第二个是否认在我们赖以理解生活和作为行动基准的各种互相冲突的概念、范畴和模式之中，每一位理性的行为人只能效忠其中一种。关于相对立场的辩论一直在持续，也应该持续进行下去。道德哲学和政治哲学的历史主要是这种辩论的历史，尽管我们也许有足够充分的理由只认同其中一种立场，我们也不该期望任何一种立场在辩论中取得决定性胜利。

[1] 参见下文第 xxvii 页。
[2] ‘From Logical Positivism to Metaphysical Rationalism: Isaiah Berlin on the Fallacy of Reduction’, *History of Political Thought* 29 (2008) no.1, 109—131.

无论是思想启蒙运动的主要参加者与18、19世纪对思想启蒙运动持敌意的批评者之间的辩论，还是自由派人士、托尔斯泰信徒与19、20世纪各种马克思主义者之间的辩论， xii
它们的结果都至关重要。它们已经产生并将继续产生重要的历史影响。不仅如此，伯林还致力于第三个否认，即否认我们有足够的理由相信历史受制于预先决定其进程的规律，否认历史研究因找寻那些规律和解释模式，而与自然科学研究极为相似。上述三个否认是整体上拒绝20世纪30年代实证主义的部分表现。正是由于伯林的信心让他有理由拒绝实证主义，坚持上述三个否认，才得以继续自己对观念史的研究。那种自信的基础就显现在《概念与范畴》所收集的文章当中。

第一个否认预设了《证实》、《经验命题与假言陈述》和《逻辑转换》三篇文章中的论点，同时还有伯林在牛津大学的同事们提出的类似观点。“词语有意义，”伯林在《逻辑转换》一文的最后几段说，“不在于确定一些现实，而在于有一种可辨认的用途。”[1]他还说：“不存在一个单一的意义标准。”《哲学的目的》和《政治理论还存在吗？》两篇文章展现了哲学的概念以及伯林对哲学历史的理解，伯林在此将哲学家描述为致力于持续不断而非决定性讨论的人，他们的讨论围绕人类用以理解自身及其与自然、社会关系的概念与范畴。由此，它们也佐证了伯林的第二个否认。他拒绝历史决定论者对历史的理解这一观点在《科学历史学的概

[1] 参见下文第103—104页。

xiii 念》和《“希望不再，恐惧不再”》两文中都有体现。

我想表达的观点并不是伯林在写这些文章的时候，特别是在写 1950 年之前的三篇文章时，就已经想好了他后来会理所当然地认为正确的观点。这其中肯定存在一段时间，他主要把自己看作是同艾耶尔、奥斯汀、汉普希尔等人一起参与分析哲学对话的人（他自己说是从 1945 年以来，这也许是不对的，从这些文章的发表日期来看，应该要更晚一些）。不过，他并没有与哲学脱离关系，他早期的著述与后期的著述还是存在关系的，而且后期著述也还存在哲学的一面。伯林的确是致力于观念史研究，但他写的观念史总体来说还是得益于哲学的观念史。难道还可能不是这样？

对于伯林文中提到的参与讨论的人（对于我们这些伯林的读者而言，若要以史为鉴的话），重要的不是仅仅看谁在历史上胜出或败退，而是要看出哪些论点是合理的，哪些是不合理的，要看到哲学错误可能致使社会和道德的混乱。他笔下关于思想启蒙运动主要参与者及其批评者之间的冲突是如此，关于俄国思想的叙述也是如此。有一点很重要，那就是在伯林的观念史文章中，我们直面的观念不是抽象的，而是某个思想家在特定语境下以特定形式表达出来的观念。同样重要的是，他在描绘这些思想家时明显展示出同样的洞察力和富有想象力的同情，无论是他最不愿苟同的思想家还是他认可的思想家，皆是如此。

哲学家们普遍将对他们至关重要的讨论视为理论与理论

之间的冲突，而不是理论家与理论家之间的冲突，所谓“笛卡尔”、“莱布尼茨”、“休谟”不过是他们论点和论据的代名 xiv
词，并不是真指这些思想家在陈述他们自己与他人相左的观点。如此意义上的哲学史读来与伯林意义上的观念史非常不同，粗心的读者可能还真会相信伯林所言，以为他已经将哲学抛在身后了。但是，这样的读者错了。伯林所从事的观念史与常规意义上的哲学史不仅是互补的，还纠正了其中好些不足，特别是在道德和政治哲学史方面。诚然，伯林笔下的一些思想家在专业从事哲学研究的哲学家眼里算不上是哲学家（托尔斯泰就是显著例子），但这也恰恰说明过去存在一种对于哲学过于狭隘的认识。最重要的是，伯林的讲述方式让我们认识到一些哲学家的重要性，例如维柯和赫尔德，两人的思想在传统哲学史上要么被忽视，要么被边缘化。

伯林的确已经将那些后来被牛津和别处的分析哲学家们认领的主题和观点（他们在 20 世纪余下的时间里对自己的研究乐此不疲）抛在身后不再理会。他对于意义理论的探究后来在几个方向上展开，伯林在 20 世纪 30、40 年代所参与的讨论被认为是这类研究的前史——事实也的确如此。那种可以用来给历史与社会科学提供解释的概论，有关它们的讨论将会引发出一些更为细致的话题，而后者彻底改变了我们当初提出的问题。这是否意味着伯林的否定性结论的自信是没有正当理由的？不是，因为没有任何后来的研究佐证可以否认伯林的第一或第三个否认，而第二个否认则一直都还处在争议之中，一如从前。

xv 值得注意的是，参与第二个否认争议的人主要都是哲学家。伯林或许自以为已经将哲学抛在身后了，但各持己见的哲学家们对此毫不领会，一直还将他看作是哲学领域的一个主要人物。1958 年，在他就任牛津大学全灵学院社会与政治理论奇切利讲座教授期间，他所作的题为《两种自由概念》的讲座引发了有关“消极自由”的积极讨论，除此之外，还有自那时起就在他思想中占核心地位的主张，无论这一主张是先验观点或经验观察，都不能为我们

> 担保可以假定（甚至理解这么说意味着什么）但凡所有好的事物……都是彼此相容的。我们平常经验里的世界是一个需要我们平等面对各种极限选择、各种极端要求的世界，要满足其中的一些选择或要求，势必要牺牲其他选择或要求。[1]

过去五十年来，这些讨论成倍增长，哲学家们在讨论各种不同的自由概念的时候，或者讨论自由和其他道德与政治价值关系的时候，或者在更为宏观的层面上讨论各种人类利益等级的时候，都少不了要回答这样的问题：“存在一种

[1] 选自《两种自由概念》，载《自由论》，亨利·哈代编（Oxford and New York: 2002），第 213—214 页。

让人类活得最好的方式吗？”于是乎，他们也就都少不了直接或间接地提到伯林。伯林在哲学正典中的地位是稳固的。但他为何至少有相当一段时间认为自己已置身于哲学之外了呢？

二十年前[1]，大卫·皮尔斯曾暗示过，这是因为伯林对于哲学研究的认识与大多数分析哲学家的认识存在重大分歧。不过，伯林本人对那些分歧是非常清楚的，如果他愿意的话，大可以在此意义上详细描述自己从前期到后期的转变。但他
没有回答，皮尔斯也没有正面回答，只是那么说过以后，要 xvi
回答我们提出的问题就更难了。倍感困惑的我因而干脆对这个问题置之不理，唯恐再添乱。

伯林非常重视当年参与争辩性对话的质量，因而也致力于让当时的对峙令人信服。出人意料的是，我们当中对伯林观点提出强烈反对的人事后反而能更好地理解伯林的立场，也更好地理解了我们自己的立场。阅读伯林的文章也同样如此。他特别擅长让我们理解双方意见不一的时候，争议究竟事关什么。无论他作为历史学家去研究的那些争议，还是他积极参与的争议，他都有本事让人看清这点。也正是这一点，让我们阅读、重读《概念与范畴》一书中的文章显得具有特
别的意义。 xvii

[1] 参见《哲学与哲学历史》一文，载埃德娜·马加利特与阿维赛·马加利特合编《以赛亚·伯林研究论文集》(London and New York，1991)。

编者前言

> 哲学家检查词语的目的在于，当它们用于成功交流的时候，它们是否会展示出或掩盖住某种令某一类事实不同于其他事实的特征，或者错误地显示出存在某些直接经验观察无法揭示的细微差别。之所以要这么做，是因为对任何一种情形的忽视都可能导致系统性的混乱或失误，这种混乱或失误倒不一定会是词语使用方面的，因为普通的词语旨在用于日常实践，而不是供哲学家们玩味，也不该被哲学家们的批评所改变，他们应当用它来准确辨别和描述不可还原的经验。因为这个缘故，哲学家们一直重视词语；在我看来，这也是唯一的缘故。
>
> ——以赛亚·伯林[1]

我在以赛亚·伯林生前编选、出版了七本他的文集，本书就是其中一本的第二版。这些文集汇聚了他绝大多数公开发表过的论文（已经结集出版过的除外），以及好几篇从未 xix

[1]《专题论文集：归纳与假设》（与玛格丽特·麦克唐纳德和吉尔伯特·莱利合著）的第二篇，载《亚里士多德学会会刊》增刊，第16卷，1937年，第102页。

发表过的文章。[1] 在此之前，这些文章七零八落，多散于一些不常见处，且大多还已经绝版，只有六篇曾被收录重印。[2] 这些文集（伯林自己也慷慨表示，它们彻底改变、提高了他的声誉），连同伯林逝世后出版的七本文集 [3]，让世人更为方便地了解了伯林的作品全貌。

本书收录的是伯林已经公开发表过的最重要的哲学论文，只有《历史的不可避免性》和《两种自由概念》两文算是例外，两者的修订稿已被收录于《自由四论》，现在又被收录于《自由论》和《人类的恰当研究》;《归纳与假设》[4] 一文被收录于某专题论文集中作为第二篇，虽说该文很难单独 xx
成立，因为它主要是对专题论文集中第一篇文章的直接回应，

[1] 本文集分别于 1978 年和 1979 年在伦敦和纽约第一次发行。其他几卷分别是与艾琳·凯利合编的《俄国思想家》(London and New York，1978)、《反潮流》(London，1979；New York，1980)、《个人印象》(London，1980；New York，1981；2nd ed.，London，1998)、《扭曲的人性之材》(London，1990；New York，1991)。另外，还有本人与罗杰·豪舍尔合编的单行本《人类的恰当研究》(London，1997；New York，1998)。

[2] 这些文章收集在《自由四论》(London and New York，1969）和《维柯与赫尔德》(London and New York，1976）两书中。现在，这两本文集改名为《自由论》和《启蒙的三个批评者》发行，详情参见下一条注释。其他文集均只以译著的形式出版过。

[3] 这些文集分别是《浪漫主义的根源》(London and Princeton，1999；2nd.，Princeton，2013)、《观念的力量》(London and Princeton，2000；2nd.，Princeton，2013)、《启蒙的三个批评者》(London and Princeton，2000；2nd.，Princeton，2013)、《自由及其背叛》(London and Princeton，2002)、《自由论》(Oxford and New York，2002)、《苏联的心灵》(Washington，2004)、《浪漫主义时代的政治观念》(London and Princeton，2006)。

[4] 同上文引用（第 xix 页注释 1)。

不过对于研究伯林哲学思想的人而言，此文依旧不容忽视，因为该文的最后一段，也就是本文题记中引用的这段，可谓是当时牛津大学分析哲学的小宣言。[1] 也正是在此文中，伯林提出他相信存在综合性的先验命题，并用了有关不同颜色关系之间的命题举例说明。如，“这种粉红（色调）更像这种朱红色，而不是这种黑色”。他在 1996 年《我的学术之路》一文中总结自己哲学方面的成就时曾提到，这种观点对于 20 世纪 30 年代的哲学讨论是一大贡献。[2]

本文集中各篇文章的最初出处如下：

《哲学的目的》最初发表于尼日利亚杂志《洞察力》第 1 卷 1 期(1962),1962 年 11 月 4 日在《星期日泰晤士报》上重印，并以《哲学的目标》为题收录于列奥纳德·罗素所编的《次
xxi 年重唱》(London，1963)。

《证实》、《逻辑转换》、《平等》和《“希望不再，恐惧不再”》(1963

[1] 读者们或许想进一步了解另外四篇不曾收录在此的哲学文章。一篇是对伯特兰·罗素《西方哲学史》的评论，载《心灵》杂志 56 期（1947）；发表在《20 世纪》杂志 157 期（1955）上的《哲学与信仰》一文，是与安东尼·昆顿、斯图尔特·汉普希尔和艾丽丝·默多克三人的谈话录；《哲学入门》一文是对布莱恩·麦基的访谈录，发表于《思想家》(1978)；《历史哲学可能吗？》一文是多人对话录，收录于约威尔编的《历史哲学与行动》（Dordrecht/Boston/London and Jerusalem，1978）当中。有关这方面的其他述评和一些短小精悍的文章，可参考我整理的伯林研究参考文献。文献可从“以赛亚·伯林虚拟图书馆”的网址下载：http://berlin.wolf.ox.ac.uk/。
[2] 参见《归纳与假设》（上文第 xix 页注释 1），第 76 页及以下；《观念的力量》（上文第 xx 页注释 3），第 3 页。

至1964年就任亚里士多德学会主席就职演说）等几篇文章依次发表于《亚里士多德学会会刊》第39卷（1938—1939）、第50卷（1949—1950）、第56卷（1955—1956）和第64卷（1963—1964）。

《经验命题与假言陈述》一文载于《心灵》杂志第56期（1950）。

《科学历史学的概念》一文曾以《历史与理论：科学历史学的概念》为题载于《历史与理论》第1期（1960），并收录于亚历山大·赖萨洛夫斯基和巴恩斯·里茨尼克合编的《历史概论》（Philadelphia，1963）中，同时以本文集中的标题收录于威廉·德莱所编的《哲学分析与历史》(New York，1966)中。

《政治理论还存在吗？》一文最早以法文载于《法国政治科学》第11期（1961），其英文版收录在彼得·拉斯勒特与W. G. 朗西曼合编的《哲学、政治与社会》（Oxford，1962）中。

除非是为了必要的纠正或附加遗漏的注释，这些文章都保持了当年原貌。

此次第二版中新增了麦金太尔撰写的“前言”，还有好几篇附录，节选了我和伯林1976年就重印其哲学文章的书信往来（他一开始拒绝了我的好意，多亏了伯纳德·威廉斯的介入才令本书的出版得以实现。他以书信形式完成了这一仲裁，这封信也被收录在附录中），伯林接受弗朗斯·本德斯有关本书初版后的访谈，为一本哲学词典准备的伯林哲学观点简介，以及其他几篇有助理解伯林哲学思想或有关哲学话题的文章。

我没有在附录中收录任何伯林不曾发表过的哲学文章，
尽管其中一些其实非常有意思。这部分文章大多可以在以赛
xxii 亚·伯林虚拟图书馆的网站（http://berlin.wolf.ox.ac.uk/lists/
nachss/index.html）直接浏览。（其中一篇关于功利主义的文章大概写于 1937 年前后，在我看来最早预示了伯林后来认为价值是多元且互不相容的观点。）

鉴于第二版经过重新排版，页码也与初版不同了。这给读者跟进初版里的一些文献带来了不便。有鉴于此，我把两个版本的页码转换放在了网上（http://berlin.wolf.ox.ac.uk/published_works/cc/concordance.html），供读者随时查阅。

特别感谢伯纳德·威廉斯不仅欣然为本书撰写导读，还协助我说服了伯林这些哲学文章值得重印。没有他的支持就没有大家眼前的这本书。伯林为人一贯谦逊、温和，无论对我力主出版文集的倡议，还是对我提出的任何细微问题都能及时予以回应，尽管他对出版文集之事一直都表示怀疑，对本卷文集的出版更是如此。本书之所以能面世，还得益于伯林的秘书帕特里夏·尤特金从一开始就给予我不可或缺的帮助和鼓舞，凯特·麦肯齐则热心复核了本书的校对稿。此次第二版得以发行，还特别感谢普林斯顿大学出版社的阿尔·伯特兰，以及塞缪尔·格腾普兰、阿拉斯戴尔·麦金太尔和菲利普·斯科菲尔德。

亨利·哈代

xxiii 2013 年 7 月于赫斯沃尔

作者自序

这里收集的一些文章原是我二十多年前在牛津大学讲授哲学时所作，亨利·哈代博士提议将它们单独结集出版时，我其实是并不情愿的。倒不是说我想收回或大幅度修改文中观点（我没法忍受去重读它们），我只是觉得这些文章是特定时代的产物——可谓代表第二次世界大战前后盛行于牛津大学有关实证主义的讨论与争议，鲜有什么观点值得三十年后重申。对于之后写的一些文章，我也抱有同样的怀疑。很显然，哈代博士对这些文章的评价比我的自我评价要高，当我一再固执己见，哈代博士遂建议我们诉诸仲裁，请来了伯纳德·威廉斯教授。鉴于伯纳德·威廉斯是一位有创见的哲学家，也是一位公正、率直的评论家，我原希望他会赞成我的看法。可是当他也赞同结集出版时，说实话，我是有些喜不自禁的，尽管我还是不无怀疑他的裁决是否更多出于好意而非公正。哈代博士还顺势邀请威廉斯教授为这本集子作导读。对于哈代博士如此矢志不渝的友谊，我在此深表感激。

偶尔总有人问起我何以不再教哲学，毕竟大多数英语国家的大学都还在理所应当地开设哲学课程。对于这一问题的 xxv
最好回答莫过于让我回顾一次谈话，那是第二次世界大战结束前夕我与已故的哈佛大学 H. M. 谢费尔教授在哈佛的一次谈话，那时我在华盛顿的英国大使馆工作。作为当时最有名望的数学逻辑学家之一，谢费尔告诉我，他认为，有且只有两门可能增长永久性知识的哲学学科：一门是新发现、新方法层出不穷的逻辑学——像自然科学或数学一样，逻辑学是一门有关确切知识并确实取得进展的学问；另一门是心理学，这门学科的某些方面在他看来具有哲学意味——它是一种经验研究,而且很显然取得了稳定发展。当然,此外还有哲学史：但它本身不是哲学学科；逻辑学和心理学不同于哲学本身之处在于，它不像历史或者古籍学习一样，发展的观念、知识积累的观念都不适用于它。“说一个人深谙认识论，或者一个学者伦理学知识渊博，”谢费尔指出，“都是说不通的；它不是那种学问。”

他接着说，哲学是一个不可思议的思想体系，但在他看来，这一体系并没有因为逻辑实证主义哲学家的所作所为而有所发展，反而是被他们严重摧残了，受到像他自己一样的逻辑学家的影响；“卡尔纳普公司”（他给他们如此冠名）所做的一切让他厌恶——它毁掉了他和他导师罗伊斯设想中的真正哲学：“如果我的任何工作刺激了它的发展，我宁愿不曾降生于世。”

尽管我当时和现在都无法接受谢费尔教授对于逻辑实证主义的价值和影响的彻底诋毁，也不赞同他不惜打破自己早先对逻辑和哲学进行严格区分的立场，他的话还是对我产生了深刻的影响。在随后几个月里，我反复问自己是

否愿意将余生奉献给一门这样的学问，无论它本身多么奇 xxvi
妙、多么重要，无论它取得了如何全新的成就，却不如批评或诗歌一样丰富人类实证知识的积累。我逐渐认识到自己还是更愿意献身于一个可以在有生之年不断丰富的领域，于是我从哲学研究转向了观念史这一多年来我乐此不疲的领域。

我之所以说起这段往事主要是出于历史性原因，它道出了这位现代逻辑学奠基人之一在垂暮之年对哲学的认识，而有关他的思想观点，无论巨细，据我所知还不曾出版；此外，关于这次谈话的内容已有一些错误的说法在流传，其中之一还刚刚出版面世，我想不如还是自己出面澄清事实，让真相大白于天下。

以赛亚·伯林

1978 年 2 月 xxvii

导 读

伯纳德·威廉斯

以赛亚·伯林虽因其政治理论和观念史而闻名于世，初时乃出道于哲学，参与了20世纪30年代末牛津大学年轻而激进的哲学家们有关知识理论和意义理论的热切讨论。这个当年主要以私人讨论为主的学术圈包括了斯图尔特·汉普希尔、现已辞世的A. J. 艾耶尔和J. L. 奥斯汀等人。[1] 本书收录的是伯林的哲学论文，其中代表他早年思想的三篇文章（只有一篇真正写于第二次世界大战前）必然能让读者对当年牛津的哲学对话有所了解，并对伯林的双重转型达到理解。其一是伯林从辩证性讨论到历史记录的转型——众多学派的众多哲学家都对此有所疑问；其二是从伯林其人到伯林其文的转型。

有人认为伯林在当时和他的朋友们从事的那种哲学活动本质上是对话的，无法见诸文字，就像它催生的20世纪40、50年代的“语言哲学”一样。就这种活动产生的具体观点，而不是其采取的特定方式而言，这种说法应该是一种夸张。

[1] See Berlin, ‘Austin and the Early Beginnings of Oxford’, in Sir Isaiah Berlin and Others, *Essays on J. L. Austin*（Oxford，1973）. 该文后来还被部分收录于《个人印象》（参见上文第 xx 页注释 1）；同时还可参见 A. J. Ayer, *Part of my Life*（London，1977），160。

在所谓“分析”哲学家或“语言”哲学家中，只有维特根斯坦对哲学本质的理解（像苏格拉底理解的一样）意味着那些有关哲学本质的东西势必在转换为书面文字后丢失。(至少)奥斯汀笃信的哲学本质没有阻止他撰写哲学教科书，艾耶尔也没有拒绝著述。本书收录的伯林文章能够，并的确保存了当年牛津哲学大讨论的要点。 xxix

将伯林其人其谈付诸铅字的转型必定包含明确的意义流失，尽管这种流失难以付诸言表。期刊论文应该遵循的惯例势必还会削弱伯林的独到见解，即任何抽象的或分析的观点都无法独立存在于与之相关的历史观念和个人观念：任何一种观念不仅属于某处、某人，还与其他一切观念语境息息相关，而这一语境不纯粹是被指定的语境。在伯林看来，观念不仅主要具有系统性，还是历史实际和心理实际，是要用历史和心理眼光去认识和理解的东西。正是这一点让伯林成为一个颇有风度的健谈者——充分理解对方，能从对方的角度看问题。

伯林是第二次世界大战前牛津哲学学术圈中的一员，当时他们所讨论的议题有相当一部分是逻辑实证主义。他们关注句子意义发生的条件，关注意义与证实之间的关系，以感性知觉分析证实。实证主义把自然科学看作知识范式，又对科学持经验论态度，将实际操作上的科学理论仅看作一种纲要或者一台机器，专门生产实际存在的和可能的观察结果。这套观念并没有给历史想象或者深刻见解留下多少空间。伯林从来不是一个实证主义者，这点应该不足为奇。他不过是 xxx

在哲学面临实证主义挑战的关头对哲学发生了浓厚兴趣，著述了并非一味机械地排斥实证主义的文章，用相应的语言对其中的关键问题提出了异议。本文集中有两篇就是这种类型的文章，一篇是《证实》，另一篇是《经验命题与假言陈述》。两篇文章都对机械实证主义表示深刻怀疑，后者认为我们有关现实陈述的意义是直接通过我们找到它们的步骤所决定的。伯林反对这种一刀切的观念。他肯定我们对现实的理解已经包括现实的存在独立于我们和我们的理解这一观念，如此一来我们描述现实时想表达的意思无法适应实证主义的观念，即认为有关现实的真理等同于有关我们的真理。

伯林在上述行为中看到了无法令人接受的唯心等同论，如果关于现实的直言真理被等同于关于我们（或任何可能的观察者）的假言真理，这种等同论同样好不到哪里去（实证主义者希望会好一些）。这是现象论的做法，是关于外部世界最卓越的实证主义理论。现象论试图将关于物质世界的一切陈述分析成关于实际存在或可能存在的经验陈述。在此视野下，关于被观察物的陈述分析起来应该至少部分是直言陈述：它们记录实际存在的观察。而关于未被观察物的陈述，一旦分析起来，应该全部都是假言陈述。伯林指出，这两种说法不可能是正确的，因为被观察物和未被观察物之间的差别不可能造成**逻辑形式**的差别。

因而，宏观上说来，伯林对有关未被观察物命题提出的质疑，以及他的论证方式，可以看作是认识论和逻辑学的显著结合，而这正是经验哲学的传统。（要拒绝经验主义认识论关于指称的观念，其最终后果是根本性的改变，这也是当 xxxi 前语言哲学思考的主要问题。）另外要指出的一点是，伯林之所以反对可证实性的立场，是出于一种对过去现实的强烈感知，尽管这种感知并非所有哲学家都认同，这也使得他的形而上学观点与他整个作品相契合。

伯林拒绝接受实证主义关于意义和知识的观点，更不接受它关于哲学自始至终地位卑微，是科学的秘书，是形而上学的讣告者的观点。他的历史意识甚至让他怀疑后实证主义语言哲学对于哲学更为宽容的观念，后者仔细地、不无想象地记录日常语言的使用和含义，并以此来诊断哲学困惑的根源。伯林在《哲学的目的》和《政治理论还存在吗？》两篇文章中相继指出哲学的任务远不止于此。其思想路线或更接近科林伍德，而不是任何分析哲学家。他在文中所关注的是人类经验所引入的多种模式或预设以及帮助形成该经验的模式或预设。在伯林看来，哲学的任务之一就是理解这些模式，理解我们自己，这意味着，如果这些模式正确描述了不同时代和文化语境下的人类经验，那么无论何时何地，都应该有关于知识客观性的真正问题。这些问题说不上新颖，（至少）自黑格尔以降已经成形并期待回答。对于此类问题，语言哲学基本视而不见，但这些问题并没有因此消失，或者因为被忽视而有所改变。

事实上，这些问题还可以诉诸自然科学。伯林自己没有

xxxii 这么做，让这两篇文章打上实证主义烙印的是伯林对科学问题的分类：一种是可以确定回答的问题，一种是不能确定回答的问题，而可以确定回答的问题又分为经验问题和形式问题。现在很多科学哲学家都认为，伯林提出的范式和模式在自然科学发展中同样可以看到。他们中有些人坚信，科学理论唯有置身自身历史才可以被理解，这也是伯林的兴趣所在。

伯林将自己对模式和预设的关注仅用于人文科学，在《科学历史学的概念》一文和其他地方，他都坚持这类科学的特性，即其研究主题与研究者本质相同。在伯林看来，这一特性使得研究者，也要求研究者有特别深刻的认识，而任何其他论题并没有这种要求。当然，这是他在维柯和赫尔德等人身上看到并推崇的能力，他们认为过往时代、古老文化中的人同我们看世界的方式不一样，如果要重温他们的观念必得经历一番认同。这也是伯林自己身上体现出来的一种能力。它不仅适用于跨越时间的认识，也适用于对不同思想家在同一时期所持的不同视角和认知结构的认识。

这些不同的结构或模式，无论是不同时期的还是同一时期的，都不可避免地引发相对主义的问题：是否可以在某个基础上说，一种观点在绝对意义上要比另一种观点更好、更恰当？在我看来，伯林虽没有对相对主义提出一般性的理论
xxxiii 批评，但他肯定对此持排斥态度，因为他自己对于人类行为及可理解性的阐述表明，一些过去存在，现在也依然有影响力的意识形态和生活模式存在虚伪性。在《“希望不再，恐

惧不再”》一文中，他将关于人类自由的一系列形而上学问题（他此前探讨过与之相关的社会和政治自由问题）同另外一个饶有趣味且发人深省的问题联系起来，那就是知识是否一定具有解放性。他想说明如果我们的确相信这样一种决定论，相信我们的行为是可以无限往回追溯的，早先事态作用于现在的结果，我们就应该意识到它对诸如行动、目的、表扬、责怪、悔恨等通常观念所造成的巨大影响。在有关自由的问题上，伯林与伊壁鸠鲁意见一致，认为“折衷的”自我决定假说（只要我们行动的原因是自己选择的，就说明我们是自由的，即使选择本身又有其原因）还不够好，还是一种“半奴役状态”[1]。伯林没有直接反对决定论，也没有直接拒绝接受折衷策略。但他对决定论在观念和道德上的代价是巨大的这一信念，可以看作是他反对接受决定论的警示。他认为上述自我决定论是一个明确的错误，而与之相随的解放图景具有缺陷，而且是绝对的缺陷，而不只是相对另外一组假设而言显得相对不足。事实上，我们可以认为伯林不但希望而且相信决定论是虚假的，而自由意志论者梦寐以求的反决定论自由是可能的。

在伯林的哲学论述中，不止一种问题被排除在可以明确回答的问题之外。价值问题就是其中之一，它们应被排除在外的事实，以及在此语境下它们应当与哲学问题部分融合的事实， xxxiv
是伯林哲学思想的特色所在。价值问题应该同哲学问题部分融

[1] 参见下文第 237 页。

合这一主张提醒我们伯林赋予哲学的宏观视野。它也警告我们，价值问题之所以在他眼里最终是可争辩的，不是说它们是“主观的”，或者它们的答案仅只是敌对态度的表达。企图在主观主义语境下解读伯林对价值冲突的探讨只会使之错位，失去其独特的力量。一方面，关于主观主义的争辩总难免与个人价值、社会价值之间的冲突相关（“谁对谁错？”）。另一方面，伯林所关心的是这些互相冲突的价值观在同一种意识内的张力。

在以上和其他文章当中，伯林反复警告我们这样一种深刻的错误，即以为所有的利益、美德、理想都是彼此协调的、相容的，人们想要的一切最终可以毫无损失地结合成一个和谐的整体。它绝不是如下老生常谈：在一个不完美的世界里，我们眼中美好的事物并不能在实践中相互协调。它说的是我们对一个毫无损失的世界无法达成连贯的认识，说的是我们应该意识到所有的利益本质上就存在冲突，不可能有一个能协调一切而不受争议的计划。有关价值问题的认识，不管是具体情况还是普遍说来，当然都可能存在错误或局限。一方面可能存在遗漏和简单化，屈服于这样的错觉，以为一种价值可以凌驾于所有其他价值而重建一切。在伯林看来，这肯定是一个最为严重的错误，无论在特殊意义上还是绝对意义上都莫不如此，因为它与价值真理格格不入。然而伯林给出的历史图景，不同时期不同社会所使用的人与世界的模式，
xxxv 告诉我们情况是（必须是，是黑格尔意义上的必须是，伯林对此不置可否）这样的，不是所有的价值观都能平等地出现

在所有的世界观里。此外，有关价值多元和它们内在冲突的强烈认识本身又是一种历史现象，是某些时代（例如我们当下）的特征。有一点能让我们深入领会某种价值及其对人类情感可能产生的作用，那就是同情地理解一个不像我们这样看重多元价值竞争的社会对这一价值的尊重。

伯林倡导的价值多元论并非他在《逻辑转换》（该文明确表达了当时牛津学派的一些观念）中所倡导的哲学上的反还原论、反简单化的一般态度在伦理学和政治理论中的应用。在解释理论的要求下那种一般态度适宜地让步了：很明显，面对理论它必须让步，哲学的问题是解释要求理论走多远——对于这个问题的回答，现在的做法比20世纪50年代牛津学派的回答要积极得多。但是如下伦理问题很难说是一个**解释**理论的问题：我们是否应当放弃某些对我们生效的价值（如基于大众实用或慈善利益出发放弃考虑忠诚或公正）。一直以来，哲学家们始终坚持我们在此遭遇的是另外一种理论的要求，以系统化和简单化道德观为宗旨的道德理论。但是他们很少试图回答一个真正的问题：理论的简洁性面对真正重要的问题之时，究竟具有怎样的权威？那个问题没有明显答案，即使在人们已经赋予（起码伯林之所愿）一般哲学理论以相当的力量之后。

也许根本没有或几乎没有理论的压力要去减缓我们价值体系里的冲突。伯林会说只有一种不去减缓它们的压力，以 xxxvi
便清醒意识到这些冲突并不试图彻底消灭它们：这种压力就

是对真理的尊重。否认那些冲突，试图整体地、一劳永逸地解决它们，只会违背有关价值的绝对真理。那么，我们该如何接受前面已经提到的事实，即这种冲突的急剧升级和对此的清醒认识只是某些生活方式、某些社会所独有的特征，不适用于其他生活方式、其他社会？毫无疑问，自由社会是显著地支持这种意识的生活方式，伯林以价值多元论拥护自由主义。

我认为，伯林以价值多元论支持自由社会不止体现于这一个方面。毋庸置疑，存在多种互相竞争的真正价值，社会越是趋向价值单一，它忽视或压迫的真正价值就越多。在这一问题上，社会越是价值多元越好。即使我们承认不是所有的价值都可以多元地组合，如果太多元化有些价值会显得非常苍白，这一点仍具有说服力。个人或社会能够认真遵守的价值就其范围来说有着逻辑上、心理上和社会学上的局限。(那些否认自由主义意义上的平等是真正平等的人常常将这一点挂在嘴边，而伯林在讨论平等这一价值时就是把它作为众多价值中的一种。)

与此相反的一种思考是，意识到价值多元本身是一种好处，一如将知识视为一种绝对的、基本的真理。它之所以是一种好处，在于它能以求真、求实或求正之名反对那些不是
xxxvii 出于理论需要，而是本着改善现实的初衷要将价值简单化的人。归根结底（一些不同倾向的思想家喜欢这么说），伯林在知识和真正的理解中发现了价值，并将它看作是对自由社

会的辩护，因为自由社会比任何其他社会更能表达对价值多元本质的真正理解。

但是真正的理解又是什么呢？那些承认价值最终具有多元性的人又掌握了怎样的真理？从哲学抽象上来讲，这相当于说存在这样的价值。说得直截了当一点，它意味着这种观点可以用来解释价值的客观秩序，某些意识形式（特别是自由主义的意识）比别的意识形式更善于承认多元价值。谁能正确理解价值的多元性，谁就能更深入领会这些价值在人类生活中所能扮演的创造性作用，没有比这更为直截了当的说法了，这样更能突出伯林思想见地的特性，更具启发性。由此而言，自由主义意识的正确性与其说是表现在真理性（即承认确实存在的那些价值），不如说是表现在真实性。它打算构造这样一种生活：承认不同价值，承认每一种价值都自有其真实可靠的、可理解的意义，不认为这些不同价值观就是错误、误导或者关于人类本性的拙劣表达。如果不构造这样一种生活，就意味着逃避一条我们现在已经知道是正确的道路。我们理解的是历史地（也唯有历史地）揭示的有关人类本性的真理。它所要求的真实是一种忠于人类本性历史经验的真实。

如上所述，我们可以看到，伯林有关价值以及有关人性的核心认识当中存在一种含蓄的诉诸历史性理解的诉求，这也是他一再的诉求。也许，我们还可以看到，伯林的思想从一般知识理论到观念史和历史哲学的进程，并非一种简单的

xxxviii 兴趣变化，他复杂的历史感慨与他的哲学（哪怕是在其最抽
象的应用中）有着深厚联系，也同样明显地表现在他的其他
xxxix 著作和人生经历当中。

哲学的目的

哲学的主题是什么？这是一个没有定论的问题，答案五花八门，大相径庭。一方面，有人认为哲学是对一切有关时间和存在的思考，是科学中的王后，是人类知识大厦的基石；另一方面，也有人想要将哲学视为伪科学，认为哲学无非是利用词义含混大做文章，是人类智力发展不成熟的表现。随着占星术和炼金术被自然科学的强势发展所贬黜，哲学在他们眼里无异于神学和其他思辨学科，都是要进博物馆的老古董。

也许，要回答上述问题的最好方式是追问其他学科领域是如何构成的。例如，我们如何划分化学、历史或人类学这些学科的界限？此时似乎可以看出，学科或者研究领域是由它们诞生之初拟要回答的问题所决定的，之所以会有这些学科就是要给这些问题提供答案，而有且唯有我们知道去哪里找寻那些问题的答案，这些问题本身才是可理解的。

假设你问某人一个很普通的问题，例如："我的大衣在哪里？""为什么 J. F. 肯尼迪当选为总统？"或者"苏联的刑法体系是怎样的？"他通常都会知道如何着手去找到这些问题的答案。我们自己或许不知道答案，但我们知道遵循怎样的步骤去寻求答案。如果是要找大衣，我们会去查看它是否在椅子上或衣柜里。若是想要知道肯尼迪何以当选总统，或者了解一下苏联的刑法体系，我们会去查阅专业著作，寻
1 找经验证据，然后得出并提交相关的结论，如果答案并不确切，也至少给出可能的解释。

换而言之，我们知道找到答案的途径：我们知道何以一

些答案是可能的，而另外一些答案则不可能。这些问题之所以具有可理解性，首先是因为它们的答案可以通过经验手段获取，即有条理的观察或实验，或者两者的结合。这些经验手段也是获取直觉判断或自然科学知识的手段。另外还存在一类问题，我们同样确切知道获取其答案的正确途径，这些问题有关诸如数学、逻辑学、语法、国际象棋或纹章学等形式学科。它们的特点是都要运用某些确切定律或推理规则，并且只要正确应用这些定律或规则就可以获取有关问题的正确答案。

例如，我们不知道如何求证费马大定理（至今也没有人找到这个问题的答案）[1]，但我们知道努力的方向：我们知道使用哪些方法可以找到答案，哪些方法找不到答案。如果现在有人认为可以通过观察草地或者蜜蜂行为而获取有关数学问题的答案，或者认为可以通过纯计算获得有关经验问题的答案，我们会觉得那人大错特错，简直就是发疯了。每种大类问题（无论是事实性问题还是形式问题），都拥有各自专门的方法：一旦这些领域里的天才发现得到认可，它们就可以被全无天赋的人机械性地套用而找到问题的正确答案。

这些人类观念领域的标志就是一旦问题被提出，我们 2
就知道获取答案的方向。人类具有体系性的观念历史在很大程度上就是一种持续努力，要将人类想到的问题加以系统阐

[1] 费马死于 1665 年，本文写于 1962 年。费马大定理在 1994 年被英国数学家安德鲁·威尔斯证明，他也因此在 2016 年荣获阿贝尔奖。——编注

述，这些问题按照获取答案的方式分成两大类：一种是经验的，它们的答案最终取决于观察数据；一种是形式的，这类问题的答案取决于纯粹计算，不受事实性知识的约束。这种一分为二无疑过于简单：经验和形式的成分并非完全没有勾连，但是它包含了足够的真理，不会误人太深。如此区分这两大人类知识的来源是自人类自觉思考以来就得到认可的。

但是，还有些问题无法被轻易归纳到这两大类。通过经验观察的行为可以轻易知道什么是欧卡皮鹿[1]。同样，通过运用既定规则计算可以得知729的立方根。但是，如果我问，时间是什么？数字是什么？人类活在世上的目的是什么？我如何知道过去曾经发生、如今不复存在的事实？果真是四海之内皆兄弟吗？我要如何着手找到这些问题的答案？如果我问大衣在哪里，答案可能是“在衣柜里”，不管这答案是对还是错，至少我们知道去哪里去找大衣。可是如果一个孩子问我：“镜子里的影像在哪里？”我总不能让他到镜子里去看个究竟，因为那样只会让他发现镜子是实心的玻璃；我也不能说影像在玻璃上面，因为影像肯定不像邮票贴在信封上一样附在玻璃表面上；我也不能说影像在镜子后面，尽管看起来像是这么回事，但真要去镜子后面看个究竟的话是什么也看不到的，诸如此类的问题不一而足。

很多人长期以来都在非常严肃地思考这类问题（“时间

[1] 最早发现于非洲的大型哺乳动物，是长颈鹿科的一种偶蹄动物。——译注

是什么？”“时间可以停滞吗？”“当我看见重影，那两个影
子是什么？”“我怎么知道其他人［或者物体］不只是我脑
子虚构出来的东西？”），也因此陷入一种无望的困扰。语
法学家可以通过套用一些规则回答“‘将来时’的含义是什 3
么？”这个问题，但如果我问：“‘将来’的含义是什么？”
我们要去哪里寻求答案呢？

所有这些问题看起来都不无可疑，它们彼此之间大相径庭，或曰镜子里的重影，或曰数字，或曰兄弟情谊，或曰人生目的；它们与另一类问题的区别在于问题本身好像不会包含一个可以让人找到答案的线索。而另一类，也是更常见的问题则恰恰包含这些线索（一些内置的技巧可以帮人找到问题的答案）。关于时间，关于他人存在等问题只会让提问者困惑，让讲究实际的人烦恼，因为这些问题看起来不会指向明确的答案或任何有用的知识。

这表明在经验性问题和形式性问题这两大箩筐问题之间，至少应该还有一个问题箩筐，容纳那些无法轻易分类的问题。这些问题的本质多样，有的看起来是事实问题，有的看起来是价值问题；有些是文字问题，有些是符号问题；有些是关于使用方法的问题：科学家、艺术家、批评家、日常生活中的老百姓都会问起，还有一些是关于不同知识领域之间的关系的问题；有些问题会涉及思维预设，有些会涉及本质和道德、社会、政治行为的目的。

所有这些问题唯一的共同之处在于它们不能通过观察或

计算来回答，归纳和演绎也行不通。如此一来，一个必然的推论就是提问者从一开始就面临困惑——他们不知道去哪里找寻问题的答案；没有词典、百科全书或知识纲要可以参考，也没有专家、权威人士可以肯定地给出绝对权威的答
4 案。此外，有些问题还是普遍性问题，要基于原则处理；而另外一些问题，即使它们本身不是普遍性问题，也会轻而易举地引起，或导致原则问题。

这些问题通常被叫作哲学问题。常人因性情不一或对之不屑一顾，或敬畏有加，或不无怀疑。正是因为如此，有人常常试图重组这些问题，以便让题目能全部或部分地通过经验陈述或形式运算来回答。这也就是说，有人努力，有时甚至是非常绝望地努力，想把这些问题放到经验问题箩筐或者形式问题箩筐当中。对于后两个箩筐的问题而言，千百年来，人们已经积累了可靠的方法，可以得到可靠的结果，其真实性可以通过公认的方式得以验证。

在很大程度上，人类知识历史呈现一种持续努力，要把所有问题都搬移到这两大“切实可行的”类别当中；因为一旦一个令人困扰的“怪”问题被当作一个经验问题或形式问题，它就不再是哲学而成为某一门公认的科学[1]。如此

[1] 形而上学或神学声称自己是科学的主张必须依靠以下假设，即直觉或天启都是关于世界事实知识的直接来源；因为它们都声称直接经验形式，它们的数据，如果被允许存在，属于我们在此说的“经验”箩筐。

说来，在中世纪早期将天文学当作“哲学”也不是什么错误：只要关于恒星和行星的问题不是由观察或实验及计算所决定的，而是由非经验性观念所决定的；人们认为完美天体被上帝或大自然赋予的目标或内在本质所左右而作圆周运动，即使经验观察指出这是不可能的，但人们并不清楚何以解决天文学的问题：如观察实际的天体运动有什么用？观察无法通过经验或形式手段证明的神学或形而上学主张又有什么用？ 5

只有当天文学上的问题能够通过观察和实验方法找到明确的答案，而这些答案又可转而构成系统性的联系，其一致性可以通过纯逻辑或数学手法得以验证，现代天文科学才得以创立。与此同时，那些与观察实验毫不相干，因而与新科学无关的一大堆晦涩的形而上学观念被抛弃，并逐渐被降格和遗忘。

所以，在我们当今时代，诸如经济学、心理学、语义学、逻辑学等学科正逐渐摆脱既不依赖观察也不依赖形式的一切；一旦它们成功完成了这一过程，它们将被推入属于自己的自然或形式科学领域，尽管它们的过去是属于哲学的，它们的现在和将来都是经验和/或形式的。观念史因而是一长串弑杀长辈的历史，新学科通过弑杀它们的长辈学科，彻底清除其留下的任何蛛丝马迹来谋求自由，这些蛛丝马迹都是所谓“哲学”问题，即自身结构里不带有解决问题方案的问题。

无论如何，上述行为是此类科学的理想；只要它们的一些问题（例如有关现代宇宙学的问题）不是由纯经验或纯数学方式表述，它们的领域总会与哲学的领域有所重合。事实上，要说有任何一门高水平的科学已经彻底肃清了它的哲学问题都是不负责任的。例如，现在物理学上的本质问题在很大程度上都是哲学问题——概念的框架问题，只有根据这些概念才可以形成假设，才可以解释观察数据。波动模型和粒子模型之间有什么关系？不确定性是亚原子理论的最大特征
6 吗？这些问题是哲学类型的问题，具体说来，就是这些问题无法通过演绎或观察程序找到答案。另一个方面来看，任何试图解答这些问题的人都必须接受过物理学训练，甚至在这方面有天赋，而且任何解答这些问题的答案都意味着物理科学的进步。虽然，随着实证科学的不断分离，没有什么哲学家的问题会是物理学的问题，但一些物理学家的问题还会是哲学问题。

这也是哲学的外延和内涵在这场消耗中没有显著减少的原因，也是唯一原因。因为不管多少问题可以转换到经验或形式处理，无法如此处理的问题并没有因此减少。这一事实势必让启蒙哲学家气馁，因为他们相信所有真实问题都可以通过某种方法得以解决，17、18 世纪的自然科学家在这方面取得了伟大的胜利。

千真万确，即使在当时人类也没有找到解决以下核心问题的答案，这些问题毫无疑问是哲学问题，因为它们显然是

无法回答的：人和万物是否因上帝或大自然要实现某一目的而被创造？如果是，那个目的是什么？人是否可在面临多种选择余地时自由抉择，还是与此相反，要严格受制于统治自然界的因果法则？伦理和美学真理是普遍而客观的还是相对而主观的？人只是血肉之躯，被一堆骨头和神经组织撑着，还是不朽灵魂的尘世居所？人类历史究竟是否有一个可辨的模式，或者只是因果关系的不断重复抑或一连串偶然而莫名其妙的意外事件？这些古老的问题折磨着启蒙哲学家，如同它们同样折磨着古希腊、罗马、巴勒斯坦和中世纪的西方贤哲。

物理和化学没有告诉人这些问题的答案：为什么某些人 7
一定要在某种条件下服从另外一些人？以及这些义务的本质是什么？什么是好的，什么是坏的？是否幸福和知识、公正和怜悯、自由和公正、效率和个人独立都同样是人类行为的可靠目标？如果是，它们彼此之间是否互相兼容？如果不是，应该选择哪些目标？而选择的有效标准又是什么？我们如何可以确信它们的有效性？有效性本身又意味着什么？诸如此类，不一而足。

不过，有些18世纪哲学家争辩说，在自然科学领域也曾存在类似混乱和怀疑的状况，不过一些天才后来脱颖而出，创造了秩序。

自然和自然法则隐藏在黑夜中：

上帝说“要有牛顿”，然后一切都被照亮。[1]

假设牛顿能让我们（至少在理论上如此）来决定宇宙中每一个物体的位置和运动，一下子废除一大堆无序的、充满矛盾的、晦涩的、一知半解的、迄今为止被当作自然知识的经验法则，那么难道我们不可以指望通过应用人类行为原则和对人的本性分析，来获得类似的澄明并且在同样坚固的基础上建立人文科学？

哲学以语言的谜团和晦涩为食，如果它们被清除了，那么剩下的问题就只有尚需检验的人类信仰，或日常人类需求、希望、恐惧或兴趣的各种表现。这些是心理学家、人类学家、社会学家、经济学家等该要研究的内容；人文科学需
8 要的是一个牛顿，或者一系列牛顿；这样一来，形而上学的困惑得以一劳永逸地解决，闲来无事的哲学思辨家们得以彻底清除，在被清理的地基上建立起一座明确的、坚固的自然科学大厦。

以上图景承载了所有著名启蒙哲学家的希望，从霍布斯和休谟到爱尔维修、霍尔巴赫、孔多塞、边沁、圣西门、孔德和他们的接班人，莫不如此。然而这个希望注定是要失败

[1] 这是英国 18 世纪诗人亚历山大·蒲柏给牛顿写的墓志铭，原文为：“Nature and Nature’s laws lay hid in night：/God said ‘Let Newton be!’ and all was light.”——译注

的。哲学的领域没有被分割到被一系列科学所替代的地步。哲学问题一直以来，并且将一直继续，令热爱思考的人着迷和烦恼。

为什么会这样呢？康德曾给过一个令人启发的回答，他也是第一个严格区分两类问题的思想家；一类是事实性问题，另一类是有关事实表达模式的问题，无论这些事实或者我们关于这些事实的事实会如何改变，这些模式不会改变。这些模式或范畴或经验形式不是任何自然科学的论题。

康德是区分事实和范畴的第一人：事实俨然是经验的数据，是我们观察或推理或思考的人、物、事件、品质、关系等；范畴是我们用来感知、想象和反思的范畴。在他看来，它们独立于不同的宇宙观，即那些属于不同时代、不同文明的宗教或形而上学构架。古希腊先哲，尤其是亚里士多德，曾以为万物皆为某种内在目的而生——即它们不得不去努力完成的结果或目标。中世纪基督徒认为世界乃是一个僧侣统治集团，万物和人均因神圣的造物主授意要完成的某个具体功能而生，唯有上帝知晓这一整体计划的目的，并根据其子民服从圣训的程度决定他们的幸福和痛苦——上帝每造一个 9
人的目的都各不相同，实现这些目的就实现了普天和谐这一至高无上的模式，这一唯有上帝明白而子民无从知晓的整体性。

18、19 世纪的唯理论者只关心人类为了满足自身需要创造的一切，将其他一切都视为因果关系的结果，如此一来，大多数事物都不追求什么目的，即使俨然有过变化和改变，也还是一种“原始”事实。

这是一种与此前迥异的世界观。但持有这种观点的人看到的世间万物还是同样的：同样的颜色、味道、形状、运动和休息的形式，他们经历着同样的情感，追求同样的目标，行为方式也类似。

康德关于人类认识外部世界的原则认为，对于一切可感知的事物而言，我们看待它们的范畴是一致的、永恒不变的；正是这些范畴将世界统一起来，令沟通成为可能。但是，那些想到历史、道德、美学的一些人的确看到变化和区别；不同之处不是在于这些持续发展的文明所见、所闻、所想的经验内容，而是在于他们察觉事物的基本模式，他们用来构想事物的模型，他们用来看待事物的范畴或曰眼镜。

一个相信上帝出于某一具体目的而创造了个体生命，相信罪孽会在死后阴魂不散的世界与一个完全不相信这一切的世界，是截然不同的；前一个世界里人的行为动机、道德规范、政治信仰、审美、个人关系等与后一个世界具有深刻的、系统性的差异。

10 世界观不同，人类对彼此的看法也将大大不同：诸如因果、善恶、自由与奴役、物与人、权利、义务、公正、真理、谬误等随意列举的一些主要观念均直接取决于它们形成的整体框架，俨然它们是整体框架内的结点。尽管人们根据这些观念分类和整理的事实在不同时期有所不同，但是这些差别（科学考察的对象）与不同时空、不同文化、不同世界观的人戴着不同的眼镜，使用不同范畴，用不同模式思考这种更为深刻的差别又是不一样的。

哲学既不是经验研究，不是对现有、已有或将有的存在物予以批判性考察，后者是通过直觉判断和信仰，以及自然科学方法得以做到的；它也不像数学或逻辑一样是一种形式演绎。它的主题在很大程度上都不是经验物，而是它们被观察的方式，是用来对经验进行构想和分类的那些永恒不变或者暂时性的范畴。目的相对于机械因果；有机体相对于纯粹混合物；系统相对于简单归属；时空秩序相对于永恒存在；义务相对于欲望；价值相对于事实：这些都是范畴，是模式，是看待事物的眼镜。其中一些与人类存在的历史一样悠久，另外一些是暂时的。对于暂时性的范畴而言，哲学家的问题显得更加富有活力和历史性。不同的时期会产生不同的模式和框架，晦涩难懂与之相随。前文提过的物理学在当下面临的问题就是一例。还有其他的例子证明这些不同的模式不仅会影响物理学家或其他专家的思考，还会影响到普通人的思考。

例如，在政治学中，人类曾试图将其社会存在类同其他
模式来构想：柏拉图就在某一时期，也许是照毕达哥拉斯的 11
样子，试图将他关于人性的体系及其特征和目标仿照几何模式来思考，他以为几何模式可以解释一切。后来还有亚里士多德的生物学模式；基督教神父著作和《旧约》、《新约》中

大量出现的基督教形象；关于家庭的类比让人明白人与人之间的关系不是机械模式（例如像霍布斯说的那种）；关于行军中的部队要讲究忠诚、奉献、服从才能制服和消灭敌人的观念（苏联就曾大张旗鼓地宣传这种观念）；将政府比作提防撞车的交警和照管财产的守夜人这种观念在很多个人主义和自由主义者心中都有；还有观念认为政府远不止如此：政府是一种众人为了实现共同目的而组成的伟大的合作体，因此政府有权进入人类经验的每一个细微角落，这种观念激发了很多19世纪的“系统性”思想；现在流行的从心理学或者博弈论借来的体系。以上种种都是人类、集体、社会、文化用来设想自身经验的模式。

这些模式常会产生冲突；一些模式被证明无效，因无法解释经验的多面性而被其他模式所取代，而这些其他模式因强调解释此前模式无法解释的经验层面而可能使原本已经被早先模式解释清楚的东西变得不那么清楚。哲学的任务，通常也是一项艰巨而痛苦的任务，就是要摆脱困境，揭示人类用来思考的、隐蔽的范畴和模式（也就是说使用的语言、意象和其他符号），揭示其晦涩或矛盾之处，辨别它们之间的冲突，这些冲突会妨碍建立合适的方式来组织、描述和解释
12 经验（因为所有描述和经验都会涉及一些用来描述和解释的模式）；不仅如此，在更“高级”的层面，哲学的目的还包括检阅这种活动本身的性质（认识论、哲学逻辑学、语言分析），揭示隐藏在这个二级的、哲学活动本身之中的模式。

如果有人反对说所有这一切看起来都太抽象，与日常经验太遥远，太无关核心利害关系、普通人的幸福、不幸和最终的命运，这绝对是一种错误的指控。人类生存离不开描述和解释天地万物。他们用来这样做的模式必定深刻影响到他们的生活，无意识的影响尤其突出；人类的诸多痛苦和烦恼都是因为机械地、无意识地、刻意地运用了无效的模式。谁能说清政治上过量使用系统模式造成的痛苦，或者当下极权主义理论家将国家比作一件艺术品，将独裁者说成是雄心勃勃地打造人类生命的工匠带来的痛苦？谁能说清此前年代里在社会关系上，特别是在国家元首与子民关系、牧师与普通信徒关系上过分应用根据父权制模式打造的隐喻和模式所带来的害处和益处？

如果世间还存在建立一种理性秩序的希望，公正评估不同人类群体不同的利益——这也是评估其效果、相互作用模式及其后果必不可少的知识，人类为了可以继续生存并在不损害他人同样重要的欲望和需要的前提下满足自身欲望不得不寻求切实可行的妥协——这种希望就在于揭示这些社会、道德、政治模式，特别是它们扎根的潜在的形而上学模式，检阅它们是否胜任自身工作。 13

哲学家们永恒的任务就是检验不受科学方法或日常观察影响的一切，例如，范畴、概念、模式、思维或行为方式，特别是检验它们彼此有冲突的方面，旨在构建其他内在冲突较少，并且不易曲解的隐喻、意象、符号和范畴体系（尽管这一目标通常难以彻底实现）。完全可以合理假设说，造成这项任务混乱、痛苦和恐惧的主要原因之一，无论是什么心理或社会根源所造成，就是盲目坚持陈旧观念，对任何形式的自我反省都充满病态的怀疑，不遗余力地阻止用任何程度的理性分析来考量我们的生活方式和目的。

这种具有社会危险性、智力挑战性，还常常令人痛苦不堪并且费力不讨好但又非常重要的活动就是哲学家的工作，不管他们研究自然科学、道德问题，或者纯粹个人事务。哲学的目标永远都是一样的，就是帮助人类理解自身，以便他
14 们能在旷野上、在黑暗中行走自如。

证　实

本文旨在估算可证实性原则在多大程度上完成了当代很多经验哲学家使用它的目的，并无意质疑他们原则的普遍真理。本文力图证明可证实性原则，或者证实原则不能被认为是衡量经验意义的最终标准，因为这样一来会导致一系列彻底站不住脚的后果。诚然，可证实性原则在现代哲学历史上起了决定性的作用，它清除了很多混乱，揭示出很多重大错误，指明哪些是适合哲学家问的问题，哪些不是。它在当今发挥的作用堪比康德当年的批判方法对他那一代人发挥的作用。在对可证实性原则的有益影响表示应有的敬意之后，我还是不得不说，为了避免让它产生新的谬误代替它曾经消除的谬误，有必要放弃或者修订这一原则。

不妨让我先假设可证实性原则的目标不但可以并且应该实现，让我们来看看该原则是否可以独自、无需帮助地做到这一点。我想努力证明答案是否定的，证实原则做不到这一点，并且如果坚持答案是肯定的，则包含了一个必须加以高度重视的、自相矛盾的经验命题。

众所周知，拥护可证实性原则的人声称，它实现的功能是充当一个评判标准，判断某种断言是否确为它们所声称的那样。对这一标准的迫切需要同样也是现代经验主义所倚仗的基石，
15 根据经验主义的观点，所有真正有意义的断言必须要么有关经验事实（这些事实是直觉判断和经验科学判断的主题），要么有关象征这些事实的语言手段。问题的关键在于要找到某种可靠的标准，通过这一标准将第一类断言，也

就是经验性断言，与所有其他可能用符号来表示的类型区分开来。

为此，我必须首先明确我在哪种意义上使用以下关键术语：句子指的是遵守一定语法规则的词语组合；陈述指的是遵守逻辑规律的句子；命题指的是向人表达某事是或不是怎么回事的句子。总体而言，这应该还是符合这些术语的惯常用法。此外，我还得申明，至少在论文前部分我所用的“经验”一词指的是现象论者所声称的含义，即经过观察和思考之后得出的实实在在的或者可能的数据。我并不是说，现象论是不言自明的。相反，到目前为止，所有声称可以将有关客观事物的命题转换成有关经验数据命题的方法，没有哪一种是完全令人满意的。出于本文目的起见，我只探讨第二种命题，即，仅有关眼前熟悉之物的命题，因为如果证实标准都不恰当，要将它应用于更为复杂的、有关客观实在物的陈述，就更加不可能了。如果上述说法成立，本文将可证明，关于现象论与“证实主义”的历史联系是不符合逻辑的，但后者的失败并不必然令前者无效。

这是我拟将得出的、自以为正确的结论。如果结论并非如此，将对另外基于其他理由看起来正确的观点带来致命性打击。我在本文后半部分将极力主张，尽管现象论对直觉判断陈述的分析从根本上而言是正确的，它并没有让证实原则 16
令人信服，尽管它过去在查定和消灭伪难题方面的确非常有效，总还难逃一些自身不足，如在专门分析上缺乏原创性，被分析项模糊，自身方法上存在致命缺陷等；与此同时，现象学分析的成果开始减少，甚至开始滋生一些新的伪问题。我将证明，情况之所以会这样，是因为现象学在原则上就不能被应用于经验信念和知识的全部领域，只能用于部分领域——只要认真回顾下一种有时叫作操作主义的现象学，这一事实就会水落石出。根据操作主义的说法，一个给定命题属于的逻辑或认识论范畴是由同样用来考证它真伪方法的不同所决定的。

如果我们仔细想想证实原则在面临困境时所做出的种种改进，就不难看出它的实质。直接断言说，一切有意义的陈述都要么有关经验事实，要么有关表达它们的象征手段，这样太过模糊，说明不了问题。形而上学者和神学家们可以说，他们也汇报经验事实，尽管他们汇报的事实不同，不是经验科学家所感兴趣的，获得这些事实的方式也不一样，它们来自非经验性认知手段，因而完全不属于通过观察或反省所获得的证据所在的范围。如此一来，对于那些声称描述经验的命题，本应该要有一个更加严格的重要标准。证实原则就是在这种情况下被用来充当这一标准，据称，它可以干脆痛快地决定一组词语的搭配是否在上述意义上是有意义的，还是没有意义的。最早、最强硬的证实原则声称，一个命题
17 的意义在于可证实它的方法；基于这一原则，“P 陈述是什么？”与“该怎么做才可以发现 P 陈述是真实的？”这两个问题在逻辑上是对等的——回答前一个问题的答案也就是回

答后一个问题的答案。

对此原则提出明确质疑的批评家指出，这一公式明显采用了逆序法；我还没想好证实一个陈述之前就应该知道这个陈述的含义，否则我就没有要证实的对象。如果我都不知道一组符号的含义，又何以断言其真伪呢？因此，在某种意义上说来，了解句子含义（它表达怎样的命题）应该先于调查其真实性，而且句子含义不能用这一调查的可能性来定义——相反，应该用调查的可能性来定义其真实性。然而，这一反对并非如看起来的那样难以对付。支持证实理论的人则回应说，他之所谓“了解证实P陈述的方法”说的是可以在何种情况下判断P组符号表达含义的真伪，并且补充说当某人理解一个句子的意思，或者说一个句子有含义的时候，他的意思就是说可以在何种情况下判断其真伪，他说还可以这样设想某一事态，如果情况属实（如果存在此事），通常说来，被讨论的句子就是对该事态的正确描述，换而言之，该句子表达的命题是真实的，如果不是这样，表达的命题就是伪命题。于是，理解一个句子（证明它表达了一个命题）就相当于说知道如何着手去查证相关事态，如果事态确实存在，句子的描述就是正确的。说一个句子是可以理解的，说它表达一个命题而无需明确是何命题，也就是说我知道如何着手查找相关情形而无需明确是何种情形。照此说来，任何句子，若是我想不到任何可以佐证它描述正确的经 18
验，对我而言就是没有意义的。经验局限了我的想象——也就是说，我只能设想与我已经经历或想象过的情形相同或相似的情形；可能之物在逻辑上等同于可以想象的实在物；凡与此迥然不同之物皆为完全不可想象之物。在此观点看来，实在物就是基于观察而来的、合乎情理的、经过思考的数据，以及从该数据可以推导出的一切。逻辑上可能之物只能通过类比来设想，句子所指如果不在此列就会被认为是没有意义的。

假设我还是坚持这些句子在我看来是有意义的，我使用“意义”一词的含义不是含混不清，就是太过宽泛；我也许是想说这些句子虽没有正式描述，但暗示或者证明某一情形的存在，犹如眼泪是悲伤的证明而无需陈述一样；或者我的意思是想说这些句子激发起我的某种情感，表达或引起一种情绪或态度，激发行动，或者甚至就只是说我知道这些句子中的单个词语的惯常用法，就认为它是有意义的，再说这些句子构成也符合语法和逻辑规则，就跟某些胡说八道的诗歌一样。上述说法乍看起来是貌似合理的，因此成功地淘汰了一些在严格意义上没有意义的表达，因为它们描述的好像不是可想象的经验，可以像休谟建议的那样，被当作形而上学垃圾妥善处理掉。成功经受过这一番严厉考验所剩下的就可以彻底划分为要么是关于可能经验的直接陈述，即经验命题；要么是有关不同种类上述陈述之间关系的二级或更高级别陈述，即逻辑或其他形式科学命题。这就差不多是反形而上学学派所声称的一切了。不过很快就有

人指出，他们话虽可以这么说，但这一命题是彻底站不住脚的。 19

首先，“证实方法”这一观念太过狭隘。如果从字面意思来理解，它永远只能指当前或者不久的将来发生的对某一断言独一无二、合乎情理的证实。这使得那些关于过去的陈述，以及很多关于现在和将来的陈述拥有了一种乍看起来非常不同于他们自身所拥有的意义。例如，这样一个句子，“半个钟头前还在下雨”，要被看作相当于以下一个或几个陈述：“我现在对于下雨的样子记得比较清楚”，“我的鞋看起来还好，没有特别‘湿’”，“我在看气压计表，发现某种形状的波动”，“如果我问你，‘半个钟头前在下雨吗？’我期待听到类似‘是’一样的回答”。

这种做法实在令人不太满意，至少存在两个同样致命的理由。首先，将所有关于过去（和未来）的命题变成关于现在经验（只有这个我才可以确凿证实）的命题这一做法，给予“现在”一词两个含义，一个含义是指区别于“过去”和“将来”，即惯常含义；另外一个含义是指这词包括“过去”和“将来”；第二种含义完全没有参照物，用了它对陈述毫无增强，在此意义上说一切有意义的陈述只指现在，就等于是在进行毫无意义的赘述。有且只有在第一种意义上，而不是在第二种意义上，说所有可以确凿证实的命题都只有关现在，才算是说得通，说起某事的现在状态就是为了将它区别于过去和将来状态。

其次，这种转变感觉起来不妥。当一个人说，“昨天下雨了”，他的意思通常不是想说现在关于昨天下雨的经验证据，或者全部证据。因为“是什么的证据”这种关系不具有逻辑隐含的关系，可作证据的命题可能是真实的，而它所
20 要确立的命题可能是不真实的；这两种命题无法对等。我想说的意思是，昨天在下雨，不是想说现在在发生一系列事情证明，怀疑昨天下过雨是没有道理的：我说的雨是昨天的雨，不管今天在发生，或不在发生什么。要确凿证实昨天下过雨（在现象学意义上，证实公决被当作从观察数据进行的逻辑建构），我们要经历过昨天，并且要观察过昨天是否下雨了。要现在来做这一切，从某种意义上讲，是不可能的，但是，这个句子的意义并不存在严重问题。由此得出结论，要么除了那些关于当下的命题以外，其他一切命题都是无意义的；要么意义不可能依赖于确凿的可证实性。

对于上述情况，支持证实理论的人还可以这么回答，当他们说 p 的意义在于可证实它的方法，他们不是直接断言两者是对等物，他们只是想说“p 有意义”这一陈述包含可能有一些证实它的方法。这一命题永远不等同于证明它的证据总和；除非有人说可能出现观察者可以证实它的情况，否则不能说这句子有任何意义。于是，“p 是有意义的”（p 是经验的）包含“p 是可证实的”，同时又被它包含，但不等于任何用来引证它的实际命题。

此外，他们说的可证实性，不是指实践上的可证实性，而是理论上的；需要理论上的可证实性来消除这种异议，说有些命题是明显有意义但因为技术困难无法证实，只有靠观察者的运气和技术或者可以克服，如“月亮背面有山”这样的命题；还需要理论上的可证实性来确保有关过去命题貌似合理的分析，对于这些命题我们因为时间和空间的局限而无法予以证实。我们也许可能出生得更早一些，我们也许可能在别的国家住过；我虽现在无法如愿通过直接观察证 21
实，“恺撒是个秃子”，但不存在什么逻辑上的理由，说我就不可能及时出生在古罗马，看看恺撒是否光头；这理由是有原因根据的，除非我明确肯定自己出生在 20 世纪，如果是，这一观察只有交由他人完成。不存在理由说“p 是可证实的”不能意指“p 是被我证实的”[1]。即使是所谓方法论五花八门的唯我论都是彻底无理由的假定。我可以通过自我类推他人，不管自我的观念要被如何分析。贝克莱对此颇有说法。要证实的确存在这样的观察者，他们的经验与我们的不一样，自然是一项非常不同也更具难度的任务。如此一来，说“p 是有意义的”就变成了说，“可以想象（如此认为不会存在逻辑矛盾）有人观察或已经观察过 p 所正确描述的内容”。这种打了折扣的证实原则的确看来获得了更为广泛的应用领域，不必努力去做什么“愚蠢的”分析。然而，这

[1] See G. Ryle, ‘Unverifiability-by-me’, *Analysis* 4 (1936), 1—11.

一立场远非牢靠。

能用这一假说解释的命题都是单称命题、直言命题，至少在原则上说来可以被适当的观察者予以确凿证实。这就使得有三类命题没法解释，到目前为止，这三类命题也是使用最广泛的命题：(1) 非单称命题；(2) 非直言命题；(3) 看起来是单称、直言命题但不能通过观察得到确凿证实的命题。

（一）普遍命题明显最难证实。类似“一切 s 都是 p”这种形式的句子，复数形式 s 指示有无穷多（至少不明确指
22 示数量是有限的），不管是在广延还是内涵上来理解，都不可能被有限数量的观察所证实。换而言之，它根本就不是可以确凿证实的。同样道理也适用于所有包含“任何”、“每一个”成分的命题。拉姆齐以及赞同拉姆齐观点的人试图将这类命题看作逻辑上或经验上的规则或规定，无所谓真伪，也不能被辩护，因为它们一经使用，只要一个否定的例子都可以驳倒它们，说规则可以付诸诉讼或被驳倒当然是荒唐的。然而，它们还是具有明确的经验意义，特别是在广延意义上来理解的时候，不能对此置之不理。

为了接受这一困难的挑战，证实原则被修订，被区分出两种类型：第一种是大家熟悉的强证实，第二种是“弱”证实，用来说明有关客观实在物的普遍命题，以及看起来像是单称的命题，只要它们被认为包含了有关感官数据的普遍命题——这一观点极不容易站住脚。A. J. 艾耶尔提

出了两种“弱”证实[1]。根据第一种“弱”证实原则，对于一个给定命题，我们要问，“有什么观察与决定其真伪相关吗?”如果是，命题就是有意义的。这听起来不无道理，但它提示的标准其实太模糊，没法使用[2]。相关性不是一个明确的逻辑范畴，空想的形而上学体系可能选择说，观察数据对于它们的真实性是“相关的”。我们无法驳回这种说法，除非相关性被给予确切的意义，而这个词本来就用来表达一个从根本上讲是模糊的看法，没法给出确定定义。如此一来，就没法阻止原本用来证实有关客观事物的普遍命题的“弱”证实对所有陈述敞开大门，不管那些陈述可能如何没有意义，只要有人声称某陈述在某种意 23
义上与观察相关即可。相关性要作为区分有意义和无意义的标准没办法行得通：接受它就实际上等于彻底废除证实原则。

艾耶尔应该是意识到了这一点，才又试图提供一种缜密得多的“弱”证实表达方法，一种乍听起来更能恰当满足我们需要的方法[3]。他说：“为了设法更清楚地表达我们的立场，我还可以换一种思路来表述它……我们可以说它标志一个真实的事实命题……可以从中推导出一些经验［也就是

[1] A. J. Ayer, *Language, Truth and Logic* (London, 1946), 38.
[2] On this see A. C. Ewing, ‘Meaninglessness’, *Mind* 46 (1937), 347—364, particularly 352—353.
[3] 同上文引用（第 23 页注释 1），38—39。

说，可被强证实的]命题，这些经验命题与某些其他前提有联系，但并非只能从这些前提推导出来。这一标准应该足够开明了。”

不幸的是，这一方法又开明得过了头，同上一种检测方法一样无法保证让我们不遭遇无意义。看起来，它所断言的是这么回事：假设有三个命题p、q、r，其中r命题从原则上讲是可以确凿证实的，p命题能弱证实，因而也是有意义的，如果r命题是根据p和q命题得出来的，而不是单独从p命题中得出来的。于是，“所有人都终有一死”是可以“弱”证实的命题，因为“苏格拉底会死”不是从“苏格拉底是一个人”这一命题中推导出来的，而是从两个相关的命题中推论出来的。应当指出，此处“可证实”的意思好像已经不再是说“被证明是真实的”或者“确定无疑地被确立”，而是相当于说“使得可能的”或“貌似真实的”这种更为松散的意义，“可证实的”成为一个含混不清的、经不起考验的概念。无论如何，被弱化的证实原则还是行不通。假设我说：

> 这个逻辑问题是亮绿色[1]
> 我不喜欢任何形式的绿色

[1] 原文是this logic problem is bright green，也可以译成“这个逻辑问题非常不成熟”，因为green是个多义词。——译注

我说的是一个有效的三段论，它的主要前提满足弱证实的定义，也合乎逻辑和语法规则，但是它一看就是无意义的。我们不能回答说，这个前提因为包含范畴混乱而失去诉讼权利，因为它包含另外一种不是“弱”证实的意义标准，这一另外的标准使得“弱”证实没有用处。任何面对上述无意义而无能为力的标准都不适合生存。无论如何，“弱”证实是一个令人生疑的手段，因为它身负证实之名，而无法胜任其实，俨然暗示说存在不止一种经验真理标准。对它有利的主要论据大概在于，除非它是有效的，否则任何蕴含它的理论都应该是错的。既然上面引用的例子反证了其致命的错误，就必须接受这一结果。弱证实无法提供我们需要的标准。

至目前为止，解决这一难题最巧妙的办法是卡尔·波普尔[1]提出来的。他提议说，只要某一命题可以被一个与之矛盾的单称命题确凿证明是不真实的，这个命题就是有意义的命题——就像某条法律的真实性可以被出现的反面例子所否定。虽然这一说法固然可以给有关观察数据的普遍命题提供有效的意义标准，它没有提供任何知识让人了解，是否被称作真实的意义等同于单称命题被称作的意义。这难免让人猜

[1] 出自其作品《科学发现的逻辑》(London, 1959)。

测，不同逻辑类型的命题是真实还是不真实，是可证实还是
不可证实的方式都不一样：说它们属于不同范畴就是这个意
思，一个命题的逻辑特征由它被证实（或证伪）的方式所决
25 定，两者不过是说同一件事情的不同方式而已。如果这一观点
是真实的，倒是可以解决很多问题，但我希望在下文中证明，
这一观点是不能被接受的。还应该值得一提的是波普尔的证伪
标准，尽管可以顺利应对有关观察的普遍问题，但不能同样很
好地适用于有关客观实在物的命题，而证伪标准最初就是针
对客观实在物命题而被提出的。不过，我们既然接受了现象
学，这个就不再是问题了，也许可以临时接受这一标准。

（二）最初的“强”证实标准所没有的第二类命题是非直言命题。它们与整体密切相关，特别关注整体。逻辑学家经常假定，所有假言命题都是普遍命题，所有普遍命题都是假言命题：说“所有 s 都是 p”就等于说“如果 s 成立，p 就成立”，反之亦然。这当然不对。的确有些假设命题是普遍命题，但另外一些假言命题并非如此。当代实证主义哲学家著作中最常出现的命题，也是讨论意义或证实最不可缺少的命题就是这个大家都熟悉的命题，“如果我抬头，我该会看到一片蓝天”，它毫无疑问是个假言命题，但绝不是什么普遍命题。要证明这一点，只要指出它们是可以确凿证实的就行了。的确，正是因为总有人将所有其他命题都变成这种可证实的命题，才出现了各种各样的谬论。我要证实上述命题，就抬

头观看蓝天：假设真有确凿证实，在此情形下它就会出现。

应当指出，我所证明的实际上比我断言的要更多，我
不仅证实了假言命题，还证实了与它有关的命题，“我
将抬头，并看见蓝天”。这一点，从本质上而言是不可
避免的。尽管相关命题包含假言命题，它没有被对方包 26
含，这两者不是对等的。相关命题是可以证伪的，假
设（a）我不抬头看蓝天，（b）我不抬头，也不看蓝天，
（c）我抬头，没看见蓝天。只要（c）情形出现，假言命题
就被证伪了。如果（a）和（b）不是这么回事，假言命题
就只能说是既不真也不假，或者要么真，要么假。

最基本的一点是首先要注意到条件从句“我将抬头”和归结子句“我将看到一片蓝天”不是一种实质蕴涵，否则拒绝条件从句就会证实全部。其次，它也不是严格蕴涵，因为前件可被证实，后件可被否认，而不出现形式矛盾。再次，它也不必然是因果关系。当然，当我说，如果我抬头我将会看见一片蓝天，可能是因为我相信两者之间存在因果关系，但是我也可以同样不相信两者具有因果关系，决定打赌说这会发生，因为我天生就爱打赌，而且这场打赌会更加刺激，如果我认为归纳得出的证据对我并不利；我之所以那么说，还可能是因为它是一个可以驳斥因果法则的例外，并不一定要将它视为是另外一种法则的例子；我之所以那么说，还有可能根本就是出于反对，或任何其他什么动机。我说出自己行为的**理性**根据无疑将是一个普遍的具有因果关系的命

题，它蕴含另一个命题，这一命题的真理值正是我的赌注所在，尽管如此，我还是可能选择非理性行动，或者通过反证方法用这个命题来证明它的反面才是正确的：普遍命题“类似条件下的观察者通常看见蓝天，如果他们抬头”包含，但并不被包含于这一命题，“如果某人抬头，他就会看到一片蓝天”；后者与前者完全不对等，即使前者是非真实命题，它还可能是真实命题，而且如前所述，它还可能被确凿证
27 实——这是普遍命题在逻辑上不可能获得的条件。因为，这一命题既是单称命题，又是假言命题，它的主语并非是假言的变量，而是一个可命名的特称。

至此，好像一切都已明了。问题出现在前件没有得到满足的时候，例如，当我说，如果我抬头我将看见一片蓝天，可是我并没有真的抬头。这时，命题看起来就不是可以确凿证实的了。那个机会已经被错过，无法挽回。现在我必须用其他迂回曲折的方法来找证据，“弱”证实这一普遍因果命题，有待证实的命题是普遍命题的一个实例；实例命题也不能被证明比包含它的普遍命题更具有可能性。但是，很显然的一点是，“如果我抬头，我将会看见一片蓝天”这一陈述所表达的命题的真伪还是和从前的一样，尽管这陈述此时已经变成“如果我抬头看过，我本该已经看见一片蓝天”，尽管证实它的方法已经发生改变；该陈述的意义明显不可能改变，因为我事实上并没有抬头。但是，假设可以说，强证实一个给定命题的不可能性

必然包含一个与可被强证实的命题不同的逻辑特征，该命题的特征将会改变，仅仅是因为我有或没有选择某种方式的行动。这将意味着，单称假言句子或陈述的意义将取决于它们的条件从句是否成真这一经验事实，这么说无疑是公然的谬论。在我看来，由此可以推断的是，无论是陈述的意义还是逻辑特征，都不可能取决于求证其真实性的措施：只要操作主义者不加限制条件地断言这一点，他们就是错误的。

说到这里，有人可能会辩解说，尽管一个没有得到满足的单称假言陈述（或者说，一个条件没被完成的假设陈述）不能以确切事实进行确凿证实，在原则上说来它还是可以被确凿证实的。我事实上没有抬头，所以我不可能确定知道如 28
果我真的抬头了会有什么事情发生；可是我也许抬头过；说一个观察者不能抬头或没有抬头，并非自相矛盾；从原则上说来，这个观察者处于一个可以确凿证实命题的位置。于是，这些命题的境况，归根结底，并不比那些关于过去的直言陈述的境况更加差到哪里去：它们或许事实上也没有被确凿证实，但它们有可能被如此证实，从原则上说来是可以确凿证实的。这一论点虽然或许貌似合理，但终究是站不住脚的，因为假设我处于一个有利位置可以证实这些未经证实的假说，我事实上应该不可能证实其中一些我其实已经证实过的假说：在“不可能”的逻辑意义上说来，我不可能两者都做了。一个永恒的、无处不在、无时不在、无所不觉的生命体可以（如果它决定如此）证实所有关于过去、现在和未来现象的直言命题；即使不能证实没有发生的事物，可能发生的一切并没有让实际发生的一切发生。如果它既无所不知，又还无所不觉，如果知道这个还有意义，这一生命体不是通过合乎情理的证实知道这一点的。我希望可以举一个简单的例子说明这一点。

假设我说的不是一个单称假言命题，而是两个，并且以两难命题的大前提形式出现，两个条件从句互不相容。例如这么说，“如果我留在这里，我就会头疼。如果我不留在这里，我就会无聊”。两个命题在原则上都是可以证实的：但是两者连起来之后即使在原则上都无法证实了，因为它涉及要求我在同一时间处于两个逻辑上不同的状态。当然，我可以引用很多不同观察者在这种两个逻辑上不相容条件下所发现的证据。但是，这种归纳性证据只能是“弱”证实（不管
29 这个不幸的短语可以被赋予怎样的意义）。“如果我现在在北极，我将会觉得更冷”这一命题从原则上说来不能被强证实，因为我不可能同时既在这里又在北极，然后比较两地的气温。要说这种情况只有是当我被界定为只能在这里，或者只能在北极，而不是同时在两地，才会出现这种情况，然而这已经是离题之说了；鉴于此，我得是一个巨人，一只脚站在北极，一只脚站在这间房里，只有那样我才可能确凿证实命题。我固然还可以被界定为其他，但不管被界定的范围和我的能力如何，同样的问题还是会出现；主张一种不能被满

足的可能性的命题总是可以被指出自相矛盾，第二个单称假言命题的可证实性与第一个的无法相容并存。

比较正式地说来，就是这么一回事：鉴于每一个经验命题 p 至少有一个可以构造出一个与之相矛盾的非 p 命题，那么对于每一个“如果 p 就 q”（且叫作 pq）形式的单称假言命题，可以构造出第二个命题，“如果不 p 就 r”（且叫作 -pr），其中 r 可能等同于 q，也可能不等同于 q。那样一来就可以说，当 pq 和 -pr 是既定观察者描述可能数据的命题，两者的确凿证实就是不能共存的，而且其中之一的真理性与另一个的非真理性相容。但是两个命题中每一个单独的命题在合适的条件下是可以确凿证实的；可能被证实或证伪，证明为可能或不可能；它们唯一的逻辑关系是 un-co-verifiability——即使从原则上讲它们无法同时被证实。很明显，这不能改变它们各自的意义。如果这个结论是正确的，那可以推断说一个命题的意义不必被某一证实方法在逻辑上是否可能这一事实所影响，更不会被这一事实所决定。

至此，我强调的是单称假言命题的情况，因为它们特别 30
清楚地显示如果意义取决于相关的证实方式，那么为了了解这些命题合取的意义，就要了解两个条件是否都为真。这么说不言而喻是错误的。但是它们都是在各种经验陈述的哲学分析中出现的命题，是逻辑结构的基础，是其他命题的基础命题，那些有关公共世界的命题通常都被形形色色的现象学家还原了。

也许还有一个例子可以更加清楚地说明这一情况。假设我和你打赌说，每一个被看见进入这间房的人都会穿黑鞋子。假设“这间房”可以界定为我们两人都认可的，我们具有任何对这间房可观察特征的正确描述，而只要我们中的任何一个人以感官能力证明它不在其中，被描述为这间房的实体就被认为不存在。在何种条件下这样一场赌注会输或者会赢呢？我们可以首先肯定这一分析命题的真实性，那就是这间房在未来有限时间内都将存在，也许永远都存在。无论是哪种情况，被观察到进入这间房的人同样是有限或无限的。只有当被观察到的参观者是有限的，这间房被观察到从视觉上不再存在为止，而被观察到进入这间房的每一个人都穿黑鞋子，我才能赢得这场赌注。如果情况是这样，这间房永远存在，或者被看见进入这间房的人永无止境，或者两种情况同时发生，而至少有一个被看见进入房间的人穿的鞋子不是黑色的，或者没有穿鞋，我就输了。

还有其他别的可能性，例如，房间永远存在或被看见进入房间的人永无止境，或者两种情况同时存在，而每一个进入房间的人都穿的是黑鞋子，即使这样，这场赌注的输赢还
31 是悬而未决，因为这命题的真理性还没有确凿证实或证伪。从原则上讲，如果看到一个没有穿黑鞋子的人到来，所有可能的情形都可以证伪。但是在某些情况下，它也是可以被确凿证实的，而在另外一些情况下，又不可能证实。当我们下这场赌注时，从原则上讲我们两个谁也不必知道自己能赢或

会输。不过，用来陈述赌局的命题毫不含糊。它不同于“所有人……”这种话，它具有确定意义，要么用来指有限的人（如果这样，确凿证实是可能的），要么用来指无限的人（如果这样，可能无法确凿证实），不会同时指两类人。然而，如果一个命题的意义永远取决于它能够被证实的类型，上述情形就会陷入系统性的模棱两可：我们就会被认为是打了两场赌，一场是赌有限数量的人，另一场是赌无限数量的人。可是，我们的印象是应该只赌了一场，因为我们用“所有人都将……”这种话开始的命题来指的不是很多意义，而只是一种，意思相当于说“没有人不会……”我们这么说是对的。

如同之前那个例证一样，这个例证趋向于证明，如果一个人想要理解一个句子，这个句子声称表述了某人提出的一个命题，找出他在何种情况下认为其真理性成立无疑是有益的，认为其意义取决于某种条件就是对它构成的意义持不正当原则。当然，我无意否认，通常说来我只能找到不同句子之间的区别，例如，有关视觉数据的句子与有关听觉数据的句子之间的区别，有关人的命题以及有关物体、感官数据的命题之间的区别，我只要观察用来证实他们的经验类型就可以了。但是，不能从这里推论说，一个给定命
题的证实在原则上说来决定它拥有怎样的意义，因而可以充 32
当逻辑或认识论分类的原则，如此定义的两种不同类型的命题不能因为这一理由属于同一逻辑或认识论范畴，或者成为

同一逻辑类型问题的问题。在我看来，这正是证实理论和操作主义支持者一贯立场的基础，是谬误。我无意否认意义与证实有关系。但我不赞同说它们之间存在如此一对一的直接关系。

（三）下面我们来谈谈前面提到的第三种类型的命题：看上去好像是直言的，但又无法确凿证实的命题，例如，有关客观实在物或他者自我的命题。现象论的优缺点虽不属本文讨论的范围，但是即使我们认为它从原则上讲是正确的，不管它现存的方法多么不合适，我们必须允许这种情况的发生，即在那些经验命题（声称存在一种客观实在物必须被分析的命题）当中，应该不可避免地存在一些这样的命题，它们描述这一物体在观察者看来何以是不同于实际存在条件的条件；换而言之，他是否在观察自己是什么。命题“我手里拿着一支棕色铅笔”可以包含，也可以不包含有关我过去和未来实际或假言数据的命题；有人认为这是“这支铅笔”意义的一部分，另外一些人认为它们只是铅笔存在的证据，不是分析它的成分。这一说法对于观察者的实际或假言数据都同样有效，而不是对我有效。

所有现象学描述中常见的一点就是，当我说这是一支实实在在的铅笔，它就在我眼前，不是幻觉，我的部分意思至
33 少是，我现在正在观察的数据属于一组看得见、摸得着、听得见的数据，这些数据的部分成员是假言命题的主题，这些

假言命题描述我应该正在体验的经历，如果我此刻没有处在我实际所在的条件。如上所述，这些命题不是从原则上来讲无法证实的命题，有命题描述我正在实际观察的内容，单是这一事实就足以让有关客观实在物的命题从原则上来讲不能被确凿证实，不管它们是否被认为包括、被嵌入各种因果关系的普遍命题，而在某些哲学家看来，这些命题的确包括了、被嵌入了具有因果关系的普遍命题。在我看来，以下说法是可疑的，说普遍命题乍看起来是有关客观实在物的单称命题，这一说法比说后者不是可以确凿证实更为可疑。如果这一点显得是必然的，那是因为一些单称命题在原则上具有不可证实性，这些单称命题只是对于特定时间下（不是过去，不是将来）的物体而言是真实的。

当反现象论者声称，每一种将特定直觉判断力陈述变成经验材料语言的行为，不管它如何富于普通假言命题，都无法完全解释原来陈述的意义，因为客观实在物具有一些无法被观察到的属性；例如，在讨论直觉设想中客观实在物固性的含义时，G. F. 斯托特[1]观察到我们不是将它设想为一种永恒的可能性，而是一种永恒的不可能感觉性，让这些异议显得貌似合理；让斯托特的警句有意义的是，的确存在基于逻辑原则不可证实的东西，无论多少数量的可能观察者通过最彻底的系列观察都无法证实，也就是说，有关我或其他任

[1] *Studies in Philosophy and Psychology* (London, 1930), 136.

何特定观察者可以证实内容的命题，如果我们不是处于现在
34 的位置。这是最彻底的现象论必须公平对待的问题，不管它如何成功驱除了有关物质是不可见、不可感、构想模糊之物这一概念的最后残渣。

如果我的上述主张是正确的，证实，无论“强”证实还是“弱”证实，都无法哪怕在纯现象论框架下完成自身任务，因而，不能将证实作为意义的主要标准来产生这一框架。确立这一否定结论是本文的主要目的。最后，我还想就这一结论所暗示的有关分析物体和其他自我的适当方法多说几句。根据 C. D. 布罗德 [1] 提出的观点，如果我们将关于给定物体的概念看作是从一堆更为广泛的同样协变的特征 n 中多少随意并不自觉地选择出来的有限的感觉特征（且称之为 m）的复合体，那么，对于特定观察者而言构成物体的 m，对于不同时代、不同文化中的不同个体而言，将是不一样的，尽管会为了保证现在交流和理解过去记录的可能而需要相互提到少量的重合特征。

m 的特征，一旦被确认有例为证，将会可以证实有限数量的直言命题和可能无限数量的假言命题；并且经常被用来反对现象论的自相矛盾的事实，即任何记录观察的特定命

[1] Discussed by John Wisdom in ‘Metaphysics and Verification’, *Mind* 47 (1938), 480—481.

题或系列命题可能是不真实的，而“基于”它们的有关客观存在物的命题又可能是真实的（也就是说，后一种命题不能用来包含前一个命题，或被它包含），这一事实被下列事实所解释，即 m 是模糊的，而 n（在我们看来）是无限的， 35
于是无论你证伪多少 m，也不会证明 n 已经被耗尽。但是，当代表你从 n 当中选择出来的个人选择 m 被逐渐证伪的时候，会出现这样的情况，你可能放弃自己关于此物体存在的信念，因为你的经验并不代表被描述为 m 的足够特征。

至于某人会在何种条件下出现这一情况，这纯粹是心理上或者社会学上的问题；而我，作为从 n 共性中雕琢出一个不同于你的 m 的个人，只能在我们各自选取的 m 相互重叠的程度上理解你，在你看来与你命题相左的证据可能削弱我的证据，其程度最多就是你的 m 与我的 m 相互重叠的程度。即使“m 中 A 个案存在”这一命题比日常生活中的说法要精确得多，作为一个单称命题集合，它还是不可以确凿证实的，因为它的一些成分是假言的，原则上无法证实的；但也不能说它就是可以确凿证伪的，像我们常说的那样，它也具有不确定性和含混性。于是，原本旨在取缔形而上学命题来挽救科学和直觉判断命题的证实原则，甚至无法以其最松散、最微弱的形式应对这些。

他者自我对此更加拒不服从。严格的证实原则似乎要求对他人自我而不是观察者的自我进行行为主义的分析，自我反省数据只限于他本人，因为也只能被他本人确凿证实。如上所言，即使这一主张被拒绝，根据观察者自我类推出来的他者自我的存在至少可以退让到与现阶段哲学关于客观实在物讨论同样模糊不清的地步，每一个自我都被允许至少证实自己的经验，要解释下列句子不是无意义的还是困难的，即使用可证伪性原则来解释都不容易，“我的牙痛比你的牙痛
36 更严重”，“史密斯比琼斯思维更敏捷”。我们说，每一个观察者只能以自己经验担保是否出现某事。无论类似“隐私性”和“公开性”这样的词语究竟被赋予怎样的意义，用来描述怎样的客观实在物证据，内省的状态，通常说来，应该可以在某种意义说来是具有隐私性的，而客观实在物则并非如此：一个既观察我自己的思想和情感，又观察他人的思想情感的主体间观察者似乎是一个自相矛盾的概念？否则就出现这种荒谬的情况，说我们经历同一场头疼，与说我和他看见同一张桌子并无二致。此处，无论强证实或弱证实原则都无法用来说明问题；然而比较不同观察者经验的命题好像同时既是可知的、经验的，又往往是准确的、真实的。

如果以上说法正确，由此可以推断出这样的结论：“强”证实提供的标准最多只能应用于非常狭小范围的观察命题，而“弱”证实要么无法充当意义标准，要么在被等同于“强”证伪的条件下成为意义的唯一仲裁人，产生一种现象论，提供的只是一种有关客观实在物和他者自我的命题分析，结果并不能令人满意。由此，可进而推断说，证实类型的标准不能充当将经验命题划分为逻辑范畴的基础。因

为那样一来，不仅不能区分记录观察结果的陈述与其他经验命题，也无法让我们区分不同类型的观察结果陈述。鉴于在满足我们需要标准问题上的这种彻底失败，是否我们就要彻底放弃寻求标准呢？甚至宣布说这一需求本身就是没有意义的，说意义是一个不可分析的概念——说理解是看见或听见这类行为的基本形式，说“经验的”是一个基本范畴，除了事实以外不能被解释或定义？也许情况正是如此。 37

如果是，前文中的陈述表达事实未免太坦率和模糊不清。应该要这么说，可证实性取决于可理解性，而不是可理解性取决于可证实性；只有符合逻辑和语法规则、描述逻辑上可以想象会存在之物的句子，才是有意义的句子，才是经验陈述，才是表达真正的经验命题。不得误会所谓逻辑上可以想象之物这一观念。不能将它与根本上来自罗素那里的观点混淆起来，被当作证实理论的替代品，在后者看来，一个句子只有在下列情况才具有经验意义，那就是其中出现的每一个变量当中，至少有一个变量的价值指示一个具有感性或理性知识的实际宾语，或者可能的宾语；或者，就像有人有时说的那样，当一个判断中所有概念都是先验概念的时候；或者，用更为熟悉的方式说来，当理解一个命题必然导致实际或可能熟悉至少一个出现其中的全程命题的例子。即使我们忽视由此产生的现象论的难题，它也只能是经验意义的必要条件，而不是充要条件，最多只是一个负面测试。因为我可以说出逻辑和语法都正确的句子，且其变量只包括具有可观察特征的名字，这样的句子可能没有意义，例如，“红色时光不比他的抱负更具有激情”：这无疑会牵涉到一个更加醒目的范畴混乱，但是这一标准，像“弱”证实标准一样，并且因为同样原因，是无法阻止无意义发生的。

意义不能由任何类似机械检验来决定：说一个句子有意义，说我和其他人都理解这个句子，即这个句子表达一个命题，这么一说就相当于不多不少地说，我们可以想象如果这个句子是真实的会是怎样的情形。至于说“我能想象得到”的意义，指的是我可以想象得到的，在某方面说来类似我的
38 实际经验，来自观察或思考，记忆或想象，或任何其他形式的直接知识，后者只能被引用时才可以被描述，不管逻辑上如何远离它的源头，作为一些可决定因素的决定项，我至少熟悉其中的一个；这就如同一个先天性盲人可以通过他拥有的其他感官类推有关视觉经验的命题一样。可想象之物必须与实际经验相似这一命题是分析性命题，是“可想象的”一词究竟是什么意思的一部分。因而，说想象一个在所有方面都与我自身经验不相似、完全不同的经验，就是在提出一个自相矛盾的概念，它既暗示在此过程中，我可以将自己习以为常的逻辑范畴应用到这一经验中，只要它被称作经验，又暗示我不能这么做，由于它被宣布与我的经验完全、彻底不同。

在拙劣意义上的形而上学陈述没有意义不是因为它们不能被证实，而是因为它们声称它们的描述使用的是一种与我

们通常用来描述我们认为可以从经验上描述的语言，一种据说是可以超越这种经验的东西，不能通过任何类比来传达。既然可以想象得到的限度，如果我们说这些话是当真的，是由我们熟悉的类比来决定的，要否认这种相似性就相当于说这一命题假装描述的就是不可想象的；即，它不是一个真实命题，但当“意义”在经验含义上是描述性的意思，而不是情感性的或者激发性的，一个无意义的陈述（在语言角度上类似有意义的陈述）。这一陈述是不可证实的，因为一旦检验起来，就会被证明是无意义的，而且不是反之亦然，它是一个无意义陈述，因为其中所使用的符合逻辑和语法的词语
要么显示出一个真正混乱的结果，要么显示出无论出于任何 39
理由或动机追求意义模糊不清的结果，因为这些词语被使用的方式与正常使用它们来描述经验世界的方式太不一样。所以，尽管它们可能类似真正的描写性表达，无论它们还可以
或不可以达到什么目的，它们的确什么也没描述。 40

经验命题与假言陈述

实证主义哲学家当中越来越流行一种断言，那就是现象论真的寿终正寝了。它因挑战非自然主义的物质观念而生，最终成功地动摇了对方的地位；但它与其对手分享了大量基本的形而上学假定，随着滋养两者的思想体系在胜利时也直接毁灭，现象论与被它打败的对手一同灰飞烟灭了。它固然强过笛卡尔和洛克的本体论，但总也还是一种本体论，所以现在已经过时了；毋庸置疑，这也是理所当然的。然而，现象论纵是寿终正寝了，对它的回忆还无不令人惊讶地萦绕在现代很多有关外部世界本质的讨论中；从爱丁顿声名狼藉的两张桌子论，到一些哲学素养更为厚实的作者比爱丁顿更为精炼、深入的哲学分析，都可以清楚看到现象论以明确不同的形式现身其中：要么是观察陈述与客观实在物陈述之间的不同；要么是动词“看见”的两种或以上含义；有时是“基础”或“原始”句子与日常句子之间的不同；是不同话语“模式”之间的不同；或“强”证实与“弱”证实的不同等。几乎可以确定的是，以上不同的现象论版本不会带有“形而上学”的言外之意；无论如何，它们与更早以前遭受质疑的各种现象论变体之间突出的相似之处还是相当明显的。所以，在此考究一下其最近的主张，或许并非像乍看起来的那样，鞭策死马白费力气；它就是死了，也应该将其阴魂不散
41 之处示众，如果有可能的话。

下文存在两个进一步的假设：

（一）驳斥现象论对直觉判断陈述的分析并没有解决这一问题，即，精确科学（如物理）所提供的信息是否可以不经流失而用现象论的说法予以转换。也许是可以转换的，并且这种转换还可能具有某种重要意义；一直以来都有人认为科学语言可以在不改变其“意义”的前提下转换成唯我论的说法；当然，这一看法并不能看作是支持唯我论的论据。但是，如果这种“转换”没有恰当解释对日常语言的经验描述，它也只会是在这一意义上影响科学命题，说它们是日常语言的延伸，不是一种出于更为狭隘的、论断性或其他什么目的来涉及它某些方面的专门方法——是一种现象论分析大概可以接受的专业化措辞。无论如何，关于情况是否如此的回答，我相信，从逻辑上而言并不依赖于我的论证。

（二）我无意否认现象论的历史成就。无论它有怎样的缺陷（我想说这些缺陷是致命的）都不能容许我们回到那些古老的谬见，而从泰勒斯到 G. F. 斯托特的自然哲学家都曾致力促使这一点。现象论固然有过有益的影响，但已经无法再受到欢迎；它的持续存在只会弊多利少；下文旨在追加一些理由证明是时候该将它厚葬了。 42

一

多种形式的现代经验主义（特别是现代现象论）基于

如下看法：描述客观实在物的表达应该在原则上说来可以被（不留残余地）转换为一组句子，它们是实际或可能观察者有关实际存在或可能直接感知认识（广泛意义上的“感知”——包括用经验方法可以获取的所有情况、行为或倾向）的数据。任何其他关于如何分析客观实在物命题的理论常常都被现代经验论者立即拒绝，理由是这样一来迟早会涉嫌相信存在无法感知的或超验的事实或特征，而后者的可能性已被一些理论建树排除了，例如贝克莱的语言理论。根据这一看法，任何声称描述客观实在物的命题都不会有任何意义，更别说是真实命题，除非它们所指的实体或特征要么来自可以感知的经验（“感知”的意义同上），要么可以被分析成为这种实体或特征。鉴于大多数经验论者都认为，任何其他分析客观实在物命题的方法都可能涉及认识非感知实体或特征（他们认为这是无法理解的提议），现象论就仿佛随之自动出现了。出现分歧的地方仅在于这种或那种分析方法是否合适，探究某种有关客观实在物的句子如何被（没有余数地）“还原”至这种句子，它描述观察者做了，做过，将做什么，或者在合适情况下他或许会做，做过什么；试图沿着这一路
43 线提供其他分析方法消耗了当今许多敏锐哲学家的智谋。

然而，无论直觉判断还是赞同这一做法的哲学家都觉得并不满意。将有关实在物的句子还原到可被简称为感官数据的句子看起来似乎遗漏了什么，用一种固定不变的东西取代了一种断断续续的、变化起伏的东西。为了消除这种不安，现象论

者开始解释这是出于一种认识上的混乱；他们想倡导的既不是一种形而上学理论或一种有关物体构成的科学理论，也不是关于它们工作原理的理论，而是并不那么创新的东西——是一种另外的语言，它可以解释能被实物语言描述的一切，因其治疗性将它推荐为治疗形而上学渴求非感知基础的解药。如果转换至这种感觉数据，语言还是显得遗漏或忽视了什么（有些哲学家曾称之为有关实在物命题的“不可再还原之直言成分”），这种丢失的成分被标识为不具备描述功能的情感成分，即一种心理残留物；或者，这种被遗漏的成分是（这是一种更有见地的观点）与普通人出于正常的日常生活需要可以合理要求的语义模糊、不确定或含混存在关联。无论如何，他们声称，描述意义的核心可以说在某种程度上能被成功转换至一种新的语言。现象论者关于实在物句子的对等物也许就像一只新鞋一样，刚一开始的时候穿着并不舒服，但穿习惯了以后这种感觉就会消失。不适只是“心理上的”，出于一些无伤大雅的语言习惯却让哲学家产生了有关语言与世界的错误学说。

直觉判断力还会经历某种程度的不适，但要用语言表达出来还是存在困难。G. F. 斯托特[1]抱怨说客观实在物的晦涩性（“永远不可感知性”）被不恰当地清除了。W. F. R. 哈迪[2] 44

[1] 同上文引用（第 34 页注释 1）。
[2] ‘The Paradox of Phenomenalism’, *Proceedings of the Aristotelian Society* 46 (1946), 127—154.

则困惑于“假定”原因被说成引起了“实际的”效果——之所以会有这种看法（如 A. J. 艾耶尔[1]），主要是因为误会了现象论者试图使用或“推荐”的语言。我想做的就是阐明直觉判断之所以存在不安，是因为眼前的情况犹如医生的诊断常常忽视了病人投诉病情的具体性质。在我看来，这一状况根本就不只是不安、不适的问题，而是一种对现象论分析有效的而且致命的打击。不管怎样，即使我说得有错，这一病情陈诉本身看起来还是值得研究的。

值得补充的一点是，即使现象论被证明无法被人接受，有些常见的对它的驳斥也同样如此。因为一些常见的反现象论论据（哪怕是有效的）往往表现得像是要从它们旨在摧毁的理论废墟上拯救太多的东西。不妨看看以下四种最为常见的批驳。

（一）例如，对贝克莱、密尔、罗素最为常见的反驳之一就是，将有关客观实在物句子转换至感觉数据句子的时候，他们没能将假言陈述的条件从句中“出现”的观察者转换成“感官数据”——这一观察者还是保留了“实物性”
45 的。有人的确提出[2]，为了要“让观察者消失”，可以建构出

[1] ‘Phenomenalism’, *Proceedings of the Aristotelian Society* 47 (1947), 163—196.
[2] 据我所知，这一论点最早是由 H. H. 普莱斯提出的。下文采用了一种更为复杂的方法提出不断“消除”实物：R. B. Braithwaite, ‘Propositions about Material Objects’, *Proceedings of the Aristotelian Society* 38 (1938), 269—290。

第二个命题，这一命题大概可以描述由另外一个实际或可能观察到原来“观察者”的第二个“观察者”所发出的行动；这一“观察者”转而要求第三个“观察者”来观察他；如此一来我们势必可以有一系列像中国套箱一样的可能观察者——逻辑相似的系列命题都要涉及它，持续发展下去就“还原”或使原来条件从句中的残余实物内容“消失”了。这一无临床症状的不断还原过程将靠近纯粹现象论的理想边界。届时，只要以某种方式整合下这一系列命题，或许就可以用它明确再现客观实在物。

一种持反对观点的批评说，如果要适当描述这种理想的“观察者”及他们的行为，有必要总是提及客观实在物，例如那些决定“观察者”所在位置和运动状态的因素。而要分析每一个因素的话，就要随时预设另外的实在物，这样想要做的分析才不会随时终止。有些哲学家试图缓和这种反驳的力量，说这种在理论上而言永无止境的理论在实际运用的时候受制于特定语境和实际需要，有时[1]他们还以为足够的、不辞劳苦的分析（很多分析者都懒于或者不愿来做这苦差事）可以有助达到纯粹的现象论。这两种反驳，无论有效与否，都告诉我们，如果现象论有不足，它就远非实现了自己的成功（未经处理的残余会一直被记录下去，直到尽头），

[1] See D. G. MacNabb, ‘Phenomenalism’, *Proceedings of the Aristotelian Society* 41 (1941), 67—90.

46 能被指望的大概也就这么多。

（二）另一种经常听到的反驳就是，对于现象论者不可或缺的、有关观察者经验的假言命题，看起来似乎还牵涉到类似“假言事实”或“假言感官数据”或“没被感觉出来的感觉”等存在或现实。否则，假言命题描述什么呢？当然不可能是什么也没描述？有人主张，这些被假设的实体，科学和直觉判断尚未无从得知或无法得知的实体，至少应该是扑朔迷离的，与它们想要清除的洛克的托子一样。现象论被指控培育新的形而上学实体——连同它们自己的伪问题；但是，假设我们可以设法摆脱这一切，比如说，通过一个改良的、不对应的意义理论，一切都还可能安然无恙。

（三）还有一种常闻的诟病说的是，用类似描述、逻辑建构等方法来“还原”直觉判断语言，未必能够成功实现。他们要求现象论者提供实在物命题这一感官数据货币的对等物，对方拒绝提供一个确切的对等物之后，他们就指控现象论开空头支票：据说，对于科学实体而言，情况更为明显——现象论说是要盖一栋“高层”逻辑建筑，基石是感官数据，之上二三层是语法规则，但这一承诺并没有兑现。现象学被指控认为，尽管现象学语言可能令人无法忍受它的冗长笨拙，从原则上说来，它还是可以代替日常语言的省略：日常语言的特点之所以是这样，是为了服务于自身目的；感官数据语言无疑会因为自己的精确、确定而显得不便，因

太长和可恶让人无法忍受，而且还自有一套并非广为人知的“语法”，尽管如此，在原则上说来，转换会产生效果，尽管 47
代价是牺牲了司空见惯的语义模糊、含混、不确定性等，使得它在日常生活中派不上任何用场。反对现象学这一主张的人认为，要将这一方案付诸实践的话，结果必定是如同西绪福斯推石上山一样，行不通的；语义模糊、含混和不确定性是日常语言不可割让的属性；除了这一点外，方案也许真的可以被执行；但是，照现在这个样子来看，关于要还原句子的主张（乍一看来很是合乎情理）会被证明是空洞的，如果真去做的话。但是这一反驳的理由还是相对薄弱的，如果真要转换，太多有关词义的细微差别、使用范围和言外之意等都会丢失；只留下一种感觉，那就是意义的“核心”也许被“还原”或转换了。

（四）最后一点，用合适的休谟方式来对待有关他人思想和沟通的命题上存在的问题，这一点毋庸赘述；从理论上说来，它没有解决贝克莱方案的可能性，要凭借他的方案就意味着现象学只适合实在物，不适合人。

以上只是传统上反现象论的代表性论证。我想说的是，这些反驳看起来固然骇人，有些甚至是毁灭性的，但是它们的表达却给人们带来误导，尽管它们有着反现象学的姿态，但它们实际上深深隐藏在一个传播现象论的路径上。所有上述批评的言外之意都是，现象学者的目标固然都是，也必须

是为现象学者提出的特定路径——因为另外路径是形而上学的泥沼，但是这些路径不幸被各式各样的逻辑或认识论障碍
48 物所阻隔。换而言之，如果要清除无法证实或不可描述实体的话，是迫切需要类似操作的，但是不同哲学家提出的各种方案到目前为止都失败了。这一立场与费马大定理涉及的情况不无相似：定理所断言的很可能是对的，至少也不能证明是谬论，而且无论如何这一定理是可以通过正常数学方法证明或反驳的。同样道理说明，目前已经进行过的现象论操作的确是失败了；但是它们（也只有它们可以，从原则上而言）是可以使用的方法。应该有**某种**正确的现象学分析，因为唯一的退路就是回到洛克、笛卡尔，或康德了，而那条退路在当今时代肯定是不可能的选择。

这就相当于是先用那台重型坦克将哲学家撤回，然后再一次发起英勇攻击，试图突破死胡同——要找到一种“切实可行的”转换至感官数据语言的办法。或许因为一种错误的意义和真理理论，上述批评从始至终表达的印象就是，现象论终究还是唯一可能有效的看法，尽管它或许遭受了严厉的反驳和夸张的指责：问题在于技巧只要能予以足够的智谋重新组织一下，问题就可以解决，或者消失。我的论点是，现象学甚至连乍看起来都不合情理（更别说是不可或缺的方案），而且，小规模的改良也就是敲敲打打一下，不可能就让它变得合乎情理。因此，对于上面那些耳熟能详的对现象论的反驳，以及它们的解答，我想说，探究究竟是什么

让直觉判断如此令人不适或许是值得一试——看看这种不适是否只是“心理的”，也许是因为日常语言相对来说偶然的属性，还是这种不适正是这一理论本身存在致命缺陷的征兆？ 49

二

从约翰逊博士以来，基于直觉的判断发现所有现象学分析中存在的自相矛盾之处，以我之见，在于这点：我说“隔壁房间有一张褐色的桌子”。现象论者告诉我，这一句子应该意味着一套或一系列这种类型的命题，“如果‘一个普通观察者’去隔壁房间的话，在正常光线下和其他正常条件下，他会看见这样一张颜色数据是褐色的桌子”。我要说“但是，要是没有人去隔壁房间呢？我们会有什么？论断句是假的吗？是否没有有关褐色的数据和桌子？”他们就会告诉我，“当然不会。否定前件并不会得出有关前件的什么。在某种意义上说来，那根本就不会得出任何结论。这么说还是对的，**如果**某人去查看下或怎么的，他**就将**会看见有关褐色的数据等”。我接受这一说法，但还是不满意。如果我相信非洲和美洲之间在史前年代有一座桥相连，我就会同意（这可能只是分析性的）如果当时有个观察者站的位置合适，他就会看见那座桥，或者它的一部分。但是我想要断言说，事实上不存在这种观察者，不过桥还是在那里的，不管这么说对错与否。在我看来，常识和 G. F. 斯托特都想表示，桥的存在问题像隔壁桌子的存在一样是一回事，观察者的在场与不在场的问题（即使是假言说来）又是另外一回事。这一陈述，假设当时有观察者（其实没有）在场，他就会（其实谁也没看见）观察到某些数据，在他们看来不等同于断言有关实在物的过去存在。有关实在物的直言命题被未完成的“与事实相反的”有关观察者的假言命题所取代了，令常人烦恼的是以下想法，如果假定命题未被完成，如果实际上没有观察者在真的观察，那么，如果现象学分析是对的，其实
50 （在感官数据意义上）就什么都没有，另外，“存在”的这一意义是基本的：因为宣称的实物意义不是“存在”这一单词通常理解上的意义，在前者意义上，真实感官数据的不存在无论如何还是可以“转换”成实在物的存在。所以，如果他被告知，说存在某一个实在物（史前的陆地桥）就是说某物的数据……那就可能他会觉得被人耍了。因为这些数据取决于观察者的行动；于是，实在物被分析至一系列要么是不存在的纯粹假言，要么至多是断断续续的数据，随着观察者是否在观察的行为而出现或消失。这基于经验的发现看起来与他最初相信的世界图景完全不一样了；并且绝非只是用不同的话来描述世界的老样子。

现在，让我来说得更透彻一些。用观察者的假言数据来分析客观实在物实际上就是，将有关它们的陈述变成有关观察者意向特征的陈述。在此观点看来，“隔壁桌子存在”意

味着在这方面的你，或我，或 x，是可能或潜在可能的桌子数据观察者。这表明存在一个意向特征；但是之所以称之为意向特征，就是要与非意向特征（据说其“语法”有所不同）相比较。如果我问，“他睡着的时候看起来还是完全一样吗？”那是一个明显的经验问题，其答案可以通过普通的经验方法发现，也就是去查看。可是如果我问，“他是否连睡觉的时候都聪明？”这听来就非常不对了——我被正确告知我明显不理解“聪明”一词的通常用法；当然，我被告知，说某人聪明就是说类似下面的话：如果他被问到一些问题，他可以轻而易举地给出正确答案，或者也可以说，他掌握了某种数据，能比别人更快地做出推理等。而当他睡着的 51
时候，这些条件都不会出现，也就不适合那么问了。

这个如何用到隔壁桌子的问题上呢？断言说隔壁有张桌子等同于说如果有人去查看下或怎么的，他会看见桌子，这是有关观察者的一堆假言，也就是意向—因果命题；当原因不实现的时候，按理说，它们的结果也是不存在的，而当两者都不存在时，一系列感官数据事件之间就出现缺口。就普通的意向特征而言，我们也自然接受这点：“x 容易发脾气”与且只与这句相当，“只要稍微受点刺激，有时就算没受任何刺激，他都会大发脾气”；换言之，他也有时候不发脾气，没有持续存在的真实基底——照字面来看，不“存在”通常意义上的叫作潜在生气的基底，像地下火山爆发一样从地下爆发出来；我们的确认为有无意识或被压抑的脾气，但是如果从字面意思来理解的话，就会把单词与物混淆起来，将心理学神话同实物世界的设备混淆起来，就会陷入洛克式的错误。但是如果我说，“即使不用人查看，桌子都在隔壁［或者，‘桌子有个靠背’，‘桌子两小时前还在这里’］”，我的意思是想说这个吗，“任何时候人们去查看，桌子—数据都在；但其他没有去查看的时候，就什么也没有”？这正是直觉判断的信念所在，有关桌子的话是不真实的。直觉判断给了他们一个“实际存在”，观察者不在场的情况下的非意向性特征。桌子被间或查看或根本不被查看：观察者间或的在场或不在场是桌子被查看这一条件间或没有实现的条件；这也正是它与易发脾气性不同的地方——不像生气那样，桌子被认为是一直存在的，而且是在“存在”的字面意义上，没有间断性的数据，没有人去瞟它一眼，它也是确实存在的。

52 要将一个有关实在物陈述当作有关观察者的意向特征陈述来分析的话，就等于是将实在物描绘为最多是一系列间断性的实际数据，中间的缺口被假言的“未被实在化的”实体所填充，在感官数据意义上而言，缺口中间就什么也没有。就基于直觉的判断而言，这就等于说是摧毁了桌子的连续性——它在被观察之前和之后的历史，它没被看到的部分，它在隔壁的在场。当然，现象论者会理直气壮并愤愤不平地谴责这一结论，说这是混淆“存在”的两种意义，歪曲了逻辑结构观念本身。他们或者会这么回答，桌子和易发脾气性一样都是逻辑结构：连着的基本任务都是清除洛克的托子，以一套间断的假言数据来取代它。没被观察到的桌子，或者它的靠背，同某人的易发脾气性一样一直在那。但是，基于直觉的判断没有刁难这种易发脾气性分析；它完全接受易发脾气性的存在与真的脾气爆发这种存在是不一样的，而易发脾气性不过是一种简便的标记方法，用来指示一些因果规则和观察命题的综合题。但是，当我说，“存在一张你所描述的桌子”，我之所谓“存在”与某人易发脾气性的“存在”是在同一意义上吗？有些桌子的特征是真的可能描述为有意向的，也就是说，在说起它们的时候，我指的是一系列因果规则和假言或间断的数据——例如，当我说桌子是易燃的，或有用的，或昂贵的，但这还只能意味着有一些与桌子的无意向特征属性相对的属性，也许是一大堆我们认为既非具有确定意向性又非确定“实际存在”的时有时无的属性。说桌子的每一个特征只是可能，还是时有时无，或取决于观察者的意向——说一切都是意向性的，没有什么是实际存在，这种意见正是基于直觉的判断和约翰逊博士所反对的，认为 53
不对，认为这样几乎接近无意义，肯定有接近唯我论的嫌疑——这不是可以用经验（或认可其他可理解的）语言能够轻易描述的。

让基于直觉的判断讨厌的正是现象论分析中假言陈述所起的关键作用，在我看来，这么说是一种合理的直觉判断。

因为全部问题的核心在于：将直言存在陈述转换至假言（不管是哪种“程度”的假言）陈述是一个危险的操作，不能只由“句法”规则来机械操作，因为不同句型的确有某种日常语言中的正常用法，至少大多数现代欧洲语言是这样——而我们无视这一点，自担风险；那种类似矮胖鸡蛋先生的唯名论走得有些过火了：如果我们想要无需反复重新定义而进行交流的话，如果我们还想要交流的话，词语有时其实是主人；通常而言，当我们使用词语的时候，直言句子往往表达的是所指的对象已经发生，正在发生，或将要发生；这一对象存在过，正存在，将存在；它们有一个非描述性的、基于存在的、表面的元素；它们看起来像是要邀请我们去寻找他们声称所指的实体，而且当没有这种实体的时候，如“坏脾气不讨人喜欢”这句里就没有，我们才将转向假言表达当作更自然、更能说明问题的表达，以此来避免伪问题。

被直截了当地（用陈述语气的句子）表达出来的基于存在的命题常常可以说是“指向”它们的“宾语”；而它们中出现的指示词，如“这是”、“那里有”、“我们这里有”则用来取代实际去指示某人、某物、某过程这种行为。直言表达模式的特有表现力通常就正是这样——它代替一个手势，
54 一个“表面行为”：“书在这里”，我对某个正在找这本书的人说，或者我可以指着书说，“书”；两种方法表达大约相同的意思。但是假言命题则通常与此正好相反。无论假言命题描述什么，想说什么，想让什么产生，想表达或表明什么，不管它们可以用何种方法来证实或证伪，它们照理说来都不

会直接断言已经发生或存在或描述什么事，正发生或存在或描述什么事，会发生或存在或描述什么事：这恰恰就是条件语气的威力，证实条件成为事实让（比方说）拉姆齐断言，因果关系命题根本不是描述命题，而是命令或规定。

显而易见，拉姆齐的分析看起来不那么令人满意，因为它好像依赖于一个具有致命性打击的有关意义本质的看法；但是，让他强烈感觉普遍和假言表达方式与（比方说）单称直言句子存在如此差异，并非一定就让他误入歧途。因为这一沟壑并没有在惯常用法上将直言和假言命题分开：前者通常被用来描述世界的设备（是什么，曾是什么，会是什么），但后者不是这样的；结果便是，无论何时使用一个直言（陈述的）表达（假以习惯表达法）来表达是什么，曾是什么，会是什么以外的东西，在基于直觉的判断看来，这完全可以被一个假言（条件的）句子所代替——就像那些陈述句子，它们直接或间接涉及意向、包含“全部”、“每一个”、“任何”这种类型的普遍命题。

如果概括来说的话，它们具有某种外延，假言形式被认为不足够，要求直言表达来完成这一分析。于是“凡是三点钟在那里的人都看到了流星滑落”，因为它与“实际上没人在那里”不矛盾，可以被转换成“假设有人在那里，在过那里等，那么他就会看见，或者会看见过”；但是“他把书给了每一个问他要的人”不同于说“假设任何人想要、要过，55
他的书就被给出，或会被给出了”，它需要一个额外条件

“的确有人找他要过了”。很明显，最后一个例子中条件或假言句子本身并没告诉我们实际上发生了什么，通常用法是要求一个陈述句或直言句来表达“存在假定”——指被认为实际发生过的事件。

这一切可能显得老调重弹，不言自明，但这里存在一个不那么明显的必然推论：通常说来，在我们通常的语言使用当中，没有任何将直言命题转换到假言命题的直接转换是对它们的正确分析或替换。在我看来，这一点摧毁了现象学最不可或缺的基础之一。正是这种不正当的转换要对直觉判断的一种莫名感觉负责，我们感觉到现象论用欺骗手段将些什么强加于它——一种代用的实体。“桌子在隔壁”和“隔壁有桌子”这种基于存在实物的直言句子至少用来描述正在发生的某事，说话的时候正在被描述的某物，（或许）加上某种预见（以及被称为追溯）已经发生的事，或将会发生什么或在说话前后未知时间段内什么被描述，或除非反对命题被特别说明、暗示，不是间断地而是持续地，但绝非是“被假设地”就正在被描述或发生的事。这是因为，假定地说某事正在发生是一种非常人为的也是误导人的方式去说（在通常意义上）它压根就没正在发生，而只是可能或将会发生，如果条件被满足的话，而条件本身又是可能被满足，但也可能不被满足的。如此一来，无论“隔壁有桌子”这话在基于直
56 觉的判断看来是什么意思，它不可能被彻底等同于断言某物没有正在、已经，或将要在发生或被描述。这就可以说是，

从构造体系上来看，直言判断蕴涵相应的假言判断（或类似选言判断）——命题“桌子现在在隔壁”在某种意义上蕴涵，假设观察者 A，或 B，或 C 去隔壁的话，他们中的一人就可以看见或触摸到如此这般的数据；因为看不见的或感觉不到的桌子不同于我们通常意义上说的“桌子”。同样在有些情况下，假言判断也可以说要么蕴涵，要么陈述某一真理的条件，要么“足够证明”直言判断的断言；换言之，如果一个普通观察者（没有幻觉之类的）确实是看到，或者已经看过，或将会去看，假设会去看，假设看过了某些数据，在合适条件下就可推断，而不是归纳说，隔壁有张桌子。

这么说可能是对的，也许这也就是现象论者所要求的全部，以此反对洛克所说的无法感知物质，或类似“物理占据物”这样被弱化的版本[1]。很明显，如果我要解释在何种条件下我**应该**通常断言有关实在物的句子，要这样做，我只能援引假定的观察者和他们的认知状态：如果要我描述在如此这般句子中的条件是合适的，那么，我就应该是成功使用了假言陈述。但是，要描述我想要说出句子的唯一条件，肯定不等于说是给它意义。我想要说的是，如果假言（感官数据）句子只是断言会发生什么，即使有关实在物的句子有时 57

[1] 这无疑是现象论两百多年来［截至 1950 年］最伟大历史贡献，一个命中要害的自相矛盾的结果就是，同时坚持实物，如果它们存在，“必须”拥有某些特征（尽管谁也无法清楚指出这些特征的全部），从原则上说来，这些特征是可以以经验方法被观察的，又坚持说这些特征位于自然科学必须研究的特征之列。

的确是断言世界发生什么，发生了什么，或将会发生什么，假言感官数据就不可能等同于也不可能是对一个有关实在物的句子的分析。有关实在物的存在命题断言是什么，曾是什么，或将是什么，不断言可能会是什么。斯托特有足够的理由怀疑用“感觉的永远可能性”这样模糊的词眼来描述物质世界，因为不管如何被改良或精炼，这一短语在指出存在一种电网状的世界结构的同时又在否定它。约翰逊博士为人熟知的态度并没有依赖于如此粗俗的误解。这是反对现象论的要害所在。

也许可以问，这种基于存在的直言命题究竟做到了什么假言命题做不到的事情呢？当然，我想不用说前者描述事实，而后者不这样，因为“事实”这一不幸的词语已经在太多不同意义上被使用，用在这里的话说明不了什么问题。我也不想说假言命题和直言命题从来都是不可替换的，是互相排斥的——俨然命题形式可以被区分为对应于“本体论的”或康德式的范畴，或者“现实中的基本规范”。但是我的确想提出，词语形式的不同的确常常可以指示不同的意义，明白这一点很重要。因而，我想尝试着指出，那些看起来我们不能在毫无损害其通常用法的前提下去“还原”成其他逻辑形式的直言命题，往往以一种其他表达形式所不能的方式直接指示（邀请我们去寻找）事物或事件。这一点在那些包含“这个”、“那个”、“这里”等指示词的表达形式中表现得最为显著，但对于其他没有指示词的基于存在的命题，这一点

同样适用。对于其中一些，或所有我们认为可以通过某种直接查看（权且叫作“指示”）的物体而言，这一点从字面上 58
就有显现：说出一张具体的桌子就在我眼前的过程中，一种具体的声音正变得越来越响亮，一个具体的怀疑现在正在折磨我，我在指着它，将你的注意力直接指引到我直接认识的一个对象、一件事、一样东西。

但是，如果我说“桌子在隔壁”，“壁柜有一个你看不见的木质背板”，“拿破仑戴了一顶三种颜色的帽子”，“拿破仑在战争开始之前有过自责的感触”，我当然不能按字面意义上所说的直接认识，或指示某物、某事，因为从通常意义上说来，它是不存在的，不在场的，不在这里，不在我眼前，不在我的视野。也许正是这一点让这种貌似合乎情理参与到现象论者的程序当中，给我提供假言陈述，既用来描述未被观察到的特征，又用来指示观察方法，也就是说在某种意义上证实它们。但是这是行不通的，因为直言陈述和假言陈述之间的差异是逻辑形式上的差异，不管是句法逻辑还是语义逻辑，能够观察到一个给定目标和不能观察到给定目标的区别是经验的，不是因果的。我不能指示到隔壁房间的桌子，或者它表面以下的任何地方，因为它是看不见的：中间有一堵墙或什么使得这一行动不可能做到。当我说“隔壁有张桌子”的时候，照此看来，我是在试图指着“穿过墙的”桌子——或者指着桌子的背面或桌子的里面，俨然它是无法在我眼前，在我的视线范围被隐藏起来的。如果墙是透明的，我眼前的桌子和隔壁桌子之间的相关差别就没有了，因为这两种情形中唯一相关的差别就是我原本处于一个更好的空间（或时间）位置来描述我眼前的桌子。在学习使用符号来代表在场或不在场实体[1]的时候，或许存在重大的语义差
59 异，但是在描述我视线范围内实物的句子和描述视线之外实在物的句子之间不存在逻辑差异。

这种交流，用一个带有指示语的、据称是真实的直言句子去履行有关未被观察物和未被观察事件的任务，或许至少会在以下两个方面达不到目标：实体不存在或不具有它被指拥有的特征；也或许我的方法存在缺陷——如果相关实体，不管出于什么原因，得不到我观众的承认；我要交流的努力就被挫败了，被诸如实实在在的墙壁、地球的形状，或者我感官、想象的局限性、我的出生日期等经验条件所挫败了；而不是被什么不可救药的假定、不存在因素所挫败。

让我举个例子：当我说拿破仑戴了一顶三种颜色的帽子，或在博罗迪诺战役之前，他有过一阵自责，我的意思不是说（尽管这或许与我的文章没有严格意义上的相关性）有且只有一个人叫作拿破仑，说谁叫拿破仑谁就戴了一顶三色帽，或有过一阵自责。专有名词通常都不仅是确定的描述。我用“拿破仑”这一词是要用它代替挥手、低头等，因为我无法真的指示出来，因为我出生太晚；这从根本上说来还是

[1] 这一观点得益于 F. 魏斯曼。

一个经验障碍，同房间中的墙壁或光的本质或我大脑结构一样。我在请你把注意力投向拿破仑，或者他历史上用过的某一实物或心理事件，我的措辞中有一种非意向的基于存在的表现力（特别是对于专有名词），因为我暗示相信或知道这些事件已经发生过了——它们是过去、现在和将来集合体的一部分。

某些类型的直言句子直接指示到物体和事件，后者被当作存在，不管它们是否被观察到了。它们能在某种意义上 60
被直接观察、证实，或被感官数据支持等这一事实，或许是“事物”、“事件”这些概念中的一部分，但它不是我说它们此时此地出现，或具有如此这般的特征这种话所想断言的；原因在于，提供给我的假言判断，用来交换直言判断的假言判断，不管多么误导人或具有致命性后果，这些假言判断邀请任何人（看起来似乎只能是一些哲学家）去寻找时间系列上的任何“物”或事件。不管下列句子的断言是什么，“如果天下雨，我就会带上伞”，“假设不是希特勒一定想要这样，就不会发生战争”，我们不可能在大事记或实际世界编年史当中找到它，我不会有这样的印象，认为我被邀请去查找类似实体。（只有哲学家会不辞辛劳地去寻找或发明假言命题本体论上的“指示物”。）当然，假言句子的确像其他经验句子一样，涉及词语的使用，这些词语要有任何意义的话，必须只能出现在真实、以实例为证的句子当中，在某种意义上，这些词语的确可以“指示”——像“雨”或“伞”

或“希特勒”，但实际上只是假言的，并没有“指示”；否则它们就不是假言的了，它们将失去自己具有条件的、非真实断言事实的表现力。

此时，持批评意见的人可能会说（A. J. 艾耶尔的确在某次讨论中对我说过）类似这种话，“你把立论建立在人们通常认为物质世界中什么是意向性的和什么不是非意向性这两者的区别上，说后者不能无损于惯常用法而用假言陈述去描述，而前者可以。但是情况不是这么回事。首先，很多乍看起来不是意向性的后来在分析中其实可能证明是意向性的。例如，假设我们说桌子很重，有六英尺长，这听起来应该毫无疑问是直言陈述，尽管‘重’一词的意思是‘如果用
61 公认手段来称量，仪器会记录等’，而‘六英尺长’指的是用尺子这一可能的应用工具来丈量等。这些看起来明显是直言的陈述被证明是，需要转换到假言陈述才意思明白，从这里可以推断出，直言形式的陈述自己指示句子的意义”。

这一番辩驳并没有达到它看上去的目的。我不会幻想坚持认为，词汇或语法形式是逻辑形式准确无误的指南，也就是说，句子获得意义的不同形式。的确，那才是要揭示那些乍看起来不具备意向性的表达其实具有意向性特征的意义所在。但是，因为一些或很多直言陈述都在这种意义上被假言掩藏了（也就是说，它们的意义因为假言替代而更加明确了，或避免了一些错误），因为语言是灵活的，边界是活动而模糊的，不能由此推断说，两者之间的区别根本就不存

在，或边界是看不见的——假设情况的确如此，“意向性的”和“假言的”（它没有对比项）这种词语就会不意指任何含义。而这，并非是现象论者或者逻辑结构理论的支持者想要说的意思，如果他们自己的话有任何意义的话。

此时，持反对意见的人又可能说，“但这是对我意见的歪曲。我当然不想模糊假言陈述和直言陈述之间有用的差别；我想要说的是，所有描述性的陈述，从原则上而言，可以转换到感官数据语言；所有有关实在物的陈述可以被变换成有关感官数据的假言陈述，而这些正是它们的本质所在，相对于那种唯一真正基本、不可还原的、描述某人实际感官经验的直言陈述，例如罗素的基本命题，卡尔纳普的记录句子等。至于实在物的意向性与非意向性之间的区别，或者应用于实在物的假言与直言陈述之间的区别，感官数据语言完 62
全可以用自己的语言予以繁殖。有关实在物的直言陈述将会转化至有关数据的假言陈述；有关实在物的假言陈述将被有关假言陈述的假言陈述重新措词：因为，说一张特定的桌子看起来是褐色的，就是说有关某些观察者的意向；说桌子是易损坏的，就是说这些观察者意向的意向；区别只是在于假言陈述的复杂程度；但是它们组成的全部金字塔结构只有基于下列条件才具有描述能力，那就是当它们是有关（如果它们最终的主语是）实际观察者的实际感官数据的时候，所有有关实在物的句子，无论是直言的还是假言的，最终都是关于上述感官数据的假设或理论。因为世界不就是关于人们所见所闻所想所做所遭遇的一切？”

我们终于到达了目的，现象论归根结底想做的就是：只有不可还原的直言命题是有关直接经验的命题这一相比之下唯有假言命题堪比的命题，能够进行直接的、强劲的、不可抵抗的证实。这一切是基础的。其他一切都是有关它们行为和影响范围的理论和思辨。我们已经回到多层次的逻辑机构，“基础的”底层（也许是地下室？）之上就是实在物和它们更明显的因果关系特征，再往上依次就是正电子、神经冲动、超我，可能还有矢量和非欧几里德空间和数字等，然后还有时代精神、英国宪法和国民性格。从某种意义上说来，这种位置安排显得太学术了：假设现象论者生产不出哪怕是普通的有关实在物的直言陈述作为感官数据的对等物，他们声称要盖这样两层或更高（简单的假言陈述以及它们之上更为复杂的有关假言的假言陈述）的说法就会显得有些空
63 洞；但是，即使我们不急于拿着现象论的支票（这不公平，也违反语言使用的常规）兑换基础句子这一现金，论证还是靠不住的。

因为这一观点说的是，实在物句子（包括存在句子）是众多有关感官数据行为的普遍命题或假说或理论。而这正是直觉判断所极力反对的。因为一个普遍命题或理论可以纯粹从内涵上来解释——换言之，无关于涉及的有关概念实例是否真的发生；然而，类似“隔壁房间的桌子是褐色的”这种句子是基于存在的，因而就有外延意义，并在普通或假言命

题本身通常都不能如此断言的意义上，断言说正在发生某事；如果这些普遍命题要同时从内涵上和外延上来理解，即如果关于感官数据的普遍命题要被理解为不只是断言可能观察者的可能经验之间存在的逻辑或因果关系，也就是这一联系所连接的某物或存在或发生，那么要完成这一任务就必须介绍未被感知的感觉或可被感知事物：现象论者的禁律无疑同洛克的物质或物理空间占据物的禁律一样多。

这里所说的意思是，实在存在物命题直接断言某物存在的方式是理论或假设都不能直接做到的。从这一点我们可以一针见血地（尽管有一些夸张地）断言，所有理论、假设、普遍和假言命题等可能同时是真实的但又实际上什么都不存在；因为它的条件从句没有被满足，归结子句就派不上用场；反之，一些有关实在存在物的命题是真实命题并非不可以与不存在实在物的命题并存[1]。这一过分简单的悖论所 64
显示的就是，假言或条件句的本质就是设法不表态、不负责——意思是这样的，比方说，单称（经验）直言句通常都让说话者对原则上可以证实的某物负责。现在，根本都不可能直接证实未被满足的条件：但是所有条件句都必须蕴涵至少一个这样未被满足的条件，因而在此意义上无法等同于那

[1] 当然，这一点从字面意思来说是不对的，因为理论预设了存在那样理论家拥有他们所需要的知识，用以解决他们说话的“语法”问题，但这并非理论本身所断言的一部分，也属于它们逻辑上的蕴涵。

些只断言能被观察行为所直接证实的陈述。另一方面，基于存在的直言陈述向我们明确表态，因为通常都有一个可以清晰看见的（可以指示的）、有关实在物直言命题的特征。[1]

这一观点还可以从其他方式显示出来。根据现象论分析，描述实在物的句子在逻辑类型上会根据所讨论物体的在场（为我的感官所能及）与否而有所不同。如果它在场，就可以说我掌握了直接的实际存在的被观察到的数据，而我的句子至少就能部分程度地分析至无法再被还原的直言（“基础的”）命题：如果它不在场，它就可以全部分析至假言命题。可是，情况不可能是这么回事：如果我说这间房里有一张褐色的木质桌子，我可以（如果我愿意的话）继续说在所有我能断言的命题中，有些明显是直言的，有些明显是假定的，有些也许两者都不是；那样一来，它就无法造成什么
65 逻辑差异（即原则差别），桌子是否在我眼前的房里，还是藏在一堵墙的后面：有关现在这张桌子（或者它的可见部分）无论怎样假言为真，即具有什么意向性，都无疑同有关隔壁房间一样，是假言的（意向性的）；但是关于前者的任何直言命题也是关于另外（不在场）那个的直言命题。当然，我为了**证实**有关给定桌子的命题，而不得不采取的实际

[1] 或许值得补充说，“那里有”或“这是”这种指示词很少被用来指示“感官数据”——因为它很少在日常经验中有什么用途，它更适合于那些心理学家、眼科医生、印象派画家所关心的事物方面，因为它将这些专家们所感兴趣的—纯粹感官特征—同实物—物—日常生活设备构成对比。

措施将会根据情况的不同而有变化：如果桌子被移出我的视线范围，或者有人蒙上了我的眼睛，我就无法去做假设这一切没有发生的话我能做的事情；但是我所说的这个句子的**意义**不会随着桌子的移动或我眼睛所处的状况而有所改变："我的书房有张褐色的桌子"这句话的意义不会因为我的移动，或者只看见它的一部分，或者走出、走进书房，或我书房墙壁从不透明的变成了透明的等一切，而来回摇摆于部分直言和全部假言之间，并且它的意义也不会全部由与不存在经验兼容（如果它们的前件未被满足）的一组假言所组成。现在，我们或许可以更加明确地看到这些奇怪的逻辑推论所产生的混乱局面：即意义混乱，我们根据条件的变化而说不同的话，我们想在不同条件下表达不同的意义。

三

此时，有人或许对我们语言"指示"不在场物体的能力这一属性感到有些不安——觉得从指示直接观察物体过渡到半隐喻性意义上的指示，也许是不十分合理的。此时，现象论者可能想打出他最强势的一张牌，因为看起来他的理论所提供的、最具诱惑力的优势就是，通过用逻辑结构 66
替代被推断出来的实体，他可以只用一种所谓直接认识数据来描述世界。实际上，他用来描述一切的手段都是逻辑或语言规则，包括使用条件连词“如果”、“只要”的规则，要不然他就只限于描述我们在日常经验中能够直接用手指示出来的东西。至于句子的实际证明功能，那种声称可以指向，直接将注意力指引到某物（比如桌子，它固然是真实物体，但此时此刻不在场，还是未被观察到的物体，处于直接认识的范围之外），这种句子难道不是超越或违反了以下原则吗：不引入不熟悉的可疑的实体来反驳经验术语中的实物可定义性原则？我们难道不是在未经面对面、未经直接证实就引入某物？因而就不能算是直接描述，也许根本都不是经验的？以上种种一开始是难免会让严格的经验论者焦躁不安；但是他的不安将是没有根据的。

因为“不在这里”、“未被观察到”这些观念无论如何是必须要被引入任何旨在描述世界的语言的，不过是迟早问题，此事何以得以完成是心理上的问题，而不是认识论上的问题。要承认以下原则是一回事，任何描述性语言中不受句法规则支配的一切必须能以实例证明，要说下面原则又是另外一件非常不同的事，我可能什么意义也不指，除非我能用此时此刻正在经历的一切来确立我语言变量的意义；如果我采用后一原则，我无法涉及过去、将来，或他人经验，为了要区分“此地”、“此时”和“被我观察到的”等——此处体现的这样一种意义证实理论，它已经被屡次证明会导致一种极端的有关词语意义的唯我论分析，以彻底的无意义而告终。“基础的”、“此地”、“此时”、“被观察到的”等词语的

意义取决于存在一种与“不在此”、“不在此时”、“未被观察的”同样“基础的”词语用法，唯有后者存在才可以对比 67
出前者的意义。没必要再继续在这种论证路线上走下去——“不在此刻”、“地平线以外”这种相对原始的观念只有发生在“似是而非的现在”的感官领域出现循环才能被“构建出来”；但是没有这些观念，普通意义上的分类又不可能，进而使语言也变得不可能。所以，这种反对原则上可能指示不在场物体的立场不能太被当真，因为它依赖于假定（这一假定或许可以追溯到亚里士多德有关实际存在和可能存在之说）凡属不在此地的就不存在，此处“存在”的意思同某物存在于此，这一立场排除了描述性语言可能的象征性。因为那种存在但又不于此地的物是存在的，不于此地的意思同不“在”（的确存在）此地。没有这一认识，所有词语都将失去它们区分和分类的功能。

四

还有另外一种反驳需要面对。假设某人要问，可是我们除了用假言句子以外，还能如何说出任何桌子的任何事呢？除了描述假设某观察者会去四处查看的话，将会看到什么？桌子是圆的还是椭圆的？深褐色还是浅褐色？轻还是重？当然，钟情感官数据的哲学派别，如果有任何建树的话会明确无误地宣称，这些属性在某种程度上取决于观察者、他的身体位置、他的生理和心理状况等？当然，诉诸错觉的谬误，比方说，不能以根本什么都没证明而被驳回，就因为它对被使用的不同类型句子的逻辑思考？留声机在沙漠上播放曲子吗？对于完全聋了的观众呢？这里所说的观点与所有形式的
68 朴素实在论中最站不住脚的朴素实在论有怎样的区别？

这一反驳依赖于一种重大的混乱，这一混乱或许要对这种绝望的感觉承担部分责任，以为最后，不知怎么的，就只有现象论是对的。生理学家发展的理论（如耳朵的机制之于听见声音具有必不可少性这一理论）是经验理论，得到观察的证实，而不是被语言的检验所证实。因而，说某种特定的听者是必要的，就是说一个具有因果关系的，也就是经验的命题，而不是一个语义的或逻辑的命题。被描述为听见留声机发出声音这件事取决于一些必要的条件，其中有听者的大脑或耳朵构造，而那根放在留声机音箱上的针所具有的物理特征也必不可少。但是，让我分析有关句子意义的命题时，我肯定不是在断言，也不必要暗示，陈述它们所描述事件的原因或条件那种命题。在特定情况下，观察者与特定实物事件之间或许是会存在某种因果联系——无论这种具体的联系是什么，那是自然科学要去追究的事。但是这种因果联系恰恰是现象论者[1]声称，在将有关实物的直言句约减到假言的感官数据句的过程中所**没有**讨论的——假设他讨论了，他的

[1] 例如，A. J. Ayer，同上文引用（第 45 页注释 1）。

理论将会接近某种奇怪的、形而上学的或经验论的偶因论，
后者取决于他如何看待这种联系的本质，根据看法的不同，
现象论假言陈述中的观察者可以通过转移视线消灭这一桌
子，或者让它着火[1]。当我说某一事物存在，或具有某些特
征，我不是像看起来的那样，想将自己献身于某一有关这一 69
物体存在或特征的必要或充要条件的具体理论。

如此一来，至于隔壁房间的桌子是在何时漆成褐色，或者漆成褐色多久了这种问题，从原则上而言永远不会影响对这一问题的回答，“当我说‘隔壁房间有张褐色的桌子’这句话的时候，我是想说什么意思呢？”这当然需要证明：词语的意义**被**我们明确的或暗示的因果信仰所影响，而且通常会被深刻影响，对某一表达意义的分析会揭示特定社会的各种自然、社会、心理信念式假设，这是一种可以影响词语含义的变化。观察者作为特定时空中的人，所具有的意向特征进入我们使用实物词方式的程度会有很大变化；于是，在我看来合乎情理的一点就是，当我们说隔壁房间有张桌子，我们**不是**在暗示任何有关一个正常观察者的在场或意向特征的特定信念，只是止于它是一张桌子这一事实，对于观察者而言它必须不是完全看不见的，还是可以触摸感知的等——因为如果不是这样的话，它就不是我们说实物时所指的意

[1] 这一众所周知的谬论有时被认为由贝克莱所致，常被用来教育哲学入门者如何练习他们的批判力。

思了。

还有不那么明显的一点就是，我今天可以不看它就说它是漆成褐色的，因为也许一些基本的生理知识到此时被充分传播开来，将有关我们神经系统中视觉领域变化效果的某些因果信念引入漆成褐色这一观念。但如果我在没有人在闻过玫瑰的时候说，玫瑰闻起来香，或者我在没有听到风声的时候说风在嚎叫，说听到的旋律很优美，但没听到的还更加优美，这明显是非常古怪的说法。这些对于说明有关“闻起来香”、“嚎叫”、“优美的旋律”等正常用法无疑是有帮助的，它们中有些的确暗示现场存在具有某些心理的、生理属性的
70 人是观察者，有些则没有这种暗示。我所关心的只是想证明，有大量的实物句**并不**预设这种对观察者行为或存在的依赖，观察者与实物的关系更适合被称作经验关系，而不是语义关系，不管词语用法和经验信念之间可能具有怎样深厚的联系；于是，这种看法就是重大谬论，说如果不明确或间接提到观察者，原则上说来，就不能说有任何事发生，这一谬论基于未能区分自然科学或直觉判断的因果命题，与关于意义的命题两者之间的不同。

让我再回到本文的出发点，现象论，或至少它最流行的现代形式，似乎基于对正常实物陈述所表达意思的错误分析；这些陈述说的是某物或事件存在过、存在着、将会存在，或曾经被、在被、将会被这个或那个特征所描绘；它们说的不是某物可能存在、或许存在、将会或许存在，陈述的

真理（不是其断言）在逻辑上与不管是什么物的不存在是兼容的。即使只有假言命题可以描述条件，没有这些条件我们无法断言，或有理由说相关假言，但是前者的意义与后者的意义是不一样的。即使我们进而坚持，像某些人做的那样，这两种命题严格互相蕴涵，情况还是如此；因为不管共同蕴涵的意义被认为是相当于，或等同于逻辑对等物，这一意义也明显不同于两个或多个在直觉判断看来意思相同的描述句所具有的意义同一性；但是，最有名的现代现象论变体旨在确立的，正是后面这种分析项与被分析项之间“意思相同”的意义，如果本文以上论证无误，现象论的这一追求不过是徒劳之举。 71

逻辑转换

有一系列问题是哲学家，特别是逻辑学家和认识论者的传统论题——这些问题构成他们研究的中心。我认为之所以存在这些由来已久的问题，是源自对判断或命题的分门别类——否定的与肯定的、直言的与假言的、全称的与单称的；有关过去、现在及未来的判断；有关实际存在物或人的判断；有关知觉、记忆或想象力数据的判断等。

每一位哲学研究者都非常熟悉我说的这类问题，例如，假言判断能够恰当地被描述成是真实还是非真实，如果是真实的，那又是如何被决定的？是否存在一种特殊的“事实”，可以像某些直言判断被普通“事实”或“事件”证实或证伪一样，来确定情态判断的真伪？有关过去或将来的判断描述些什么？是否存在一种过去和将来的事实由这些判断去描述？如果存在，又是在何种意义上的存在？消极判断描述“消极事实”吗？如果不是，那么它们又执行什么功能？有关客观实在物的句子能否转化成有关观察者实际经验或可能合乎情理的经验的句子？实际存在物，在此意义上，是否被“还原”至感官数据？普遍命题是有关不同“种类”的命题？这些种类包括无限多成员？这种种类存在吗？如果存在，
72 那是何种意义上的存在？换而言之，经验命题是否根本就不是“真正的”命题，而只是“规则”或“指示”？（因果判断是否也是这样？）或者，这种陈述描述的对象并非真的无限物？而只是一些实际性的、建议性的习惯、行为倾向、完成各种理论或实践操作的安排？或者说，被描述的对

象也许更多的是动词习性根据某些规则的运用？而不是这些倾向运作的实例？不是规则？

每位哲学研究者都会意识到这一点：很多著作，无论是现代的还是古代的，一直都在致力于解答这些问题，大量的智慧被用来为这样或那样的理论精心辩护，驳斥逻辑上或认识论上的异议。本文旨在表明，这种讨论的某些形式虽或在不经意之间给过人启发，但它基于至少一个基本谬论，这个谬论从该论题的希腊哲学起源开始就一直削弱它，现在仍然困扰着许多当代著名哲学家。

一

我想要讨论的谬论呈现出一个最顽固的症状，就是渴望将许多乍看起来不同类型的命题转化成一个单一类型的命题。这个过程对哲学家，特别是对于逻辑学家来说，是一个根深蒂固的实践，以至于我们几乎都不曾停下来，问一问这样做的动机何在。因此，传统的亚里士多德三段论强烈暗示，第一格 Barbara 中的第一式是科学知识里最理想的一个模式，它暗示如果科学没有这种命题转换的倾向，那么它就是有缺陷的科学。同样地，在笛卡尔理论知识中，那些体
现“清晰而明确的观念”的命题占据着独一无二的特权地 73
位；正如理性主义者只对这种“清晰而明确的观念”情有独钟，英国经验主义哲学家乐见表达有关直接经验的“简单

观念”或“印象”，罗素和他的追随者乐见“基本命题”和“原子命题”；早期维也纳学派的哲学家则乐见“原子命题”和“记录命题”，等等。

尽管上述学派在许多其他关键的原则问题上持不同，甚至完全相悖的观点，但他们至少有一个共同点：都明确赞同某一种类型的命题或陈述；认为这一类型的命题或陈述具有其他命题或陈述明显匮乏的一种优点；他们对其他表达方式所遭遇的问题和难题无动于衷，这些问题和难题被描述为它们的缺陷，可能导致悖论，而典型命题则体现出没有这种问题的优势。的确，有这种逻辑缺陷和难题的命题就相当于未能接近“好”命题的理想类型。

逻辑学著作经常引用的一句，“猫在垫子上”，就是一例这种“好”命题。这是一个似乎没有任何难题，也不需要任何理论来“解释”的命题，如果它是真实命题，并能被轻易证实——比方说，说话者的眼前刚好有一只猫坐在垫子上。那么，符号与它们所象征物之间的关系就可被认为是一种简单的对应：这句话就像是一顶帽子，之所以编成那样，是为了适合特定对象；这个对象在场，戴这顶帽子刚好合适；当这个对象不是所要求的类型，或者这个对象不在场，甚至根本就不存在，问题就开始出现了。只要这只猫是在垫子上，那么“猫在垫子上”这句话就明显是真实的，而且没有任何理解上的困难。但是如果这只猫离开了所在的垫子，这句话就开始困难重重了：它仍然是完全可以理解的，但现在它描

述的是什么呢？这句话不是真实命题，但是如何将非真实命
题与一个（按照他们的假说）只证实真实命题的世界联系起
来呢？如果这只猫不曾移动过，那么这句话仍然还会是真实
的；这种假言句子又描述了怎样的“事实”呢？如果它蕴含 74
了“这只猫已经不在垫子上了”这一命题，那么这种真实的
否定命题与世界的关系是否类似于与之相对应的、不真实的
肯定命题与世界的关系呢？难道在垫子上**不是**一个“现实特
征”？是否存在否定事实？是否存在消极事实？是否存在假
言事实？是否存在不真实事实？如果不存在，那这些“有
难题的”句子与它们所指主题之间的关系难道完全不同于那
些“直截了当”的句子与它们的主题之间看起来所具有的那
种简单、直接的关系吗？是否我们从一开始就太天真、太幼
稚？以为这些直截了当的句子是由与外部现实一一对应的符
号所组成的？

至此，读者会看到这样一个世界，这里满是熟稔已久的问题和解决它们的经典方案——简单的对应关系、复杂的对应关系（早期罗素）、连贯性、直觉、实用主义的各种方案、操作主义、强证实性与弱证实性等。这种类型的方法存在一个共同的假设，那就是存在一种简单的、直接的、“好的”命题（句子），它们不会带来什么问题，且暗示这样的推论：如果所有的命题都只是这种类型，那么就不会出现什么难题，也就无需发展什么复杂的、永远都令人不太满意的理论来排除这些难题。在对待这种文字的描述性用法上存在

一种潜在的二元论，命题几乎被本能地分为两两相对型：直截了当的命题与引发问题的命题、易解决的命题与棘手的命题、范例类型的命题与属于需要特殊补救的古怪或变质类型的命题、好命题与差命题、绵羊与山羊。在逻辑学家及其所属学派的哲学观看来，各家遴选为“好”命题的理想模型自然应该各有不同：笛卡尔的信徒向神学和伦理学敬礼之后，转而将数学和数学物理学命题摆在最重要的位置；洛克、贝
75 克莱、休谟、密尔、罗素和现代经验主义哲学家追求理想型经验命题，这一理想型命题排除一切可能让它们犯错误的因素，是直接的、无需矫正的、简单的命题，因而也是“基本”命题。然而，我不是要对比参与竞争这一优势地位的各个候选项，而是要引起对竞争这一现象本身的关注。在我看来，这一竞争的目标是虚幻的，它看待问题的全部角度都依靠一个巨大的、几乎与逻辑学一样古老的谬论；接受这一竞争的哲学家已经寻找到两条熟悉的出路摆脱困境，但这两条道路无一例外都是死胡同。之所以会出现这种情况，就在于所谓“困境”是不真实的，因而，处理它的方法不解决，也不能解决任何真正的问题。

二

不妨这样来设想，我们从提供信息的命题开始，把这样一个绝对安全的陈述拿来作为例子：“现在是下午三点，书

在桌子上。”如果这一陈述是真实的，乍看之下它好像不会引起任何哲学难题：存在一些可靠的东西，可以观察时钟上的指针看时间，可以看到桌上有书，用适合的语言来汇报这一情况；陈述中的符号适合其主题，就像帽子的特别设计适合某人，或者像离弦之箭令人满意地射中靶子，或像表达同样意思的任何隐喻。显然，这是有关语言何以运行的最基本概念（或者隐喻）之一：一边是符号，一边是世界。前者被用来描述、表达、传递，或象征后者。两者之间的关系可谓是清晰可见的。如果有人问我这些符号是什么意思，我可以，或我认为可以，指着它们被用来代表的东西给出回答。一旦直接指出对象的可能性崩溃掉了，难题接踵而至。如果 76
我从上述命题中推断出“如果桌子上有本书，这本书就不会在椅子上”且被人问及这是什么意思时，我发现自己不能以同样简单、明确的方式，用手一指就给出回答。这一论断句（“[这本书] 不在椅子上”）引发了一个难题，因为很明显，它的不在场是指不出来的，这不像是指示一个就在我附近特定位置的东西。此外，这一假言命题也不等于否定这一联言命题，“书在桌子上和书在椅子上”。假定句的“意义”是无法用手指示出来的，不像有些直言句的“意义”可能指示出来一样，这就是我们将它们称为假定句的原因之一。假设我进一步思考这样一个事实，即一般来说，书不会有桌子那么大，我又一次没法在我所处的环境中指出我所说符号的“指示物”。此时，几分钟已经过去了，如果有人问我下午三点的时候书是否确实在桌上，我也无法在任何字面意义上“指示”这一“事实”，因为这一“事实”已经过去了，消逝了，不在我的面前了。这就明确表示，存在某一致命的分歧，将非常“适合”真实世界的原句与后面这些制造麻烦的句子区分开来，它们固然有明显意义，但是它们就像大量移位了的符号在真实的世界里寻找它们合适的位置——或者说，无家可归的名字徒劳地寻找它们找不到的主人。

关于符号如何指意这一问题已经出现了一种最原始、最强硬的形式。人们采取了两种对策来解决这一问题。多年来，每一种对策都已各自形成饶有趣味的思辨核心；然而，一经检验，它们都同样被证明是绝望的徒劳之举。为了便于讨论，不妨将第一种对策称为通缩法。它假定最真实、最成型的命题是那些受到偏爱类型的命题（不同哲学流派所偏爱
77 的类型各有不同），而其他所有类型命题的逻辑推导能力都源自这一被偏爱类型，与之存在某种溯源关系。在我们做出选择的情况下，受偏爱类型的典范就是肯定的、单称的、直言的经验命题。因为它是合取的，而合取“事实”在自然界不容易找得到它，似乎最好的方法就是使它变得“更简单”，即把这一复合体分解成两个“简单的”命题：“书在桌子上”和“现在是下午三点”。但事实是，这样并没有完全解答问题。如果符号表达的意义标准就是其使用者能指示的存在，书、桌子，甚至一天当中的几点几分这些存在物，这并没有让这一过程变得更容易，因为它们不可能被简单地指示出

来。此时，现象论者的所有（思想）装备开始发挥作用。有人告诉我不可能真的指示桌子，只能指示它平坦的形状特征或数据，我也不能真的指示桌上的书本，只能指示有关书在视觉、触觉方面的数据，它与我关于桌子在视觉、触觉方面的数据有联系。“下午三点”就更不可能被指示出来了，只能再次以视觉、触觉等方面的话将其意义进行转换，使之对应于我使用的语言符号。理想型命题逐渐显示需要满足一些最低限度的明确属性。因此，它至少必须具备以下几点：

（一）是肯定的，因为我何以指示存在物呢？

（二）是直言的，因为我何以指示只是可能存在之物呢？或者原则上不可能存在之物这一无法满足的假言所指？

（三）是单称的（或单称的有限集合），因为它必须是这样那样的某物，具体而可列举的，因为要去指示一个普遍之物，它不属于特定时间、地点，并无法被某一确切感官所发现，那会是怎样的情形呢？

（四）逻辑上来说很简单，因为我何以指示析取之物呢？要么这个要么那个？哪个都不明确？我也不能指示合取 78
之物，因为我何以既指这个又指那个呢？

（五）是现在特定的，它必须确指此时此刻存在于我感官领域的某物；因为我何以指出不在此处之物？过去存在物？未来存在物？如果句子的“对象／宾语”在别处或者已经结束，或尚未抵达，它就不是“实际存在物”，就像没有靶的箭，或者一顶不适合任何人戴的帽子。

（六）它必须指某“瞬间给予”之物，如果不是这样，“对象”就又不在此时此地了，那致命的问题又会以另外的形式重现。

（七）它必须是真实的（尽管真实命题是另外一种完全不同秩序的必需品，对此理论并没有表示强烈要求，而是予以全力规避），如果命题是不真实，它不描述任何事，它做的是错误描述，错误描述也是箭未射中靶子的一种形式；如果意义可看作一种要射中靶子的行为，那么不真实的意义也就是无意义。

当然，这并非旨在提供一个穷尽所有“好”命题最低要求的清单——“好”命题是不会带来麻烦的命题，其示范陈述与其主题关系清晰、简单，即使不用其他陈述也不会产生逻辑或认识论问题。看起来这距“直接”接触现实不过只有一步之遥，彼时，思维与存在统一，黑格尔式绝对显现，那里没有问题，没有实现不了的精神追求，因为那是一个无思想追求、无物质追求的世界。

我们暂且不谈构成此类“好”句子或命题实例的要素（我们稍后再回到这一话题，因为这无疑是问题的重点），很明显，如果我们以这种方式着手研究，我们是在致力于把那
79 些不符合理想型的句子或命题看作要么完全没有意义，要么属于次等命题，只因被证明与理想命题有某种逻辑关系而被

碰巧保留下来，获得某种地位。我们仍然会挽救这类不完美的命题，按照它们包含“合理”元素的比例把它们看作是具有意义的命题；即能被作为复杂体予以分析，其中一些元素经审核是有意义的，是肯定的、直言的、简单的、单称的、真实的，是关于此时此地说话者面前的所有，等等——好比很多纯金颗粒被嵌在一块劣等材料上。这块材料之后可被移除，经检验证明毫无意义，最多也就行使了某种逻辑上或心理上的功能。逻辑结构主义理论背后就潜伏着这种观点，无论早先休谟版本的逻辑实证主义，还是后来罗素及其信徒发展起来的更为复杂的逻辑实证主义。

如果我们要实践这种分析，我们要从询问给定句子是否为真实性描述开始；如果说是，我们就会要求这一句子的成分被分析到如此地步，其中的真实描述成分应该被分析出“基本的”、“原子的”命题，这些命题具有“好”命题所需的属性，即直接对应上面所描述的经验。如此一来，被分析的命题就被揭示为一个不可还原的简单陈述的合成体，被逻辑常量联系起来并决定其形式属性。其他不能像这样被分析的一切都被归属到描述不清的领域，被贴上情感残余、表达残余、心理残余等标签（这过程就像从一个语言渣场提炼出珍贵矿石），这些句子残渣在某方面还是有点用处的，甚至在生理上、心理上是不可或缺的，但是，它们又容易让我 80
们陷入形而上学或神学的困惑，如果我们错将它们当成提供信息、肯定事实的文字。描述性语言犹如一座用“基本（命题)”砖瓦，按照一定逻辑建造起来的“建筑物（结构)”，它只由“好”命题组成；剩余一切都将被归为非命题。

按照这一观点，所有自称命题（例如，假言命题或普遍命题、有关过去或将来的陈述、有关客观存在物或他人的陈述）都将会变成什么样呢？别无退路了：只要它们给出的是真实的信息，它们就不是假言命题，也不是过去命题，等等；如果想要完整保留它们不受损害，它们只有被逐出真实命题。这种窘境绝不仅限于经验主义者或实证论者。库克·威尔逊是亚里士多德和笛卡尔忠实的追随者，当他问自己单称的假言命题究竟是什么时，他说服自己现实由现在、过去和未来构成，而不是由可能是什么或本该是什么构成；因此，假言命题根本不可能是真正命题（它们描述的是什么?)，只是问题与问题之间的关联物；对于问题来说，因为既不真也不假，它们既不断言，也不描述，无需满足真实命题被要求具有的条件。诚如答案与答案之间关系一样，问题与问题之间的联系并不紧密；事实上，“答案”就是那些陈旧的、未经掩饰的熟悉命题；所以问题终究还是没被解决。但是，想要证明假言命题不是恰当的命题这一令人奇怪的努力表明，引发这一奇怪努力的原则看起来似乎值得一试。

此外，F. P. 拉姆齐之所以建议因果命题或许根本就不是命题，是因为因果陈述显然太笼统了，如果解释得太泛（如
81 果不为其外延，还谈何符号的意义呢?)，那又不能固定在任何可以指向的事情上；因为普遍命题似乎不能指向（压倒一

切地被证实）任何感觉或思考之物，也不能被描述为某人的经验条目。追求一个纯粹只有外延的逻辑这种理想（只严格限于阐释意义的外延）以及将意图分析视为黑暗的形而上学故态复萌这种几乎迷信式的恐怖，都是上述态度的表征。

语言被视为一种词语信贷体系，其中描述性句子的功能就像支票一样，使用后不必立刻转化为黄金还是会保持它们的价值，只要它们在原则上还是可以转换的。这类句子的黄金外表在于直接经验的事实和有关“所了解知识”、“对象”的事实，并且这类表达具有的意义程度直接取决于用基本或“好”命题形式表现的黄金覆盖面大小——这些命题可以直接转化成它最终所具有的黄金“事实”。如果句子没有黄金覆盖面或者“好”命题，那么从严格意义上来说，它就容易被认为不是描述性的；如果句子要有意义是要去描述，那么这个句子就是无意义的。

这样一来，就自然地导致了孰不可忍的悖论，这悖论太令人熟悉了，毋庸在此赘述。例如，我们很难说，普遍命题或科学命题是非描述性命题（有人说，它们只是生产有意义句子的矩阵），因为这类命题很明显容易被驳倒，也就是说，被否定单称命题所证伪，即使它们被证伪，它们终究还是命题。在力图将各种不同类型的命题强制性变成普罗克拉斯提斯之床，变成自己想要的模式（“原子的”，不能进一步分析的，难以改变的命题）的过程中，出现了很多臭名远扬的难题，困扰着形形色色的、严格意义上的现象论（或者早期各

种强硬的逻辑实证主义）。现在，这些难题以更尖锐的形式
82 出现了。

于是，悖论开始积累；早期实证派中更强硬的一些人要求将有关过去的命题都变成有关未来的命题——否则这些命题将会被淘汰。有关现在的命题也遭受同样极端的对待，于是不经意地出现了“有关将来”的两种意义：一种是正常意义上的，即有关将来的命题区别于那些有关现在和过去的命题；另一种是反常意义上的，即所有的命题在“某种意义上”或“出于论证目的”都是有关将来的命题；这一意义上的“将来”不再能与过去、现在或任何其他事物进行对比，所以最后的结果是它的意义被架空。

同样地，关于他者自我的命题被说成从属于关于观察者自身数据的命题，“我自身的数据”或“观察者自身的数据”这些词语的意义遭遇着同样致命的不可避免性；现在，所有的数据“在某种意义上”都是观察者自身的数据，随之而来的就是唯我论，因为没有可以陈述的非唯我论与之进行对比，所以结果同样是什么也没描述。逐渐明确的一点是，上述做法所要求的就是将一切有关说话者自己、他此时此刻直接经验陈述中那些非直言、非肯定、非单称的陈述统统都归类于“非命题”语言这一中间状态，但是因为这些属性从假设上说来不能与自身以外的任一事物（逻辑上不允许声明）进行对比，通缩方法——将所有的命题变为一个选定类型命题，自己鉴定为真实命题（还有其温和版，“不完美”命题，

即真实命题的高贵血液流经它们的部分）——被证明是现代哲学最糟糕的无稽之谈。显而易见，这种通缩方法导致了某种僵局，不得不被摒弃。 83

另一种路径与通缩刚好相反，可称为通胀方法。同前者一样，它也认为真正有效的命题是直言的、真实的、单称的等；但是，由于明显存在其他不是这种类型的表达，如通常意义上的假言陈述、普遍陈述、有关他人过去或将来的陈述、不真实的陈述、无法证实的陈述、无法明确归类为经验的或先验的陈述等，而又不大可能否认这种类型表达的描述能力，通胀路径解决这一难题的方法就是决定大胆地接受它们也是命题，就像它们看起来的那样，是完全有效的、可以理解的命题，同任何其他命题一样具有描述性，不过是被不公正地怀疑为有缺陷，只因为它们非常不幸地被拿来同那些不会造成麻烦的“好”命题相比较。一旦人们领会到它们所关心的实体与后者不是同一类型，它们就有可能被解救，甚至获得与后者同样的地位。

例如，通胀原则认为，假言命题并非部分为直言命题，部分什么命题也不是，而是它们凭自身能力完全是“好”命题，只不过是有关特殊种类的实体——有关“假言事实”，或“真正的可能性”，或“本质”，或诸如此类的东西。同样地，普遍命题有一个完全属于它们自己的真正王国，由叫作“一般概念”的实体构成。有关过去和将来的命题分别涉及过去的事实和将来的事实；未实现的假言命题涉及“未成为现实的可能性”；最初被设想为理想模型的直言、单称等命题不再代表一种高级别的类型，它们被分配到同辈中，支配着其中一些事实，而不是所有事实，即支配着那些实际发生的、当前的、具体的事实。

新实体的多重领域顿时完全展开。那些被数学或逻辑实
84 体所占据的领域被显现于这一景象——永恒不变的柏拉图形式，以奇怪的方式与这个“真实的世界”相连，或相离，安然于自己平静、美丽的世界。作为对想象、科学、数学、诗学等诸多形式的呼应，那些被不朽本质所占据的“实存”实体的领域随之诞生，且能容纳游戏、乌托邦、神话人物和纹章上的人物，以及其他多种符合逻辑的虚构物形式。这些变得越来越神奇的理论赡养所有已经被想到的和能被想到的、真的和假的、合理的和不合理的；普通生活的世界就有些模糊地被认为是一种奇妙的“实体”，与“实在”或“存在”这些伪属性区别开来，这一做法无视康德驳斥本体论论证这一致命武器。通胀原则的做法是一个不加控制的通胀过程，其操作原则非常简单：所有真正的命题，从根本上讲，都是直言、单称并真实的命题；它不像通缩主义者已经做过的那样，努力将那些真正直言的、非假言的、非普遍的命题从那些大量未经筛选的、表面上看起来像的命题中抽离出来，它只管勇往直前，将所有陈述都当成已经是直言并单称的命题，具有所谓真正命题所需要的一切属性，从而在此基础上着手探索与它们相呼应的实体。

因此，让我们假设说，假言命题在后面的分析下是直言的，那它们到底直言了什么？显然是有关假言实体的。如果普遍命题根本就是单称的，那它们描述的到底是怎样的东西？个体事物——被叫作“一般概念”的“事实成分”。普遍命题事实上是单称命题，它们的主语是一般概念，如同那些更常见的单称命题是事件或“直接经验”的事实一样。有关过去的命题因为“过去性”而合格，成为有关“永恒”的实体，正如有关现在的命题因为“现在性”而合格，成为有关类似实体的命题。假命题是忠实于“可能性”的命题，真 85
命题是忠实于“实在性”的命题。这一点很简单：所有像这样的命题都是关于某事的直言命题，而形而上学与认识论的任务就是确立在任何给定的情况下这一“某事”所指对象的“地位”。

现在，这些永恒的“实体”或“本质”连同它们所有复杂的属性都是命题这支箭所要击中的目标，是语言这顶帽子在现实世界中恰好适合某人的形状。它们彼此的关系（“现实结构”）是一种新的形而上学学科领域，被叫作现象学或逻辑学等；一种特别的智能被视为（或被发现）理所当然，这种智能的任务就是解决系列实体对于彼此而言不可改变的“本体论地位”，这些实体包括数学的、历史的、心理的、科学的、虚构的实体等。这个问题总是以同样的形式出现：什么样的直言命题是假言命题？哪种类型的单称命题是普遍命题？否定命题确认什么？假命题又陈述了什么真实的内容？

通胀方法的缺陷与通缩方法的刚好相反：如果后者禁止多说许多可以理解的话，前者则鼓励人们去推测与描述很多不存在和因为无物关联而与现实世界无法关联的话。第一种方法使用奥卡姆剃刀原理，剔除了太多必需的实体；而第二种方法却没有对实体的增加设置任何限制。通胀方法不像它的对手有那么多的限制，但因为它产生的实体越来越不可思议，所以就导致了更荒谬的结果。这种伪造的“对象”的扩散甚至对于其创造者而言都太过分：想象的自由发挥不能含糊地被描绘为发现。

形式方法可以被用来揭示这种方法的荒谬性。根据“现存物”理论，一个真实陈述应该对应于“存在的”实体，而
86 一个非真实陈述，如果有任何意义，都必须对应于不存在的“现存”实体（或命题）。根据这一观点看来，存在实体与现存实体之间如果有任何关系的话，到底是什么关系呢？任何描述此类关系的命题本身必须是有意义的，还必须对应于通常意义上“现存物”或“现存物”集合以外的任何对象，某种“更高层次”的“超级现存物”。但这就相当于将关系命题转换成关于实体的主谓命题；如果要描述这些实体，就需要与别的实体建立联系，然而这种关系一旦被提供，它们就很快变成需要它们自己关系的特称性命题，等等，这无疑是一种最明显的、最无限的恶性倒退。

就语言是表征这一理论而言，现实世界中的物就像岛屿，它们或彼此相连，或像裂口一样，被与彼此关系对应的

实体所分开。点石成金的任何麦农式理论能够用实际存在的实体去填补这些裂口，这就使得描述任何特定对象成为不可能；因为对象要能够被描述，就必须是用它们与其他对象之间的关系，或它们内部各部分之间的关系来说事，然而，此处的关系命题，同莱布尼茨类似体系中的关系命题一样，被当作根本就不存在；凡关系用作条件，就不存在关系之说。这种情况就像布莱德利的噩梦一样；所有的关系都被转化成条件，且新的关系必须永久地与新条件保持联系；关系才刚刚被创造，立刻就会转化成条件本身，并且要求关系与之关联；这些关系一旦被唤起，就确定成为条件本身。但是条件与条件之间是不能互相关联的；这一谬论，如同布莱德利和中年罗素常做的那样，将逻辑转化成为一种过度的本体论，是不能再发展下去了。 87

三

说来奇怪的是，通胀方法基于的这一谬论竟然类似破坏通缩逆向过程的谬论。因为两种情况都要求强行将所有的命题同化成一个给定的类型；在一种方法（通缩方法）中，非直言、非单称的、非真实的命题在某种程度上根本不被看作是命题；在另外一种方法（通胀方法）中，它们又都在原则上被看作是直言命题，与特定实体有关，要描述这些实体会陷入难堪的悖论。

在两种方法中，那些非直言的、非单称的，或非真实的命题都被当成是特有的、有问题的、需要特殊解释的命题。在通缩方法中，这是通过将一种类型命题之外所有其他类型命题视为有缺点而做到的，尽管部分被认为是可以救赎的，取决于它与理想类型命题的亲疏程度。在通胀方法中，所有的命题被宣布同样有效，那些被怀疑有缺陷的命题类型被解除了诅咒，诅咒此时被转移到命题对象本身。假设命题所对应的实体足够多样化，它们都可以被放入同一逻辑形式，也就是说，所有命题自身都是直言的、单称的、肯定的、真实的等。

通缩方法给人以这样的印象，仿佛只有“好”命题才真正正视真实世界，其他命题则只能以斜视、半瞎或全瞎的形式看世界。而通胀方法则体现所有命题都与它们的对象是平等的、面对面的，但是这种方法同时又因为赋予许多对象以极其怪异的逻辑与形而上学属性，令后者的存在或无法想象或过分超出直觉，长时间以来使得哲学家们显得不是太盲目就是太不在意。（就更富于想象的感知理论来说，这一类比
88 轻易就会浮现在这一哲学流派人的脑中。）

当然，两种方法常见的，同时也是同样致命的一点在于对应模式。因为它导致这样的看法，认为有且只有一类命题能被恰当地称谓；通过简单应急处理消除其先验的竞争对手之后，这一得胜的命题类型却不再具有任何属性。那些没有可以与之对比的属性是无法描述的；因此，从原则上与字面

上来说，所有真正的命题不可能具有同样的逻辑类型，因为那样一来，将没有任何办法说明它到底是什么。

这一致命的二分法（“要么是直言命题，要么就不是命题”）并不局限于某一特定的哲学领域或某一特定的思想学派。比如，在伦理学方面，它有时声称一些具体的伦理特征（无论是先验的还是经验的）是某人或某物“天生固有的”，这些特征既多又复杂，都想满足所有看起来不能再简化的标准，区分表达道德判断的句子中出现的各种伦理术语。假设采用的是通缩方法，二分法就会以一把无情斧头的形式横空出世，它将所有不能被转化为偏爱类型（或者被如此处理以后负隅顽抗留下的所有）的伦理陈述一一砍掉，以缺少合适意义或无益哲学分析的名义将它们丢入休谟的篝火之中；同样的方式也被用于处理美学、政治学、史学或任何顽固的判断之中。

也不只是经验主义者采用这种方法：柏拉图、阿奎那、笛卡尔、莱布尼茨，以及上述人士的现代追随者，只不过是代表了这一观点的对立面，他们认为感觉和其他经验证据的来源都是一些低劣的、让人困惑的认知“模式”，是低级的内心活动，应根据它们缺乏合适的先验知识和词语组合这一 89
理想模型的程度而给予相应谴责，而一些特定的理性主义哲学家却恰恰认为那些词语组合是清晰无误的典范。在这方面来看，就明显支配对立思想学派的基本态度而言，选择是微乎其微：各个学派都谴责着其他学派的理想目标与实践，谴责它们未能满足相关标准，而这些标准都是来自同样误导人的神话。很多时候，他们的互相批评都还算是有效的；只有当他们给出实证理由时，我们才会感到大吃一惊。有时候，情况有些类似某人本已经非常令人信服地证明另外一个人是疯子，因为那人自称是拿破仑，然后这人补充说，他自己才是拿破仑。

四

有关通胀与通缩方法的优点，以及它们对偏爱表达方式的颂扬就到此为止。或许思考一下现代实证主义分析学派所钟情的“原子”命题的本质，会是一件饶有趣味的事。这种命题是长期以来备受两大方法器重的命题之一。按说，它们可谓是逻辑这一高层建筑中的最低层，它们能有什么独特的属性？它们应该是根本的、不能再进一步简化了的、其他一切必须依靠的“知识基础”；因此，它们应该是简单的、明确的，而且比其他任何方式更能直接、无误地反映现实的本质；否则，它们会失去特权地位，不再是金条，否则其他可被理解的表达形式的主张就可获准成为哲学的法定货币。如
90 此说来，如果它们要正视现实，那需要怎样的特征呢？

它们必须拥有的一个属性就是，能以被排除其非真实性的方式而为人所知；它们必须是绝对安全的。它们在日常说话中或许并不常见，而且一旦真被人说出口的时候还难免看

起来，或听起来显得笨拙、粗野；它们可能被证明是十分肤浅并乏味无趣，它们还可能在正常交流过程中几乎派不上用场；但是，它们有一个令人羡慕的属性，也是其他表达类型所无法对人吹嘘的——在某种意义上，它们是绝对的、不可再简化的；它们，而且也只有它们，可以完全接受任何理性人的考验，这在它们看来不过是一场娱乐，而且它们一定会是所有其他知识的基础——这当然是对它们甘于乏味和平凡的充分奖赏。

它最好去检查一下其中一个卑微而又必不可少的实体；让我们回到我们之前的那个例子，断言说“书在桌子上”。这不行；很明显，我们已经说得太多了；按照有关要求，这个句子不是“安全的”，也不是“基本的”。它当然也不是不可以改变的，因为我们或许被一个或几个感官所误导。我们眼前所看到的或许不是书，也没看到托着书的是一张桌子。按照由来已久的做法，若要使用经验哲学家们于二十五年前教给我们的严谨方法，我们开始“还原”过程，让这一过程引导我们发现什么将不能被进一步削减。我们不能说桌上有本书，我们必须说“有关书本的数据被有关桌子的数据包围着”——其余一切都是归纳的，是不确定的。但这还是行不通。我们说“有关书本的”，是想要表达什么意思？我们说“有关桌子的”，又是什么意思？这些数据会在什么地方、什么时候出现？会出现多久？我们到底是对谁说这些话？我们怎样才能知道这些话在传达我们想要它们传达的信息？为了

完成这一计划，一切不确定的因素（即可能被证明为非真实
91 的）都必须被无情地删掉，不管剩下来的多么贫乏；因为要求的不是内容丰富，而是真理，特别是准确无误。因此，我们继续这个削减的过程。

削着削着，我们就不得不说，当我们说“有关书本的”和“有关桌子的”，我们的意思是想说与这些词语所定义的标准模型足够接近的东西。在我们面前的这些数据能够完全符合书或桌子的标准模型吗？我们要如何才能知道答案？难道我们必须要假设我们的记忆是准确无误的？难道这不会让我们要去做我们最想避免做的事？难道我们要提到过去、我们过去经验里存在过的实体？而那些实体“此时”又不在场，没有“在我们眼前”？可是基本句子之所以被造出来，就是为了要描述那些数据的。所以我们必须要继续删减；我们的记忆可能会犯错，而那些所谓过去的数据也没有出现；如果我们要给“有关书本”和“有关桌子的”合适的意义，我们就必须不再求助于这些词语的标准模式，而是要相信，无论是对是错，这种数据确实曾经实实在在出现过。通过“有关书本的”和“有关桌子的”，我们要表达的不再是与标准书、标准桌子相似的外形，而是我们相信它们可以与之相似的数据。然而，令人惋惜的是，即使这种具有英雄气概的自我否定行为还是不够。因为，哪怕只是为了相信这个或那个确实在我们过去出现过，哪怕只是为了要给符号提供最低限度的参照，像“之前”和“之后”这样的词语都必须指的

是现在不在场之物。一旦我们放弃了“瞬间点”或“瞬间”现在这种虚构领域，理论上说来，我们就容易犯错误，因为在某种意义上来说，我们所指事物并不存在于我们眼前，而且可能与我们所以为的样子截然不同。

在此学术意义上说来，根本不存在什么我们不能怀疑的经验命题；我们并不确定是否存在其他自我能够理解我们所说的话；我们也不知道是否词语本身就执行着将我们的即时
数据进行分类的任务，因为分类就包括与给定种类的其他成 92
员进行同化，但是这点已经被排除了，因为我们没法在要求的意义上肯定，是否他们（同一种类的其他成员）事实上拥有被归于它们的典型特征，因为根据推测，类别中的其他成员必须不在场，因而也就无法检验。至此，变得清楚的一点是，我们正以快速的脚步迈向一个逻辑谬论。我们试着同时说，我们正通过准确无误的命题、传达直接经验的命题，来将某些特征归于我们的数据，然而，我们只能将这些特征与其他不在场的特征进行对比或对照之后，才能说出它们的名字，而那些不在场的特征又无法确认绝对正确，无法保证我们在试图比较或比照的时候不会犯错。

但是，要说某一事物是对的还是错的，起码就是要把它与过去或将来进行对比，要把它与不在此时此地的实体进行对比，也就是说，要将它放在一个比评估对象本身更广的领域里进行考察。只有当我说我们不是在断言什么，我们只是在命名时，我们才可以逃避做对错判断。但值得怀疑的是，

如果不调用那些不在场，因而从理论上说来也令人可疑的东西，这个行为是否能够得以完成；在任何情况下，命名不是用来描述什么，所以也就不要说什么真或假；命名行为不是要表达一个命题，无论多么基础，多么琐碎，多么没有信息性。我们的基本命题就逐渐变成了过去常常被称作“纯粹的感觉”这一现象的名称。这种现象是否存在相对来说无关紧要；重要的是在这个没有包含其他东西的世界里，描述、语
93 言、真假命题是不能再予以阐释的词语。

五

这难道不正是那些人的追求？不过名义不一样罢了？不正是布莱德利追求的绝对即时性？康德追求的纯粹理性、纯粹知识——还没有被“不着边际思想”的范畴和观念所“歪曲”或“残害”的？柏格森所追求的未经打断的纯粹绵延？后者以追求特殊逻辑或逻辑专有名词所涉及的对象这种更为复杂的形式出现——追求世界的基本组成，这难道不是唯一的真实？但又因为词语的归纳特征无法被描述？

至此，应该清楚地看到，追求基本命题在此意义上不会有什么结果，因为它的出发点就是一个致命的错觉；更有意思的不在于这些命题是否事实上能被表示出来，而在于这么多思想家如此迫切地想要了解它们的存在，并花费了如此多的精力在这项必然大失所望的任务上。换句话说，为什么哲

学家寻找下列古怪问题的答案（有时乔装成各种各样的形而上学研究）：“当我们说出一个假言命题时，我们说的是哪种直言命题呢？”“当我们做出一个普遍陈述时，它属于哪类单称陈述呢？”“当我们谈及过去或是未来时，我们说的是哪一部分的现在呢？”“当我们说到远处的物体时，它们与我们身边的哪些物体相似呢？”“当我们问起他人的生活时，我们在参照自己生活中的哪些事？”“当我们谈到外部世界时，我们描述的是何种自己的‘内心’感受？”然而，这就是一个纯粹的外延逻辑所要求的；它还要求类似这种创见，例如，实质蕴涵的概念在某种程度上源自这一态度；它也许
充当了使用这一武器将假言命题转换至合取或析取的直言命 94
题过程当中最为强大的单一动机。并且它足够轻易地说明，用这种方式“削减”一切有条件的假言命题这一许诺虽然不可能实现，但是值得去研究何以如此多的精力被花费在试图用这种毫无前途的方法去进行转换。

其中一个显而易见的原因当然是，因为存在这种转换的需要，特别是在经历过分的唯心主义形而上学之后，人们尤其强烈地觉得要找到一种标准，排除字面上看起来没有意义的一切。真理连贯论好像破坏了，或者至少模糊了在可以理解的意义上使用词语和无意义使用词语这两者之间的差异，而且，任何对意义拥有原初合理性的试验看起来都受到一些人的欢迎，他们努力修筑堤坝来阻隔洪流，来自那些有时虽看起来还不错但基本上不具备可理解性的文字。

此外，这种需要还来自想要阻止我之所谓通胀的做法。有太多形而上学者的行为显示出，好像表达类型的差异就是“事实类型”的差异的指针，如此一来就导致了这样一种看法，有多少不同表达方式在被使用，就有多少在形而上学意义上不可再简化的实体类型；现代经验主义和现代逻辑最主要的辉煌成就之一就是系统地证明，情况并非如此，名词并不一定“对应”事物，形容词也不一定表现特征。之前被认为在逻辑上是独立的句子现在被证明可以转换为其他句子，这一点毫无疑问，对实体的任意增倍具有相当于自动检查的效果，这表明许多形而上学的讨论因为其言语混乱而只是空穴来风。虽然探索绝对可靠的意义标准这件事被证明只是白忙一场，因为意义不是被一套特定的规则所决定的，但是这一方法还是的确标志着一次伟大的哲学进步，这一进步的意
95 义远不止于质疑“每个句子都自有其逻辑语法”之类的准则。

然而，当我们应邀根据陈述与其所选模式的逻辑关系来判断所有陈述的时候，我们发现这种方法明显被推向不可思议的程度，由此而来的后果只有两种，要么以句子不是“基本的”、“原子的”以及不包含原子中的分子结构（不是世界的逻辑构造[1]中合适的砖块）为理由而拒绝许多有意义的句子，要么制造相关实体，让所有命题都能表现为直言的、单称的、原子的、基本的，或是它们的组合等；而偏偏就在制造过程中

[1] 典出鲁道夫·卡尔纳普，《世界的逻辑构造》(Leipzig, 1928)。——编注。

却发现，这些所谓“基本的”或“原子的”命题一经检验被证明靠近无意义的边界——不是可以被识别的描述人类表达的形式。这显然不是由于某种不负责任的、对奇特和奇异之物的热爱，驱使众多杰出的思想家走上寻求古怪良方[1]之路；它符合这部分哲学家某种长期的思想倾向，某些根深蒂固的隐喻控制着这些逻辑学家和认识论者的思维。也许正因为如此，关注这种哲学思维背后的心理或许能带来了解这一奇怪事态的曙光。

六

作为试探性假设，我想在此提出三种基本谬误，指出可
能是它们的相互作用导致了这一态度的产生。 96

（一）语言对应论

对于单词就是名字这样的假设，乍一看来并非特别不自然或者令人惊讶，但其实并非如此，意义也存在这样的问题，乍一看来它就是对应符号与事物之间的形式。毕竟，从某种程度上讲，我们学习语言的方式就是这样的，某物被展示给我们看，让我们去触摸、去拿，然后我们被告知用什么

[1] Plato, *Theaetetus* 或许最早明确提到这点。在文中，苏格拉底将它称为一场华丽的梦。柏拉图使用的明喻与 Wittgenstein, *Tractatus Logico-Philosophicus* 中的立场具有惊人的相似之处。

单词描述它们；许多单词实际上都是名称、类名称，但总还是名称，是贴在某类物上的标签，没有物就没法使用这些名称。继贝克莱在驳斥唯一名称谬论问题上显示出的才干令他名誉扫地之后，人们不免希望这样的观念会长存——因为存在全称名词，因此全称命题便居于宇宙的真正栖居者之中，贝克莱自己陷入了一种逆向谬论中，因为尽管全称名词无法代表通用实体（因为不存在这种实体），它们还是可以（如果它们是有意义的话）转换成的确代表实体的其他名词。这一思路迟早会导致这种信念，能够发现或创造一种这样的语言，它没有或能够防止逻辑上误导性的表达；这种语言将会达成“逻辑上的完美”，而且它将专门只由一种与物体及其属性所对应的单词组成，或者其构成专门只是逻辑词汇——类似逻辑常项、逻辑转换规则等，这些逻辑词汇本身的形式就会清楚地展示它们并不声称描述了或指示了任何事物。从此可以自然推断说，只要有人愿意，是可能得到一种单词组合，这种组合比日常使用的组合更接近现实——与现实保持一种更加面对面的关系；这就是上述削减操作的目的。

即使代表这一过程理想目标的“基本”或“基础”命题
97 能被赋予一些意义，谬论并没有就此结束，而是直接把肇事者也卷入整个强求一致的程序中。因为它提出了两种方案，一是淘汰其他一切，只留下从逻辑上完美的语言中选择出来基础命题及其它们的组合，任那些未经转换也无法被转换的假言命题、普遍命题自生自灭，将它们视为心理态度方面、性情或状态方面、情感方面的残渣等；另一种是刻意用基础命题去掩盖（据说，强盗普罗克拉斯提斯对那些腿短的客人就是这么做的）某人必须说的话，这一做法导向那些容纳麦农式奇怪实体的幻想世界。

这是一个不合逻辑的谬论，因为并不是所有单词都是名称，意义也不是一种对应物，对应于某种三合一结构，或任何其他独特的、形式上可分析的结构（用特别牵强的调节去辩解，比方说，假命题所带来的明显麻烦）；不过，它也不是一个彻底荒谬的意义理论；很多单词或句子，从某种意义上讲，是可以“对应”的；这个比喻，如果让有些方式还是不明不白的话，还是明确了另外一些词语的使用方式。但是，一旦只因、只要某一单词描述了某一整体的某一特例就有意义，而且说这意义也描述整体，一个逻辑性的谬论便产生了；并且结果是毫无意义。这恰恰就是致力于（也许是秘密地）将每一种命题都描绘成单一种类的组合的过程中所出现的状况。这是误入歧途的逻辑转化中最为严重的一种。

（二）爱奥尼亚谬误

与以上谬误相关的一种趋向可视为对所谓爱奥尼亚谬误的延伸，这种谬误在于询问每件事物由什么组成的。爱奥尼亚的哲学家本身是完全无辜的，因为他们所问的问题很可能是关于物理学的，当时物理学问题和形而上学问题之间的界限大概也不是特别分明。但是这种探究问题的方式在后 98

来（从亚里士多德到罗素）变成了一种在某种非经验层面上探究世界基本成分的方法。询问这个世界是否由事件、瞬间点、感观数据、已发生事物等组成，这真的是有意义的行为吗？这些词语被看作诸如物质、形式、未知低层、黑格尔理念等这些实体的改良版，因为它们乍看起来戴着一副经验主义的面具。但这不过是一场骗局。这些问题能引出什么样的回答呢？如果一切皆由"正在发生之事"或"已经发生之事"组成，那并非正在发生或并非已经发生之事的东西，又算什么呢？我们如何判断它并非正在发生或已经发生之事？凭借何种经验主义或形而上学路线？如若我们无法得知答案，我们如此肯定断言一切都是如此组成，又有什么意义？我们有什么证据能证明这一断言或者其对立面呢？当我们如此断言的时候，我们在排除哪些选择？我们又何从知道自己是否有正当理由进行如此断言？类似"所有事物都由……组成"、"所有事物是……"或"没有事物是……"这种句子形式，除非它是经验的（有观察或实验依据的），才能说有可能怎样而实际上不是这样，否则这种句子等于什么也没说，因为一个无法被有效否定或怀疑的命题无法提供给我们任何信息。尽管这是一个无需费神研究的自明之理，但还是不乏名望的哲学家被诱入这样的思路，以为他们可以有意义地询问所有事物是由什么组成的，就好像所有经验主义问题都是可以回答的一样，而不同的只是这一问题的答案都是诸如正在发生之事、感官数据、原子事实等这样的基本成分，俨然真的存在这样的实体，并且它们还具有自身的特点和历史；这样一来，这些思想家自然忠实地认为，描述这些“基本成分”的命题是所要求的基础命题。既然世界是由这些基本成分组成的，所以语言最好的作用就是像镜子一样如实地反映这些成分——再现“事实的结构”。原子命题便是这些基本成分的名 99
称，分子命题便是它们的组合。这其实是一种极度的形而上学，缺乏比它更加有趣的传统形而上学体系的任何美德——后者有时还会伪装成逻辑或形而上学发现的形式，给人历史学、心理学或诗学上的启迪。这一奇怪的本体论将意义对应论的所有缺点，与实证主义者合理反对的合成的先验判断两相结合；这些声称要将宇宙分析到基本成分的判断算什么呢，它们被分析到无物可参照，除了合成的、先验的，也是毫无意义的判断以外。

（三）追求保证谬误

最后一种谬误，杜威曾称之为对确定性的寻求。[1] 很明显，哲学最大的刺激来自追求确定——有关不可再简化命题准确无误的知识。如上所述，无论这些命题被证明是多么枯燥无味、不充实，或多么难以明确表达，我们所有的努力和苦行将得到丰厚的回报，只要我们最终真正获得了不容置疑的确切，到达了岛上，哪怕它非常小非常荒芜非常偏远，只

[1] See John Dewey, *The Quest for Certainty: A Study of the Relation of Knowledge and Action* (New York, 1929).

要它是一片未知的不确定的海上的那片陆地我们就心满意足。那些认为信念和看法能被提炼至出现某些知识颗粒（有人告诉我们，他们这是“预设”）的学说，那些旨在追求明确思想的学说，都不过是想表达，我们有时会达到旅程的最后一程，之后就是逻辑上行不通的路了，因为即使是最疲倦的分析之河，也终要在某处流入大海这一“基本东西”或本源。与此同时，他们尽可以认为没有乌云可以遮蔽对思想确定性的追求，不会有人能撼动这思想的质地简朴、结构简单，不是多个部分的复合，因而它是不可分、不可再变的，
100 也不会有人说这基本的纯物质是一堆印象、一堆感觉、“基础事实”或“原子事实”或“记录句子”的堆积。这俨然是在告诉我们，逻辑安全性不是不可能的，不过代价是我们务必无比谦逊；如果我们要求太多，像雄心勃勃的形而上学家那样，我们的财富就会消散得无影无踪，但如果我们要求不高——降低我们要求的等级，因为它们被完全满足的机会越发显得遥远——我们就可能终究不会空手而归。少一点总比一点都没有好；我们的立足点将会非常危险，但只要我们足够小心，我们就绝不会滑倒；当我们将要求缩减到一个绝对最小值时，我们便能够为剩下的那一点点要求获取一个逻辑保证；我们的所得可能是很少的，但至少是安全的；为了那份安全，自然是值得付出任何牺牲。或者，另外打个比方来说，一个不断缩小的光圈下可能不会显示什么有意思或有意义的东西，但这也比被留在完全的黑暗中要令人安慰。

然而，事实却是，我们的卑微和克己亦无济于事；一个要求可能很卑微，但仍是一个要求；我们所寻求的保证，无论是否为合格的保证，总还是一个保证，因而是一个逻辑上的不可能性。无论怎样的心理因素导致对这一保证的追求，它都导致了致命的后果，因为它导致这样的信念，必须有一组命题，经测验后被发现是不可再分的命题，作为最低黄金储备，没有这一储备，智力货币就无法兑换。我们可以说我们有时相信，有时知道，有时正当怀疑，有时自以为怀疑，因为无论哲学上怀疑还是逻辑上怀疑都被认为是正当或可能做的事，即使我们事实上确定无疑（在“确定”的通常意义上说来）还是可以在此语境下说这话的。这么说是一回事， 101
说得也对，但真要去寻求，以一定要找到的架势，那不可更改的命题，又是另外一回事。这种保证（康德寻找这种保证的努力比任何其他人的都更有趣）是得不到的；并不是因为自然对我们不友好，不愿意交出她的秘密，而是因为一旦付诸检验，保证这一观念就被证明是毫无意义的。

这一结论势必来自上述有关基础命题这一观念具有欺骗性的证明。要发表任何有关世界意味深长的看法，我们必须不仅要考虑当前（immediate，无论它可能是什么意思）经验，我们还要考虑过去和未来，还要考虑不在场的物体和其他人，还要考虑那些没有被实现的可能性，既要考虑普遍判断也要考虑假言判断，等等。如果因为我们无法给它们颁发确定证书就被淘汰，那么到最后真的会一无所获。我们无法不带着风险说话，至少在理论上说来如此；想要绝对安全的唯一办法，就是什么也不说；后者可谓是接近追求“基本”命题的渐近线走向了。

我们为什么如此执着地要保留这些不可更改的命题呢？因为有人告诉我们，如果发现不了这些命题，一切都将永远不得确定，真要那样的话，将不仅只是一种挫败，也可谓是哲学意义上的“无法满足”。但是，真要这么认为的话，便是又一例说“一切都是……”的谬误了；因为“不确定”一词只有同“确定”一词相对着使用，才得以解释，如果我们要赋予这一单词意义的话，我们必须要得到一个解释，或者可以想象的解释，至少有一个显示其特色的例子。而谬误所行之事就是，认为“‘确定’一词至少有一个应用”在逻辑上蕴含“凡是确定的就是不可改变的”这一命题。那些被引
102 诱至以为确定性蕴含不可改变性的人，自然会对被确证为不可改变的命题青眼有加，将它们看作是所有命题必须依靠的基础。我们在此回到了基本命题这一特权阶层，回到了下列欲望，要么将所有其他命题转换至基本命题或者基本命题的组合，要么将它们描绘为特权阶层的穷亲戚——部分是值得尊敬的命题，部分是低人一等的非命题；最不济，就是压根都不是命题，应该被清理到令人蔑视的垃圾桶里去。

上述三种谬误，至少从心理学上来讲，明显是互相联系的，尽管它们当中无论哪一个都无法单独完全解释，通胀与

通缩这一对致命的双胞胎究竟如何追求如此损失惨重的事业，但还是为认识其中涉及的重大谬误提供了一点启示；这一重大谬误指的是，相信或假定所有命题原则上应该被转换至，或至少在某种程度上相关于经审批准通过的句子（只有它们才完全反映“现实结构”）；否则，它们就是不健全的，必须用特殊的逻辑“治疗”来进行辩解或掩饰，如果它们太顽固不化，必须连同它们的主人被清除出逻辑的范围。

我们从中可以得出什么教训呢？当然，这教训不会是指命题之间根本就不可能进行任何转换——除非是因为这种成功约减是一种对实体膨胀和增加趋势进行的有益的心理控制，作为排除有些无意义命题的方式不可或缺；这教训也不会是指哲学家不能用比喻来解释命题之间关系及其他们描述世界的功能。词语有意义，不在于确定一些现实，而在于有一种可辨认的用途，也就是说，它们的使用者知道怎么使 103
用、在何种情况下使用这些词语去交流他们想要交流的一切；而且使用词语的规则是无穷尽的。但是，不存在一个单一的意义标准，也没有单一的方法或一套规则来测试它们，所以也就不能推断，从原则上来看，压根就不存在任何可以应用于不同语境和情景的用词标准、方法或规则。

但是，另一方面，很多隐喻被证明是致命的或至少是有误导性这一事实，也不就说明所有隐喻都可以或应该被清除，人人都要按表面意义意思说话。因为追求“表面意思”的理想在此严格意义上说来，又不过是另一例“基本”句子的谬论，错误地声称自己非常精准而完全适合“事实”，本文已经对此提出批驳。语言的发展很大程度上是隐喻的发展，尝试着区分文字的隐喻性和非隐喻性用法，不管隐喻是被用于日常讲话还是富有启迪的文字当中，区分两种用法都将是荒谬而迂腐的，也是不可能实现的，如若想要区分至极致。

如果转换、约减、缩减可以有助增加清晰度，可以有助简洁，并消灭不实之说，那么，它们在哲学上就是值得赞赏的。但是，很明显的是，命题或句子类型根本就不能被“约减”或“转换”而无损于语言，但还是有人尝试这么做，为了服从一种想象的“完美逻辑”标准，原来符合语言习惯表达的意义不再能用（有时还是根本就不能用）人造的语言充分或清楚地表达出来，应该指出这些尝试根源于一种虚假的意义理论，以及与之同来的、同样虚假的形而上学观念——认为宇宙拥有一种“基本结构”，由语言所再现的各种“基本物质”及它们的组合所构成。除非这一虚假性得到充分认
104 识，否则逻辑转换还将继续被滥用，尤其是被尝试用来将所有命题服从某种统一模型，违者以降级或开除论处，从而使它们无法得到最重要的利用，它们之间的差异也被忽视。这几乎是所有哲学热情中最顽固的一种，带来一些因为虚幻而无法解决的哲学问题，在此意义上令哲学家受到严重的蒙
105 蔽，给他们的双眼撒上了一层厚厚的灰尘。

平　等

一

“每人算作一个，无人算作多于一个。”[1]这一常被实用主义哲学家使用的准则，在我看来，构成平等原则或权利平等的核心，富有强烈的自由主义和民主思想色彩。像很多为人们所熟知的政治哲学短语一样，它的语义是模糊的、模棱两可的，在不同思想家眼里，在不同社会有着不同的内涵。无论如何，它看起来比任何其他准则都更能构成平等理想的最小值。不过，它并非像很多经验命题一样，一看就不言自明；它没得到普遍信仰；也并非与某种具体哲学体系相连。每人算且只算作一个这一观念并非依赖于对自然权利或积极权利的信仰，并不取决于天赋权利或公约赋予的权利。当然，每人都要算作一个这一声明的构想可能源自承认人人都拥有自然权利（人“固有”的权利，不管是天生的，还是天赐的），因此也是现实“基本结构”中一个“不可转让的”成分。但是同样地，它可以无需任何这种形而上学观念而被拥有。

[1] 这一版本的平等原则来自密尔的引用，并被他称作是“边沁宣言”：J. S. Mill, *Utilitarianism*，chapter 5 in *Collected Works of John Stuart Mill*，ed. J. M. Robson and others (Toronto/London, 1963—1991)，x 257。边沁自己的话是“这个国家的每一个人为每个人代言；无人替更多的人代言”：*Rationale of Judicial Evidence*, *Specially Applied to English Practice*，ed. J. S. Mill from Bentham's manuscripts (London，1827)，iv 475；*The Works of Jeremy Bentham*，ed. J. Bowring (Edinburgh，1838—1843)，vii 334。伯林的文章最开始使用的版本也许是记错了密尔自己的话：“每一个人都算作一个，而没有人算作多于一个。”——编注

再者，它还可以被看作一种规律，无论是普遍的还是只
限于某些特定阶层的，其有效性来自基于特定的法律、习 106
惯，或任何其他可辨认的权利体系。但是，同样地，它也不必取决于这一权利体系。人们大可以设想一个基于边沁或霍布斯思想路线所组织的社会，在那样的社会里不存在什么权利，或者权利所起的作用很小，“人人都只算一个”这一原则要么仅限于实用的理由，要么因为这是专制君主的意志、大多数人的意志、立法者或特定社会权力阶层的意志。

毫无疑问，平等最热情的捍卫者事实上是在某种意义上的人权信仰者。他们有的是有神论者，相信一切都有不朽的灵魂，每一个灵魂都拥有无限的价值和要求，这些价值和要求不能为了次等价值的目标而被取消；这些人当中还有一些人信仰公正的绝对标准，认为公正是神授的，而平等原则正是直接从公正这一绝对标准推导而来。另外一些平等的捍卫者是自由主义者和民主主义者，他们当中有人或是自然神论者，或是无神论者，或是对犹太教—基督教传统一无所知或是这种传统的反对者，他们相信平等原则是先验的，被自然权利所揭示，或被任何其他自然来源、方法认为是最确定的。这就是美国独立战争和法国大革命中人权宣言制定者所信仰的基础；它或许还是自古罗马格拉古兄弟时代到现代社会主义和无政府主义以来平等主义原则中最强烈的一种原理。但是“算作一个”与基督教神学原则或法国启蒙运动哲士的原则，或者这样、那样关于理性或自然的观点之间的联系，更

多的是历史上的、心理上的，而不是逻辑上的。无论如何，它不是一个共同的导出。基于这一理由，探究一下假设这一原则被抽离于其通常的历史与心理背景——探究一下它是否拥有任何固有的合理性，以及它从哪里获取普遍而长期的吸
107 引力，或许会是有用之举。

我想提出，平等原则是一种原则的具体应用：那就是，同类情形要求（也就是应该给予）同类处理。那么，假设有这样一个叫作人的种类，所有这一类属的成员，也就是所有的人，都应该在每一个方面予以统一和同样方式的对待，除非有充足的理由可以不这么做[1]。但是，鉴于实践中很难或不可能获得一定确定程度以上的社会与个人统一性，平等原则要求这一规律应该至少被应用于重要方面——那些根据不同标准去对待会对人造成很大差别、影响深远的方面，会大大促进或挫败他们的欲望或兴趣。这里的假定似乎是，除非有某一充足的理由不这样做，用你对待特定种类（此处说的是人）内部其他成员的方式对待每一个成员是“自然的”或“合理的”。

这样来陈述平等原则没有解决关键问题；所以，或许应当反对说，除非“充足理由”被赋予具体意义，平等原则

[1] 按照这一表达，平等原则涉及 Richard Wollheim，‘Eqaulity’，*Proceedings of the Aristotelian Society* 56(1956)，281—301 中所区分的两种财产平等权：财产的绝对平等，以及根据具体条件的平等，例如，充足的手段让人购买它、合法继承它等类似情况。“充足理由”这一观念可用来涵盖几乎所有情形，可被视作那一特定理由。

可以被降低到一种毫无重要的同义重复（除了在y情况下，以x方式行动是合理的，若是在y情况下，如此行动就是不合理的，**任何**情况都可能是y情况）；此外，既然所有实体不止属于一种类属（理论上说来可以说是属于无限的类属，任何一种行为都可以被安全地归入要求平等待遇的普遍原则下），因为对A种类成员的不平等对待总可以表述为在 108
B种类成员看来是平等的对待，在极端情况下，也许B种类的全部成员只由一人组成；如果这样的话，所谓普遍原则就等于没有。显而易见，不可能存在什么形式方法避免这种归谬法；反驳它们的唯一途径就是说明哪些理由是充足的，为什么是充足理由；说明哪些属性是唯一相关的，为什么相关；而后者又将取决于不同人的价值尺度和价值观与特定团体的目的，只有用这些标准来看，平等原则才具有任何程度的意义——无论是理论上还是实践中。

在实际情况中，我们区分好的理由与不好的理由、主要特征与不相关特征。有些不平等（比方说，基于出生的）被谴责为是专横而不合理的，另外一些不平等（比方说，基于效率的）则没有受到这种指责，这一情况似乎显示，并非是平等自身的价值观在影响着哪怕是最热情的平等主义者。我们说的理性，至少部分意义上是指对普遍原则进行应用、合并、调和、选择的技艺，从原则上来讲，没法对这些方式给予彻底的理论解释。

回到平等原则通常被应用的方式：如果我在决定社会的

命运中具有发言权，而我所在社会的其他成员如果没有类似发言权，我就认为这是不公平的；如果我拥有财产，而其他人（境况与我相似）没有，这也是不公平的；如果我被允许将自己的财产通过遗嘱留给我的孩子，而其他人没有类似机会，这也是不公平的；如果我被允许读书、写字、自由表达我的意见，而其他人被禁止如此，这是不对的、不公正的、不公平的。如果有人被禁止做这些事，或者被剥夺这些优势，那么就应当给予充足的理由何以如此；但是不抑制这种权利无需给出
109 任何理由——因为那是“自然的”、不言自明地正确而公正的、无需辩解，因为它在某种意义上被认为是自我证成的。

一个人人拥有同等数量财产的社会无需特别的辩护；只有财产分布不均匀的社会才需要辩护。对于其他东西的分布也是同样道理——权利或知识，或任何可以以不同数量或程度被拥有的东西。我可以辩护说一支部队的总司令比其他人拥有更多权力，这是来自军队或它所捍卫社会的共同目的（或是胜利或是自我保护），只有给予总司令更多权力才可以达到目的；我可以辩护为什么在分配上给病人、老人（为保证满意度的平等），或特别有功之人（为保证一种有意图的不平等）更多的物资；但要这么做，我必须提供理由。如果我相信社会就具有等级制度，我或许会试图辩护何以某一出身、某一种姓、某一阶层、某一级别的人拥有特别的权利或财富或地位，但是以上种种我都会被期待给出理由——君权神授、天赋权利等类似理由。这里的假定是平等无需理由，只有不平等需要理由；正如

沃尔海姆所言，某些特征的一致性、规则性、相似性、对称性、机能相关性及其相应的权利无需特别解释，而差别、无系统性行为、行为变化则需要解释，并且通常还需要辩护。如果我有一块蛋糕想分给十个人，如果我每人分十分之一，这样无论如何不会需要自我辩护；而假如我脱离这一平均分配原则，我将被期待给出一个特别的理由。正是这种意识，不管多么潜在，使得平等这一理想从未显得本质古怪，即使有些平等的极端形式对于有史以来某些政治思想家或普通人而言或许是不能完全接受的。在我看来，只有两种观念与对这种秩序的热爱相 110
关，沃尔海姆也曾简单触及过（尽管没有明确指出概念的名字或直接论述）。这些观念是（1）规则观念；（2）平等本身的观念。下文对此予以一一说明。

规则

从定义而言，所有的规则都蕴涵对平等的衡量。当规则是指针对特定群体，在特定条件下指导或阻止某些行为的普遍细则，则规则要求在同样情况下采取同样的行为。服从某一规则就是在此程度上被同化至同一模式。实施某一规则的目的就是为了要促进行为或待遇的平等。无论这些规则的表现形式是道德原则、法律，还是制定法的条款、游戏规则或专业团体、宗教组织、政党的行为规范，任何行为模式多多少少可以用一种系统的方式来予以固定的地方，上述有关实施规则的目的都统统适用。宣称高个子可以投五倍于矮个子的票这种规则造成明显的不平等。不过，在这一不平等的框架内，还是保证了这两大类属内部特权的平等——没有哪个高个子可以比其他高个子多投票，同样，也没有哪个矮个子比其他矮个子投的票要少。这就是沃尔海姆有关“平等”的第一个含义，在此意义上，尽管人人或许无法拥有相同数量或者相同程度的商品或自由，无论它们有关权力、财产或地位，但同一类属内部每一成员拥有平等的权利分享整体上给予该类属的所有物资。这种自由来自一个简单的规则观念，也就是说，不允许例外。

说存在既定规则的意思就是所有归入其中的人都要全部地、全部平等地遵守它，就是说服从规则上的不平等就会构成例外，也就是违反规则。只要最低限度的规则是人类社会
111 存在的必要条件（这似乎是一条普遍但还是依据观察的实验规则），只要个人道德和政治道德主要以规则形式出现，服从规则的这种平等内涵就是人类最深层次的需要和信念之一。在此意义上，平等与社会道德共存——共存至社会道德被构想为是一个前后连贯，也就是没有内部矛盾（在有些道德主义者看来，还要互相蕴含）规则体系的程度。在此意义上，呼吁平等就是呼吁依据规则的生活，而不是依从其他标准，如，一个雄心勃勃的领导者临时的命令或任性的欲望。在此意义上说不平等是不对的，实际上就等于说，在特定情形下不遵守规则或不承认规则、打破规则是不对的；下列情形就可称作不公平：一些人无任何理由说明、无任何规则依

据，一贯比其他那些跟他性质一样，或足够相似、相关的人得到更多。无故不遵守规则被称作不合理行为；给出理由遵守规则（除非是用其他规则来陈述理由）被认为是不必要的：规则自身就是正当理由，无需辩护。

在一个完全由规则组成，且规则都可被其他规则明确定义的道德体系中，违背 x 规则的正当理由必须是以 y 规则的形式出现，后者在某些条件下可能与 x 规则相冲突，而依据 z 规则，y 规则可以取缔或修改 x 规则，或至少被允许这样做。一个接受了某种道德准则的社会，无论是个人道德、社会道德和政治道德，而这一道德准则又是可以分析为具有不同强度的规则，一些规则彼此独立，另外一些有相互蕴含或相互排斥的关系等，这一社会应该可以允许至少以下三种批评。 112

(a) 我可以接受这些规则，但同时抱怨有太多例外，而这些例外又没制定具体规则来予以支撑。如果我只是这样反对那些例外，我不过是在抱怨这样侵犯了道德或社会规则。如果这些例外是为了满足一部分人的欲望而损害了其他人愿望的实现——例如，当这些愿望是指得到某种几乎得不到的利益，不管是财产、权力、地位或文明成果，而针对这一利益的分配又不存在任何指导性规则（或者，哪怕是有一条规则，但同时又有太多任意指定的例外情况，也就是说，不是从其他被接受的规则中推导出来的，或者不能由它们予以辩护的）——我就额外还抱怨说不公平，换而言之，类似的情况被不同对待，而这规则的全部本质就是应该避免这种情况发生。

(b) 我可能抱怨说规则本身不好或极不公正。这种抱怨可能以几种形式出现。我可能抱怨某条特定的规则违背了其他在我看来更重要或更道德的规则或原则。那种一贯有利于高个子不顾矮个子的规则就违背了我说的更道德的原则，根据这一原则，人的身体特征不应该成为（比方说）荣誉分配问题上的考虑因素；它也违背了人人平等的原则，所有的人或所有英国人或所有亚里士多德学会成员等在此原则上都要平等对待。如此，或许会有人说只平等对待亚里士多德学会成员违背了平等对待所有英国人，或者平等对待所有英国人违背了平等对待所有欧洲人，或所有人的规则。简而言之，一条规则可能会被认为违背另外一条更为广泛的规则，在后者看来，那条规则构成一条不合理的例外。或者，它还可能被攻击，理由是虽不明显与某条更广泛的规则相冲突但还是
113 与其不协调；在发生这种冲突的情况下，即包含更多数量或更多种类人[1]的规则与包含较少数量或较少种类人的规则发

[1] 一项旨在平等对待最大数量的人的政策可能轻易就与一项旨在平等对待最大数量类属的人发生冲突。一个致力于消除歧视法规的改革者可能发现他自己面临这样的选择，如，要么解放全部“底层人”这一阶层，比方说，穷人，要么解放几个这样的阶层，比方说，宗教上或种族上的少数派，后者的数量要少于底层人的数量。前一个政策可以让更多的人平等，第二个政策可以让更多种类的人平等。鉴于哪一个方案都会带来平等，但（因为某种实际原因）又不能同时两个都采纳，这时，选择一种正大光明的平等将取决于更倾向哪种平等。摆在改革者面前的问题，是没法解答的。

生冲突时，平等主义似乎要求前者应当优先于后者；并且，一个社会不公平的程度就是看在社会规则制定，或者发生冲突时决定哪些规则胜出这些事情被原则所影响的程度，而不是被尽可能最广泛的人或阶层想要同样对待的这一需要所影响；例如，如果这一原则是最大限度的快乐，它就很可能造成大量的不平等。[1] 当然，还有很多目标或价值观会使严格平等主义的道路出现偏斜，例如，想要促进文艺和科学的愿望，想要增强国家军事或经济实力这种压倒一切的愿望，或者要保护历史传统的高度热情，强烈渴望生活有所变化、多点花样、有些新形式等。

以上种种可能会，也可能不会与每个人都只算且算作一个这一原则相冲突。这一原则只会保存于由规则支配的领域内部存在的规则中；但是这些规则不能保证超出其范围的外
延内容。因为这些规则本身可能制造不平等，而且规则之间 114
的冲突还可能制造更大的不平等。像我们平时说的，某一规则本身不公平，实际上就是说它与允诺更大范围平等的另外某规则相冲突——如果那一规则被遵守，将确保更多数量的人（或更多数量种类的人）在具体条件下受到类似待遇。但是说这一规则不好或极不公平，并不一定也是说同样的意思；它只是说这一规则与其他规则或原则相冲突，后者并非

[1] 我认为如下社会将会属于例外的情况：该社会对平等的欲求要比其他所有欲望都强大，故而不平等所催生的痛苦会超过任何其他安排所招致的痛苦。

一定保证更大的平等。

假如这听起来太过抽象，不妨让我举例说明：尽管边沁关于每人只算作一个的学说事实上体现在他的实用主义教诲中，但很明显的一点是平等本身不是由实用主义原则带来的，而且在有些情况下还可能与它相冲突。所以，可能有人论辩说，等级社会（例如某些中世纪社会，或神权社会，甚至奴隶社会）可能被设想为比存在更大社会或经济平等的社会给它的成员带来更大程度的幸福（无论怎样来计算幸福）。例如，当孟德斯鸠或卢梭宣布反对奴隶制并非因为它让人不幸（因为它也许不会让人不幸：奴隶可能更愿意继续当奴隶），而是因为奴隶制本身不值得成为一种生活方式，人没有权利去奴役他人，他们是在为了平等本身而呼吁平等。他们实际上等于在说，任何一个有规则或法律限定或允许奴隶制的社会，即使其成员可能因为身为奴隶而比自由身更开心，即使亚里士多德说人的有些能力在奴隶制度下能得到最好实现是对的，即使如此，这样的社会还是要受到谴责，这并非是因为它打破了自身倚仗的规则，而是因为它遵守了一些不正确的规则，追求一些不正确的价值。这就意味着，平等这一每
115 人只算一个不能多算的规则，无论是涉及财产分配、最高代表大会上的选票、教育机会、享乐机会，或任何方面，平等本身就是目的；它可能与其他目的相冲突，但是它比其他规则更高级，在发生规则冲突的时候，应该是两者之间被择优选择的那个。

(c) 最后，有人攻击社会的原因，可能并非因为它违背了应当遵守的规则；也不是因为它依据的规则是不好的，或者与其他被认为具有更高道德权威的目的或理想相冲突；一个社会可能因为依据规则行事而受到攻击，说它有太多规则。如果有人给他指出，有最低限度的规则对于维持一定程度的管理从经验上来讲是必要的，他可能退而坚持，正在使用的规则已经超过最低限度，应该要倾向于那样一种道德观，它不是由规则组成，而是以自发和想象的方式追求某一理想，类似画家和作曲家的创造性活动，甚至类似于不大受约束的自我表达，使用规则和承认规则两者都被降至最低限度。

此处一个有益的提示是，道德和政治观点与道德或政治规则体系之间并没有共存关系。对理性主义和经验主义道德体系的浪漫主义指责，就常常采取了这种谴责传统伦理体系的命题和规则的形式，不是因为它们不对或者有害而谴责它们，而是因为它们普遍存在。浪漫主义哲学家（特别是德国浪漫主义哲学家[1]）就指责他们的前人强制实施规则，将具有个人特点的情形与道德情形或道德行动混为一谈，它们本该是唯一的，不能与某种普遍的公式相比较。他们攻击所有 116
在他们看来致力于将丰富多样的人类活动强迫就范于一种模

[1] 柏格森在他的后期著作 *The Two Sources of Morality and Religion* (London, 1935) 中也提出过这一观点，或者说类似观点。

式、一套对称的道德规则的哲学活动，这套规则倾向于将差异性视为相对不重要，只有相似性才相关；他们特别攻击那些（在他们看来）错误地通过与自然科学的类比，忽视、歪曲重要的个体差异的规则，正是因为这些个体差异才使得万物和人都具有他们独特的价值，而上述行为之所以发生，就是为了实现一个平等的社会，由规则支配的平等社会——这样一个社会反对一切浪漫主义者认为唯一值得保护的存在。

以上三种对特定社会或政治秩序的攻击，至少可以说与对平等的信仰相关。我来总结一下，它们相当于说：

(1) 规则被不够充分的理由所违背；或者
(2) 规则本身不好或极不公平或不合适；或者
(3) 规则因为是规则而应受到谴责。

以上三种立场当中，(1) 代表最直接的平等要求，因为任何反对例外的要求就是真诚地呼吁平等；(2) 来自对平等的要求，但只有当它反对规则的理由是这些规则与其他旨在产生更高程度普遍平等的规则相冲突；(3) 是对社会平等这一理想本身的直接攻击。很明显，这一理想认为并不是所有规则都带来平等（尽管它实质上可能与那些视普遍性、秩序、法律为至关重要的道德体系存在密切联系），否则规则就不会

被指责带来不公平，而我们知道这种不公平是有可能发生的。那么，这一理想究竟是什么呢？ 117

二

平等本身

完全的社会平等这一理想在最简单的形式上看来，体现这样一种愿望，人人尽可能与他人类似，事事尽可能与其他事类似。如果我们试图设想一下那种任何平等主义者都没法抱怨的世界该有的一些特征，这一概念将更加清晰。我怀疑是否有人愿意活在这样的社会，或者认为这样的社会是可以被创造出来的。无论如何，在我看来，哲学家和提倡社会改革、试图进行社会改革的行动家提出的人人平等这一主张可以说是对这一绝对的，也许还是荒诞的理想做出的改良。在理性的平等社会里，不平等（意思是根本上不同）将会被降至最低限度。

产生抱怨的最大原因就是利益的拥有或享受方面的不平衡，它是人在大多数时候都强烈想要得到的——例如财产、政治权力、社会权力、社会地位、能力发展或获得经验的机会、各种社会和个人自由以及特权等。对此提出抨击的人认为，出现以下情况的社会：社会中一些人比另一些人更富裕或更强壮或更自由；一些人拥有他们想要的东西，同时阻止他人获得自己想要的东西；一些人得到尊敬

和尊重并被允许按照他们自己想要的方式生活而其他人不行；这样的社会要么违反了属于每一个人的自然权利这一
118 原则，要么违反了某些合理原则，后者虽可能允许一些不同待遇，但要提供足够的理由。

很多方面出现分歧：这些权利到底是什么；哪些原因是足够的或正当的；出身背景不同、肤色不同、宗教信仰不同、拥有的财富不同等特征是不是不平等权利的真正来源；抑或这些不同不过是给设定政治或社会或其他类似不平等提供正当理由。当然，这两种方式之间存在一个重要差别。那些相信自然权利的人主要不同在于，确立了这些权利是什么，它们的存在可以证实，它们是否属于所有人，还是只属于部分人，或部分人中的部分人；以及平等是否在自然权利所要求的领域以外同样是值得拥有的。至于另外一种流派——诉诸理性（尽管从历史角度来看，他们的观点与相信自然权利这一派有所重叠，两派观点变得有些纠缠不清）的那一派——如果他们坚持自己的观点不变，他们一定相信平等应该延伸至所有人类关系领域，只有具有足够理由的时候才可以有所改变。届时，关于什么构成一个充足的理由，这一理由可以允许多大程度上的改变等可能会产生分歧。前一种流派，如果坚持不变的话，不会反对不平等，只要这些不平等不侵犯自然权利。但是后一种必定会反对任何形式的不平等，除非有足够理由这么做。所以，后者更加深入、也更最接近我下面想要简单论及的理想。

除了上述情形中什么是，什么不是充足理由这些重要问题以外，财富或权力上的不平等明显不属于那些足以点燃反对情绪的众多不平等可能性；它们之所以显得比较突出，是因为它们在目前情况下，比其他形式的不平等更为重要——更能影响人类生活。但是情况并非总是如此。即使是最坚定的平等主义者通常都不会反对（比如说）乐队指挥所行使的权威。然而，并不存在什么明显理由说他不能反 119
对。而且，也还存在这种情况（尽管非常罕见），真的有人反对这种事。那些坚持平等是至高无上的善的人可能不想被搪塞说，如果每一个演奏者都被给予和指挥一样平等的权威，乐队演奏的目的就没法完成。在乐队组织这一事上公然存在不平等；理由是乐队演奏的目的——要以某种方式演奏出音乐，如果没有一定造成权力分配不平等的纪律，是没法实现的。但是，极端的平等主义者可以说，演奏家与指挥家之间不平等的关系是一种比一场糟糕的交响乐更大的恶，如果没有指挥的乐队根本不可能演奏音乐，干脆不要演什么交响乐还要更好些，不能允许任何机构违反平等原则。

更严肃一点来说，自然天赋的不平等分配是众所周知对经济平等的障碍：经济上更平等的社会，强者、能者、有抱负者和狡猾者可能比那些缺乏这些素质的人获得更多的财富或者权力。极端的平等主义者将对此感到痛恨；因为自然天赋的差异永远倾向于造成名望或影响力上的不平等，他可能由此希望（如果平等是至善）根除恶的源头。他会倾向于改造人类，让每个人拥有最高程度的自然属性，最高程度的脑力和体力，也就是说，彻底的统一——那才是唯一可以有效保护社会，尽可能避免产生任何形式的不平等的方式。只有社会成员之间出现最高程度的相似（物理特征、脑力、性
120 情、行为都尽可能统一），人与人之间不管哪方面都差别很小，只有这样才能获得真正的平等。只有这样的社会才能将待遇、权力、地位、先天或后天的特征等差异降至最低程度，正是那些天生拥有的或后天获得的特征容易让人抱怨说他们与其他人不平等，并且质问何以情况必须如此。

要想创造一个如此统一的社会，不管它从本质上而言是否值得拥有，要这么做实际上可能是行不通的。即使只是想要尝试它也需要一种激进的重组，如果没有一个高度集权的专制政府——它本身又是最大限度不平等的原因，这种重组是不可能的。众所周知，一些坚定的平等主义者认为此类制度在实践中不可避免，他们捍卫造成极端不平等的制度，并且对很多人的正常要求（它们是实现最终平等所必要的先决条件）予以全面压制。这种行为所具有的道德和实际价值与我们眼前的问题无关。值得强调的是，只要人与人之间存在差异，就总可能出现一定程度的不平等；而任何形式的不平等，原则上说来，总让纯粹的平等主义者想要反对，因为他看不到任何理由必须忍受不平等，为平等本身而辩在他看来

似乎是最强大的辩论——平等在他不仅是一大目的，而且是唯一目的，是人生的最重要目标。我认为这种极端的平等观的理想（具有最大限度相似，几乎没有差别的一群人）并没有被任何严肃的思想家有意识地提出来。但是如果我们看看他们要求的是哪种平等，我想我们就会发现，它们就是这种极端理想的具体改良，因而在所有平等主义核心思想的有关理想或理想化模式中占据中心地位。121

我们不妨来看看一些改良。有人相信人的自然特征要么不能改变，要么不应改变，而真正必要的是政治和司法权力的平等。如果当前社会法律面前人人平等这一总则，施行一人一票的规范民主原则，政府经社会成员，至少是大多数成员同意（实际同意或取得同意）而组建，最后，还有最低限度的自由（通常叫作公民自由），其程度能让人自由行使法律和政治权利，那么，根据这一观点，我们不应干涉其他领域的活动（比方说经济）。这是19世纪一个普遍的自由主义原则。

假设有人抱怨说在一个政治和司法平等得到较高程度保障的社会，强者、聪明的人、有抱负的人可能让自己富裕起来，或获得政治权利，“代价是”（意思是说防止别人获得）社会其他成员就得不到，而这样导致公然的不平等，这一学派中的自由主义者就会回答说这是保证政治和司法平等的代价，而防止经济或社会不平等的唯一方法就是通过降低人与人之间政治或司法的平等程度。这就相当于承认我们必须从一人只算作一个这一原则的几种方式中选择一个；他们可能在某些方面“只算作一个”，但在其他方面不是。因为大量经济证据告诉我们，在每一个方面都实行一人只算一个是不现实的，司法和政治的完全平等常常导致经济和其他形式的不平等，因为人的天赋不一样，只有在一个绝对统一，大家都像机器人一般的社会里，才可能有效避免这种不平等。那些相信这一点的人通常都坚持认
122 为，唯一应该避免的不平等就是基于个人无法改变的特征的不平等——例如，基于出身、肤色这些无法任意改变的特征而提供的不平等待遇。

假设我们从以下目标开始：人人都具有获得和拥有财产的平等权利，以自己喜欢的方式互相交往的平等权利，说他们自己想说的话的平等权利，所有其他自由主义传统的目标都得以实现，没有什么基于出身、肤色和其他无法改变的身体特征所带来的特权，那么，即使有些人因为技艺突出或好运气或天资聪明得以让他们获得财产或权力或优势来控制其他人的生活，或者获得他人无法获得的财物，那么，既然没有什么社会制度禁止这种获取，平等的原则就没被侵犯。这就是一种纯粹的自由竞争社会，其支持者毫不客气地承认它会导致不平等，但还是捍卫它，理由是它给了每个人平等的机会，这是一个真正对所有才能都开放的职业——若要试图获得更高程度的最大平等，只能通过干涉这种最初的人人机会平

等才行。当然，这实际上等于用牺牲整体平等来获取自由；只有纯粹的无政府主义者才会相信最大限度的自由与所有重要方面的最大平等能够并存，而他们要么被认为是不对的，要么被认为是乌托邦的，取决于这一命题实际上被经验所证伪的程度。沃尔海姆提到的 H. L. A. 哈特 [1] 所谓普遍权利与特殊权利的差别，看起来与这种信仰存在关联。人们可以轻易设想一个这样的社会，所有特殊 123
权利（例如，基于合同或父子关系的权利）都是普遍权利的例证（是普遍权利的具体例证），因为在这样一个社会，至少理论上说来，任何成员都可以与他人签合同，任何成员都可以是父亲，任何成员都可以让自己富有。不存在什么根据某一特征（出身、血缘、肤色）属于个人的权利，是其他成员原则上不能拥有的。在这一图式中，有些传统类型的不平等肯定已经被排除在外了。但是，要坚持说这就是真正平等主义者想要的社会将会缺乏诚意；因为，如果要有人问，何以有些平等形式受到保护，理论上说来人人从一开始所拥有的平等都该受到保护，而另外一些平等形式却没有受到保护，如，经济或社会平等（人们通过努力能够获得所有的平等），答案是平等的标准明显受到其他因素影响，但这一因素绝不是简单的渴求平等本身，

[1] H. L. A. Hart，‘Are there any natural rights?’，*Philosophical Review* 64 (1955)，175—191.

不是渴求自由或人之才能的全部发挥，也不是这样一种信念，人值得尽自己所能而富有、有权或成名——这些信念与渴求平等无关。

此时，有一点变得清晰，那就是在考虑什么的社会是值得拥有的，什么是要求平等，抑或反之要以特例改变或侵犯平等的“充足理由”这种问题的时候，明显起重要作用的不是平等理想本身，而是其他理想。

这一点即使在最热切地支持最大可能程度自由的人士的著作中都可看到。几乎每一个对平等有利的论证，特别是一切稀有物品除非有足够理由都应该尽可能平等分配这种假定在孔多塞的著作中就可找到。引导法国大革命的《人权及公民权宣言》中的平等原则除了应当归功于卢梭和其他思想家外，孔多塞至少也有同样的功劳。孔多塞甚至考虑政府有必
124 要由启蒙思想家，特别是专家组成，这些专家精通于崭新而尚未成型的行为科学（社会学、人类学和心理学），只有他们可以创造一个机构让绝大多数理性人的诉求免于偏见、迷信、愚蠢和邪恶的挫折。如此，这一精英阶层明显要比他们要公平统治的人拥有更大的权力。而这样做的理由不仅仅是不这样做就没法实现大多数人的平等，而是说应该争取其他一切目标，如幸福、美德、公正、文艺和科技上的进步，各种道德和精神需求的满足等，平等不过只是这种种目标中的其中之一。

孔多塞自己似乎并未困扰于这一问题，追求平等是否与

追求其他目标相冲突，因为和同时代其他很多思想家一样，他想当然地认为一切美好的思想肯定是彼此相容的，甚至是互相关联的。我们无需深入探究这一奇怪的信念，一直以来它都控制着很多西方思想。位于这一信念之中最主要的一些假定是：首先，既然政治和社会问题具有事实特征，它们就可以被一个真实命题，而且只能被一个真实命题所回答；第二，没有什么真实命题会彼此不调和；由此而推断所有描述应该完成之事的命题至少都是彼此协调的；而且在自然这一被认为完美和谐的体系中，它们还不仅只是相互协调或兼容，而且还是相互蕴含与被蕴含的，因为这是系统的定义，而且自然在先验上说来就被认为是（也的确是唯一）和谐的体系。

无论这是否为这一核心假定的正确解释，孔多塞不允许各种人类目的之间有任何冲突。这一问题留待他人来强 125
调指出，生活中通常存在一个社会的理想与文化与其他社会的理想与文化相冲突的事实，而且有时这种冲突还存在于同一社会内部，甚至常常还存在于同一个人的道德经验之中；而这种传统即使从原则上说来也不都能够被解决；这一事实可以追溯到经验原因，不必涉及类似原罪的神学原则，或相关的佛教教义，或类似霍布斯或叔本华悲观的人性论，或现代非理性主义的意识形态。由此推断，当对平等的追求与人的其他目的相冲突的时候，不管这些冲突的对象会是什么（例如，渴望幸福或享受、公正或美德、渴望社会的多样性本身、渴望自由选择本身、渴望人之各项才能更全面地发展等)，只有最狂热的平等主义者才会要求说这些冲突应该只本着平等的原则来决定，不必理会其他“价值”。

三

平等是很多价值当中的一种价值：它与其他价值兼容的程度取决于具体情况，不能从任何普遍法则来推断；它不比任何其他基本原则更合乎理性，也不比任何其他基本原则更不合乎理性；事实上，要考虑它的理性与否究竟是什么意思都很难说。

但是，在我们彻底将人人都只应算作一个，不能多算这一原则当作众多人类追求目的之一而弃之不顾之前，这一原则还是要求一些其他的考虑，不是需要解释或辩护，它本身就解释了其他规则或伦理原则。从上面情况来看，
126 这一原则与普遍行为规则的信念密切相关。这一信念可能基于宗教、形而上学或实用主义，或来自对秩序或系统的热爱。无论它们是什么，它通常都以要求公平的形式出现。平等观念与公平观念是密切相关的：假如因为违反了一条规则，一个人得到了其他人因为不违反规则、遵守规则才可能得到的好处，那么不管这一违背满足了怎样的需要，结果都是它违背了公平的原则，而公平原则本身就是

一种要求平等的渴望。

假设我不买票上了一辆公共汽车，对售票员和其他乘客隐瞒这一事实，将相当于票价的钱给了一个穷人，后者的物质条件因此得以改善，我可以就这件事情争辩说，至少从实用主义的观点来看我做的事是对的。公交公司不会知道自己的损失；再说这么一小笔损失对于“它”的幸福而言也不会造成什么影响；我坚强的意志使我不会因此形成坏习惯；售票员也不会知道有人没给他车票钱，不会因此觉得自己没有履行好自己的职责；对此事一无所知的乘客也不会因此受到诱惑与打击，整件事情当中不存在任何有关人士的信心受损而导致公共汽车服务的终结。而幸福的总值（此处包含那个得到资助的穷人的幸福）绝对会比我付车费的情形要高得多。不过，还是有一点道德上相关的事实就是，我本来承担了一种需要购买车票的准契约性义务，我没有履行我的承诺，我的行为会被谴责为不公平的，因为我可以被正当提醒，我的行为获得优势（或者说，那个穷人获得优势）的唯一前提是：其他乘客像以前一样买票坐车——如果大家都不买票，公共汽车就要真的停止营运了。只要我的优势直接依赖于其他人继续遵 127
守的这一适用于所有人的规则这一事实，我就是唯一通过不守规则而获益的人，我为了自己的利益对规则采取如此松懈的行为就可以被正当谴责为不公平（也不诚实）；尽管我们可以轻易想象在某些重要情形中，我违背合同，或者说欺骗，反而是道德上更好的一件事，但是很明显，一个具有正常道德敏感性的人在这么欺骗的时候都会经历不小的良心谴责——这些谴责不仅来自他违约这一事实，还来自他的所作所为造成的不公平感。当然，倾向于受到这种良心谴责正是我们所谓道德敏感性的标准之一。

假设有人即使遭受良心谴责，还是坚定要这么干，他的道德辩护就会驱使他寻求支持，试图平衡平等这一目的或价值的要求以及其他目的或价值的要求。一方面，他会考虑到承诺的不可侵犯；存在遵守承诺、法规与社会秩序的社会需求；存在避免不公这种内在愿望，等等。他会将这些因素与其他因素权衡，如增强幸福的愿望（此处涉及的是那个穷人的幸福），或避免制造痛苦的愿望；科学好奇心的要求；想要顺应某种浪漫冲动或人生观的愿望，等等。同样的考虑将同样适用于出于“正当的”或“充分理由”不遵守规则。理由的正当性将取决于附加在用来辩护不遵守规则的目的或动机所具有的价值或重要程度，而这些目的或动机会随着个人和社会的道德信念（总的看法）的不同而不同。我可能认为奖励能力强和有成就的人是对的，当诚实和善良与愚蠢、无能或失败相随的时候，我认为它不值得奖励。但是，很可能有人会觉得这是不对的，
128 认为反其道而行之才是道德上正确的。我也许认为奖励名人或名门望族的后裔是对的；或者认为将一些我慷慨给予英国人的权利从黑人身上夺走也是对的；我可以试图为这

一政策辩护说将一个将此事看作正常做法的社会在我眼里是本质上一个更好的社会，或者更稳定，或者更密切符合我的宗教或我有关宇宙结构或历史规律的形而上学信念所制定的模式；反之，你可以反对一个允许此事发生的社会，指责它极不公平，这是因为，我们不妨假想一下，你反对我的宗教，或我的形而上学信念；或者因为我认为我在错误地阐释我的宗教或形而上学信念，或者认为建立在这种原则之上的社会本质上来讲是一个不好的社会，或者是一个政治上危险的社会，或者你反对我只是因为你对平等本身有着强烈的信仰，尽管你意识到我想要（也许你也想）避免的后果可能会因为你的反对而实现，但你不会为之所阻吓。

类似基本的分歧可能有很多不同的表现方式：某人、某一教派、某一政党可能只希望某一生活领域内的平等，比方说，社会关系或法律关系或法律地位，而忽视其经验后果；其他人、教派或政党可能认为经济关系非常重要，随时准备为了一个特定的经济结构而忍受社会或法律平等的匮乏。有人可能认为有利于特别天赋或天才的规则例外是可以用社会结果来证明其合理的。另外一些人可能认为这是不公平的，但他们自己（如柏克）又相信某种自然的社会等级，并且要求对社会阶梯上每一层次的人都给予充分的平等待遇（唯一的“真正的”平等）却又会猛烈反对与自然秩序相对的、任何否认这种等级存在或具有现实

意义的努力，尽管这一努力是伴随着平等对待所有人的要
129 求[1]。因而，像经常发生的那样，当一个人承认法律被公平地执行（也就是说，充分尊重平等原则）但又抱怨法律本身不好或极不公正，我们不会总是明白他说的究竟是什么意思。批评者会想说，法律越是执行得公平，就越会挫败他自己相信的更广泛的平等，这是因为当一种基于歧视黑人的法律被公平地执行，也就是说，在同一种类内部严格实行平等对待，但是这样做本身又会造成黑人与白人之间的不平等。

批评者可能还有其他抱怨的理由。他可能攻击这一法律，因为它违背平等价值以外的某种价值——因为它制造痛苦，因为它打击有才能的人，因为它倾向于造成社会不稳定，因为它坚持在攻击者认为不重要的事情上保持平等而在他认为更重要的人类生活方面（重要程度由平等价值以外的价值所决定）又忽视平等；因为它忽视某种宗教的要求；因为它满足宗教的要求；因为法律条文晦涩、含糊，或太苛刻，没法遵守；还可以因为无限多的其他可能原因——这是很常见的，因为在上述给出的例子中，它允许牺牲一种平等而保证另外一种平等，这其中存在细微差别

[1] 或者，像柏拉图和亚里士多德一样，只主张自然等级和每一个阶层上具有合适差别的对待，不明显关心同一阶层上的居民是否存在社会或经济平等，清楚暗示在每一个阶层内部不加约束的竞争是可能发生的。古典思想看起来非常而“自然的”不平等。

的问题。

在沃尔海姆的巧妙例子中，某一集体内部所有成员都有同样平等的权利，一人投一票，每人都为了一个与其他人不同的目的投票，但是有两名成员总是投同样的票，理论上使得他们压制了其他投票者，我们反对的不是这种体系的不平等，因为从法律，甚至是政治上说来彻底平等明显得到了保证。沃尔海姆所说的不公平起因于我们意识到， 130
在这一情形中，绝大多数投票者发现他们自己被永久挫败了；我们是想要看到某种程度的平等，但不仅仅是选择的平等，还要是满意度的平等，我们才会觉得更“公平”；如果采用某种概率体系（如抽签）来确保成功机会的平等，那样至少可以阻止这种体系上的不满。我们会觉得一个允许人人都有“出头之日”的体系要更加公平。如下两个互不兼容的体系会产生一种典型的冲突，每一个体系都可以说是要求促进平等；一个体系强调的是自治问题，另一个强调的是奖赏分配问题。

同样地，下面两种看法也存在冲突，有人认为平等意味着不考虑不可改变的特征，如不因为出身、身体特征等而在重要人类活动领域（无论这些领域如何界定）存在歧视，另外有人则反对这一标准，要求平等对待的原则即使在诸如宗教或政治观点、个人习惯等“可以改变的”属性面前同样保持不变。看起来我们好像是有所选择，因为一种解决方案看起来体现了要求和愿望都得到满足的混合

（或者遏制或省略其他因素），同另外的解决方案相比，我们更愿意选择这个整体型的方案。事实上，在某种推断性司法体系的严格运行过程中，考虑平等是因为我们无法永远细致地分析对公正的要求，这时“每人只算一个”的原则倒是被从这一要求中分析出来了，但是却缺乏明确理解，究竟它的意思是指在立法权利领域一个只算一个，还是在行为责任领域一个只算一个，还是在接受利益领域一个只算一个，或者其他方面。以上任何一种情况都可能轻易出现冲突。当然，甚至就在涉及平等的事务中，“一人只算一个”的原则也多半因为其他目的或信念而有所改变，在特定文化或伦理体系或某一思想家的观点内部，改变后的组
131 合形式会有所不同。

最后，不应忘记上面提过的那些人，他们反对所有规则本身，想要一个并非以系统方式统治的社会，不管这可行与否，想要一个由雄心勃勃的领导人意志所统治的社会，或者一个由民族精神、种族精神、政党精神、教会精神等任意一个无法预测的运动所统治的社会。这等于反对规则、反对平等本身是一个有价值的目的，而且也还得承认这种态度并非像自由主义和社会主义思想家有时以为的那样，会是罕见或不起作用的。浪漫的非理性主义固然与传统西方的平等、公正、自然权利，以及用以保护人不被贬低不受剥削的最低限度的公民自由等原则存在冲突，但它有时还的确轻松得胜了。我举此例的目的，仅仅是为了提醒读者警惕如下论点：

在类似情形下对所有人都一视同仁这一戒律无需其他独立论据来支撑，而且不能怀疑构成相似性的适当标准，不能让它们彼此冲突，对于理性人而言，这些标准应该是想当然的，是一种无需辩护的自然理性的结果，如同身份原则或红色不同于绿色一样不言自明。情况远非如此；自由原则在19世纪，特别是20世纪的变迁，看起来部分是因为其捍卫者没有根据的假定，反对这些原则的人之所以这样，是因为自身无知，或懒于思考，或思想怪癖，或思想盲目等。[1] 132

相信平等（公平）即认为，除非有一个被某一可辨认标准认可为是足够的理由，一个人不得被视为与他人不同，这一观念是人类思想中根深蒂固的原则。它被同化到很多体系当中，有些体系是实用主义的，有关自然权利理论，也还有的是有关各种宗教信条，但是它也可以与它们隔离开来，不是以逻辑关联，而是以心理近似而进入这些体系，或者因为

[1] 例如，John Locke，*The Second Treatise of Government* (chapter 2，section 4) 认为，“显而易见，同一种类的人，所属层次不一，但天资相同，能力相同，也应该彼此平等”。这种平等就是令神学家“贤明的胡克”享誉的“不言自明又毫无疑问”的平等观。这当然是自然法的纯粹信条，John Locke，*Essays* (book 2，chapter 2，section 4) 对此提出质疑。他在书中这样告诉我们，**“不能提出任何人不能正当要求一个说明理由的道德规则”**，并将“最不可动摇的道德和社会美德的根基”就是“己所不欲，勿施于人”（后者是完全可以“没有任何荒谬地”被质问，被要求给出“何以如此的理由”）与类似“为什么‘同一事物不可能同时存在又不存在’”这种真正毫无意义的问题对比。洛克的迟疑和困惑标志着以下观念开始瓦解：至少有些道德或社会原则，同逻辑原则或“红色不同于蓝色”一样，是不言自明的。Morton White，‘Original Sin，Natural Law，and Politics’，*Partisan Review* 23 (1956)，218—236，对这一问题和相关问题做了精辟论述。

那些相信这些实用主义原则，或宗教信条，或形而上学原则等的人事实上也（或许出于对整齐和统一的需要，毕竟后者是所有这些观点的根源）为了平等本身而相信平等，因为认为不为这一原则提供足够空间的社会要低于为这一原则提供足够空间的社会。极端的平等主义要求人与人之间最低程度的差异，要求消除最大数量的区别，要求最高可能程度的同化和统一至同一模式。这一切皆因为所有差别都可能导致处理方式的不规整。如果这一理想在实际的政治原则中作为整体被否认了的话，这看起来主要是因为它与其他理想无法完全调和这一事实；事实上，大多数伦理与政治观之间都或多或少不易妥协，因为这些原则的极端形式无法共存。

平等是自由思想中最古老与最深刻的成分之一，它并不比其他成分更多或更少“自然属性”或“理性”。像所有人
133 类目的一样，它无法为自己辩护或给出正当理由，因为它自己给其他行为提供正当理由——是实现它的手段。很多政策或人生观本身并不特别与平等理想相连，它们秘密潜伏，像沃尔海姆说的那样，有时还带有一定程度的不真诚或虚伪。观念史学家的任务就是将平等主义这一纯粹的矿石与那些合金，那些不同时期生产出来的掺和了其他态度、理想的混合
134 物区分开来，当然，这并非本文的目的所在。

科学历史学的概念

历史，在亚里士多德看来，是对个人已经“行事和受难”[1]之事的记录。在一个更加宽泛的意义上看来，历史是历史学家所做之事。那么，历史是否可以像物理学、生物学、心理学一样，成为一门自然科学呢？如果不是，历史要努力成为一门自然科学吗？如果它无法成为一门自然科学，又是什么在阻碍它呢？这是由于人为错误或无能吗？还是因为这一学科的本质？还是说这一问题根基有问题，对历史与自然科学两个概念的认识存在混淆？这些问题至少自 19 世纪初以来，就一直困扰着哲学家和具有哲学头脑的历史学家，因为当时人类开始自觉地意识到他们智力活动的目的和逻辑。但是，在此前两个世纪，笛卡尔已经否认了历史是严肃学科的主张。那些认同笛卡尔关于理性方法的具体标准的人可以（并且的确）自问，如何找到构成历史判断的那些简单明了的要素，可以将它们分析至什么地步：相关定义在哪里？逻辑转换规则在哪里？推理规则在哪里？经过严密推导出来的结论在哪里？记忆与旅行者故事的混合，寓言与编年史家故事的杂糅，道德反思与市井流言的交织等无不令人眼花缭乱，它们的不断累积或许是一种无伤
135 大雅的消遣，但对于严肃的学者而言，未免有失身份，他们仅致力于探寻值得探寻之事——根据原理和规则这唯一能确保科学有效性的工具发现真理。

[1] 亚里士多德将历史（与诗歌相对照）表述为“亚西比德行事和受难的经过”：*Poetics* 1451b11。——编注

自从什么是科学和什么不是科学的原则得到明确以来，那些专注于历史研究本质的人不辞劳苦的工作被深深地打上了笛卡尔的否决烙印。一些人试图表明，历史也可以同化成一门自然科学而登上大雅之堂。在17、18世纪，自然科学压倒性的成功和声望让人相信，它们的方法运用到哪里，哪里就可能产出丰硕成果；其他人则宣称，历史的确是一门科学，但它是一门不同意义上的科学，它有自己的方法和经典，其精确程度也许同其他自然科学一样，但其依赖的基础与之不同；有人挑战说，历史的确是主观的、印象式的，不能成为一门严格的学术，要么就说历史是个人视野（或者一个阶层、一个教派、一个民族的视野）的体现，事实上是一种骄傲与辩护的自我表现形式：它不要求普遍和永恒的客观性，宁愿被认为是根据现在的要求对过去的一种阐释，或者宁愿被认为是一种人生哲学，而不是一门科学。另外还有一些人则试图给社会学与历史划分界限，前者是一门真正的科学，后者则是一门艺术，或是某种完全自成一体的学科，它既不是科学也不是艺术，而是一个具有自身独特结构与目的的学科，被那些试图将它与其他智力活动进行错误类比的人所误解。

无论如何，历史思想的逻辑与其资格的有效性不是当今主要逻辑学家孜孜不倦钻研的问题。其原因不难发现。然而，令人惊讶的是，当今哲学家更加关注诸如数学、物理等
自然科学的逻辑，而忽视历史和其他人文研究的逻辑，相对 136

说来，前者是他们中很少有人能直接掌握的，而后者才是他们在接受常规教育过程中更为熟悉的。

尽管如此，不难看出为什么一直以来都有人强烈期望将历史视作一门自然科学。历史旨在研究事实。而识别、发现和推断事实最成功的方法就是自然科学的方法。这是人类经验中，至少在现代人类经验中，唯一毋庸置疑地取得了进步的领域。很自然地，人们希望把在一个领域内取得成功的权威方法运用到另一个各路专家尚还各持己见、争论不休的领域。现代经验主义的总体趋势已经倾向于这样一种观点。历史是对人已经完成之事，以及发生在他们身上之事的记录。人主要是（有人会说完全是）一种存在于空间和时间之中、服从自然法则的三维物体：其身体可以像其他动物的身体一样，依据观察或实验进行经验式研究。人的基本需求，比如食物、住所、繁殖以及其他生理需求，历经千年之后似乎不曾发生很大改变，这些需求相互影响的规律，以及它们与人类环境的相互影响，原则上都可以用生物科学或心理学方法进行研究。

这尤其适用于那些并非行为者有意进行的人类集体活动结果，如同自波舒哀与维柯时代以来的历史学派就已强调指出的那样，这些结果在人类生活中起着决定性的作用，并且肯定能用纯粹机械性术语来解释，如力场、因果关系、人类行为功能的相互影响与其他自然过程等。只要我们能找到一系列自然法则，一端连接生物与生理状态以及人类过程，另一端连接同样可观察的行为模式（广义上的社会活动），如此一来，就建立起一个规律的关联系统，这一系统可从相对较少的一般法则中推断出来（如，据称牛顿 137 为物理做出了如此巨大的贡献），掌握了这一关联系统，我们手头就有了一门研究人类行为的科学。然后，我们也许可以忽视（或者至少可以把它们看作次要的）一系列中间现象，诸如感情、思想、意志等，它们虽然看起来是人类生活的主要组成部分，但要精确地衡量它们并不容易。如果这些数据可以被视为其他科学观察与衡量过程的副产品，那么，我们就可以预测人类那些可供观察的表面行为（一门科学还能做到比这更多吗？），而不必考虑那些更加模糊且更难以捉摸的内省。上述做法构成了作为自然科学的心理学和社会学，后者的诞生曾被法国启蒙运动中的唯物主义者所预测，特别是孔狄亚克、孔多塞和他们19世纪的追随者——孔德、巴克尔、斯宾塞、丹纳和许多现代行为主义者、实证主义者和此后的“物理学派”。

历史会构成哪种科学？传统上，科学分为归纳型与演绎型。除非有人声称掌握了先验命题或规则，不是经过观察而从基于直觉或天启掌握了学科知识，或有关支配人的行为及其目标的规则，或有关他们造物主的具体目的——自中世纪以来还没有历史学家公开声称掌握这些知识——这门科学就不能完全是演绎性的。那么它是归纳性的科学吗？对人类进行大规模的实验是困难或不可能的，因此知识的累积很大程度上必须依靠观察。然而，这种不利的情况并没有阻止天文学和地质学成为蓬勃发展的科学，18 世纪的机械论者期待未来能将数理方法应用到人类活动中，这样就会打破诸多神话，如天启真理、内心之光、个人神
138 祇、无形灵魂、自由意志等；这样一来，所有社会问题都通过科学的社会学得以解决，用孔多塞的话来说，科学社会学，就和那些研究蜜蜂或海狸社会的科学一样，能清楚、准确预测未来行为。[1] 在 19 世纪，这一说法被视为太彻底、太过分。很明显，机械论者的这些方法和概念并不适用于处理增长和变化；更为复杂的活力论或进化论范畴及模型被用来区分生物程序与纯粹的物理科学程序，前者似乎显然更适合用来研究人类的行为和发展。到了 20 世纪，心理学家已经开始扮演生物学家在 19 世纪扮演的角色，其涉及个人和团体的方法和发现转而又改变了我们研究历史的方法。

为什么历史成为科学需要如此漫长的等待？巴克尔这位比任何人都更热情信仰历史科学的人，将之解释为历史学家“在脑力上弱于”数学家、物理学家和化学家这一事实。他宣称，那些进步最快的科学首先吸引了最聪明的人，他们的成功自然反过来又吸引了其他能人进入他们的行业。换句话

[1] *Oeuvres de Condorcet*，ed. A. Condorcet O'Conner and M. F. Arago (Paris，1847—1849)，i 392.

说，假设像伽利略和牛顿，甚至拉普拉斯或法拉第一样有天分的人致力于以历史名义而进行的有关真理与谎言不规则质量的研究，他们可能早就将历史扶正为一门基础牢固的、明确的、多产的自然科学[1]。可以理解，这不过是那些为当时 139 自然科学的伟大进步而激动得精神恍惚的人所怀有的憧憬。许多才华横溢且具有批判精神的思想家，比如法国的丹纳和勒南，更不用说热忱的实证主义者，比如孔德、恩格斯和普列汉诺夫，都在他们的一些作品里面深信这一前景。但是他们的愿望却几乎没有实现。因此，探究此事何以至此或许颇有裨益。

[1] “自然界中即使运动最没有规律和反复无常的事物都已经得到合理解释，并且已被证明它们的运动遵循某种固定的普遍规律。这一切之所以得以完成，都得益于许多能人，尤其是能耐心思考的人对这些自然事件进行了不知疲倦的研究，旨在发现它们的规律。如果人类活动也能被如此研究的话，我们完全能预测到同样的结果……通晓上两个世纪历史的人一定能意识到，每个时代总会显示有些事件是有规律并可预测的，但同样的事件被上一代人宣称为是没有规律和不可预见的。所以，不断前进的人类文明存在一个显著倾向，就是加强我们对秩序、方法和规律的普遍性认识。从上述情况可以推断出，如果任一事实，或者任一类事实，还没有被简化至规则，我们非但不能认为它们是不可简约的，反而应该依据过去的经验，承认我们现在认为无法解释的事情将在未来的某个时刻会得到解释。那种期待在混乱中发现规律的心情对于科学家而言是非常熟悉的，它已经成了最卓越科学家的信条：如果大多数的历史学家不怀有同样的期待，一部分原因该归于他们观察自然的能力不足，另一部分原因是他们研究的社会现象更为复杂。

“……最有名的历史学家显然比不上最成功的自然科学家：致力于历史研究的人，就才智而言，根本无一堪比开普勒、牛顿或很多其他人……

“我毫不怀疑，在下一个世纪结束之前，证据之链将已完成，彼时很难找到一个否认道德世界存在不可动摇之规律的历史学家，如同很难找到一个否认物质世界具有规律的哲学家一样。” Henry Thomas Buckle，*History of Civilization in England* (London，1857)，i 6—7，31.

在试图回答这一问题之前，可以先关注一下另外两种认为历史至少从原则上说来能转化为自然科学的信念。第一个根源也许最好用几个隐喻来表达，这些隐喻是至少自 19 世纪以
140 来所有受过教育的人都常常使用的。当我们将合理政策与乌托邦政策进行对照的时候，我们常说后者忽视了“无法阻挡的历史规律”或者“历史的车轮”，或者被它们打败了。我们会说到反抗“历史力量”是徒劳无益的，或者说起“让时钟倒回”、“复原过去”都是荒谬的行为。我们谈青春，谈成熟，谈民族或文明的衰败，谈社会运动的起伏，谈国家的兴衰。这些词汇都是用来表达一个无法改变的固定时间顺序，一条我们漂浮其中的“时间长河”，一个我们无论如何都必须接受的事实；又好似是一个并非由我们自己建造的活动阶梯，但我们生于其上，在某种程度上说来遵从着某一自然规律，这一规律支配着事件的秩序和形状——此处，事件是指影响着人类的生活、活动和经历。虽然这种隐喻性的措辞可能让人误解，但是它们指示到那些用来设想“历史潮流”的范畴和概念，说是“历史潮流”，也就是说历史拥有某一客观模式，我们尽可以忽视这一模式，但风险自负。据此，我们几乎可以推断说，凡有模式的事物都显示出能用法则表示的规律性，而法则之间系统性的相互联系就是一门自然科学的要旨。

第二个根源来得更为深远。事物增长的模式，或者事态进展的模式，似乎能够表示为一连串的因果链，并能被自然科学系统化。但是我们有时说得好像还有比经验联系更为基本的

东西（唯心主义哲学家们将之称为“机械的”或“外部的”或“纯粹不合理联系”），将整体性赋予地球上人类生存的各个方面或连续阶段。例如，当我们说因为黎塞留举止不像俾斯麦而责备他是很荒谬的，因为黎塞留不可能举止像一个 19 世纪居住在德国的人；反之，俾斯麦也不能做黎塞留做过的事情，因为 17 世纪有它自己的特征，人们的行为举止、发生事件以及 141
时代特征上都与 18 世纪的截然不同，这一特征决定 18 世纪的特征，18 世纪的特征又决定着 19 世纪的特征；我们证实的是这一秩序是一种客观秩序；我们还证实，那些无法理解有些事情会在某一时代、某一场合下发生而在另一时代、另一场合无法设想的人并没有理解一些有关社会生活、人类思想、经济增长的普遍和基本的规则，它们决定了某一系列事物的确、可能，或必须发展起来。同样地，当我们说《哈姆雷特》创作于成吉思汗在外蒙古的宫廷这一命题不仅是错误的，更是荒谬的；如果熟知相关史实的人也严肃认为《哈姆雷特》可能写于那个时代、那个地方的话，那么他不仅异乎寻常的无知或者犯错，更是精神错乱；《哈姆雷特》不仅不是，也不可能创作于成吉思汗的宫廷或者成吉思汗时代（我们可以毫不犹豫地推翻这种假设），那是什么让我们如此肯定呢？怎样的“不可能”才是这种“不可能”？我们需要根据科学的方法，即经验归纳法来排除这种错误的可能性断言？

在我看来，我们之所以说它们是可笑的（不仅是不可能或错误的），是因为它们不仅与这样或那样的事实与概论相矛盾，还与我们思考世界的方式所产生的预设相矛盾——这些方式是指支配下列核心概念的基本范畴，如人、社会、历史、发展、成长、野蛮行为、成熟、文明等。这些预设可能被证明是错误的或使人误解的（例如，实证主义者或无神论者就认为目的论或自然神论是如此），但是它们并非被实验或者经验观测所推翻。它们随着人整体观念的改变、社会环境的变化、文化的发展而被消亡或发生转变，这是对观念史最严峻的（也是最重要的）考验（最终，也是对历史本身的
142 考验）。

这里涉及一种根深蒂固、流传甚广、历时长久的世界观——也就是对事件或者事实发生的某一具体客观顺序不加质疑（不一定是有效的）的假设。有时候是一种垂直秩序（时间交替）让我们意识到，比方说，14 世纪的事件或制度必然（无论我们如何分析这种必然性）而不仅仅是事实上（偶然地）要早于 16 世纪的事件或制度，前者在某种意义上决定（有人会说导致）后者，而后者由前者“打造成型”。任何一个想要把莎士比亚的作品追溯到但丁之前的人，或者想把 15 世纪在历史上完全抹去，把 14 世纪的末尾与 16 世纪的开端无缝对接的人，会被认为有毛病，存在从无知到缺乏科学方法等不同种类，而非不同程度的缺陷。

在其他时候，我们认为这种顺序是“水平的”；也就是说，它是同一个文化阶段中不同方面相互联系这一知觉的基础——这是德国反机械论哲学家赫尔德及其追随者（和在他

们之前的维柯）提出的那种假设与范畴。这是一种意识（历史感），据说它可以让我们看到，某一特定的法律结构与某种经济活动、道德观、写作方式、舞蹈风格、祭祀方式等是“紧密相连的”，或是同一复杂体的一部分；正是因为这种天赋（无论其本质是什么），我们才能辨别出各种各样人类精神的表现“属于”某一文化、国家或者历史时期，虽然这些表现有可能互不相同，如同人们在纸上写信与书写土地所有制的方式会有所不同。如果自身不具备这种辨别能力的话，我们就不能理解一些社会历史观念，如“典型的”、“正常的”、“不一致的”、“时代错误的”等，我们就可能无法正 143
确理解一种制度的历史，无法把一部作品置于其所属时代、文化和社会环境大背景里去解读，也无法真正地理解或解释某一文明阶段是如何“生成”或者“决定”另一文明的。意识到差异和变化中存在同一性或统一性（唯心主义哲学家过于看重后者）也是促成我们以下意识的一个关键因素，那就是“单向”流动的历史当中存在不可改变的潮流。从这里很容易进入另外一种非常可疑的意见，以为凡不可改变的事物之所以如此，是因为它遵循一定的法则，凡遵循法则的事物总能系统化为一门科学。

有众多因素使人渴望历史成为自然科学。尤其在19世纪，让这种新颖的、强大的、给人启迪的学科成形的一切准备看似已经就绪，它将把事实、臆测与毫无科学根据的规则杂乱堆砌的累积物全部一扫而空，这些东西已被笛卡尔及其有科学头脑的接班人藐视不理。舞台已经就绪，但事实上一切都无法实现。没有构想出普遍规则（甚至连稍微可靠的原理都没有），没有什么普遍规则或原理（加上对初始条件的了解）可供历史学家推断出接下来即将发生什么，或者发生过什么。设想有这样一台伟大的机器将他们从单调乏味的工作中解救出来，不用再试图通过事实叠加从精选材料中建构出一个合理的说法，这看起来像是一个疯子发明家脑海里的计划。这台巨型的省力机器一旦输入信息就会自动操作，推测出正确的结论，并且提供适当的解释，同时不再需要历史学家从不可再生的过去摸索出来的那些不确定的、过时的、手动操作的工具，不过这仍然还是一个虚假的蓝图，是极度想象的产物，如同设计一台永动机那样异想天开。无论是心理学家还是社会学家，无论是雄心勃勃的孔德，还是谦逊温
144 和的冯特，都没能创造出设想中的新机制："研究普遍规律的"科学——根据这一规律与和规则系统可以命令实际材料生产新知识——这一新机制胎死腹中。

自然科学的标准之一就是它的预测能力；在历史研究中，这一标准就该是"预测"过去——通过相关规则或规律进行推测，填补那些缺乏直接证据的历史空白。这种推测方法应用于存在着大量知识空白的考古学或者古生物学中，在缺少事实证据也没有更好的（更可靠的）途径的前提下寻求事实真理。在考古学中，我们试图将对远古时期的了解与对其他时期的了解联系起来，试图重建应该，或者至少可能发

生过什么，来解释从一个阶段发展到另一个阶段期间许多未知的中间阶段。但是这种填补空白的方式一般被认为是一种极不可靠的发现过去的方式，如果能找到更具体的证据（不管怎样评估这种具体的性质和程度），可作为我们了解人类生活历史时期（而不是史前时期）的基础，就没有人会使用这种方法，更不会将它作为一种“科学”的考古方法。

假设可以构建这样一门科学，其结构会是怎样呢？据估计，它会由因果或功能相互关联组成（是一个由类似“无论何时或无论何地”相互关联的普遍命题组成的系统），变量可用精确的数据或地点配置；这一科学有两种形式：“纯科学”和“应用科学”。赫伯特·斯宾塞曾过于乐观地宣布存在社会静力学或社会动态学这种“纯”科学，将与历史这种“应用”科学相关，有点类似物理学之于力学，或者至少如同医师将解剖学知识应用到特定的诊断中一样。假设真的存
在，那么，这样一种科学将彻底改变旧式的、经验的、手工 145
编织的历史，代之以机械化，如同天文学废除了古巴比伦观星者积累的毫无科学依据的原则，或者如同牛顿物理学彻底改变了更为古老的宇宙学。然而这样的科学并不存在。在我们问何以如此之前，或有必要考虑一下历史被书写至今的方式，它与如此设想中的自然科学究竟存在哪些明显不同。

首先，我们来看看历史与自然科学的一个显著差别。当一门自然科学发展成熟时，我们认为更相信一般规律而不是个别现象，是一种更理性的行为（这确实是理性的一部分定

义)，然而这条规则似乎并不能成功应用于历史。举个尽可能简单的例子。有一条我们最肯定的、常识性的普遍规律就是，地球上的普通居民每天早上都能看到太阳升起。假如有人在某天早上声称，他再三努力，也没看到太阳升起；按正常逻辑来看，既然一个反面例子就足以扼杀普遍规律，于是他认为自己仔细观察的结果具有毁灭性打击，它不仅仅摧毁了我们已经接受的昼夜相接的普遍规律，而且击垮了整个天体力学系统，尤其是物理学这一声称揭示这一现象成因的科学。这一惊人的断言，通常不会立马为人们所接受。

我们的第一反应将会是努力找到临时的假设来维护我们已知的物理系统，因为我们已知的物理系统是人们通过观察和演绎推理系统性积累所得。我们应该告诉这位说自己看不到太阳升起的人，他之所以没看到太阳升起也许是因为他所在的位置不对；也许是太阳被云遮住；也许是他自己分心了；也许是他的眼睛没睁开；也许是他睡着了；也许这只是
146 他的幻觉；也许他在胡言乱语；也许他在撒谎、开玩笑，抑或他疯了；我们应该还会提出其他一些能够驳倒他这一断言的解释，使物理科学免受损害。如果我们匆忙得出结论说，经过我们深思熟虑的判断，假设这个人说的是事实，那么我们曾经得之不易的物理系统知识就必须得被推翻或修正，这也是非理性行为。无疑，如果这种现象不断出现，并且其他人在同样的情况下也不能看到太阳的升起，一些物理假设或规律也许必须予以彻底修正或者被推翻，或许整个自然科学

的基础将不得不重新构建。但是，除非迫不得已，我们不会如此。

然而，假设与此相反，有位历史学家怀疑（或试图解释）某种无其他人会怀疑的现象，比如，有人看到拿破仑在奥斯特里茨战役中曾头戴三角帽；假设这位历史学家之所以如是说，仅仅是因为他，无论出于什么缘由，使用了他信仰的某一理论或普遍规律，根据这一规律，法国的将军或首脑在战争中从不戴三角帽；那么，人们可以安全地断言他所说的不符合普遍规律，他的断言也不会得到其他历史学家的立刻认同。任何设计好了的程序，被用来质疑通常可靠的证据或文件（如同上文所说拿破仑的帽子）实际上是谎言或捏造时，都会容易被怀疑是为了迎合某一理论而扭曲了事实。

我只是讲了一个真实的小例子，要想出更多复杂的例子也不难，比如，历史学家为了证明某一特别的理论而被指控试图捏造事实。这样的历史学家被指控为理论的囚徒，他们盲目、顽固、教条，通过误解或扭曲现实来迎合他们对理论的执着。痴迷于理论（教条主义）用于形容历史学家是一种骂人的话；然而用于形容自然科学家，它却并非是一种侮 147
辱。如果我们说自然科学家紧扣理论，我们并没有要贬低他的意思。如果我们认为他的理论是错误的，或者他忽视了相关的一些证据，我们也许会抱怨，但是不会谴责他试图将事实迎合他的理论模型，因为那就是他的工作。自然科学家的工作就是成为理论家，形成原则——正确的原则，而非错误的，但至少要是原则。如果自然科学的理论和学说不是系统地交织，并且由该领域顶尖权威人士通过归纳总结法或假言—演绎法或其他各种认为是最好的方法（逻辑严谨、合理、经得起验证、富有成效）得出来的，那么自然科学就什么都不是。

然而对待历史学，我们显然多半更相信既存的特别事例，而非能够演绎出这些实例的普遍假言，不管该假言如何得以完美的验证，不管理论上来说，我们可以从中得出多少事实；但是对待自然科学，则往往相反：更合理的做法是，（一旦出现相冲突）我们往往更依赖一个已经适当证实了的普遍理论（比如说重力理论）而非特定的观察结果。仅凭这点不同，无论其根源何在，都应该可以质疑如下乍看起来就令人怀疑的行为，即任何将历史的研究方法和自然科学的研究方法进行太过紧密的类比。

此时，有人或会反驳，唯一可为信任特殊事实提供辩护的逻辑理由一定会涉及普遍规律，因而最终往往会依赖某种形式的归纳。那么我们还有其他方法验证对事实的信任吗？上述断言中的第一个是真实的，但是第二个则不是，它们的合并带来困惑。无需深思就能看到，我们所有的思想都是由普遍命题表达的。所有的思维都包含分类；所有的分类都包含概括。我之所谓拿破仑、帽子或战争的观念都包含对这些
148 词所指示的实体的一些普遍信念。并且，我对目击证人的证词或公文文件的信任是基于对这些不同种类证据进行了可

靠判断，或者在该范围内个人行为是否发生变化等类似判断——而判断肯定是普遍判断。但是首先，每天用到的词（或观念）里隐含的零散概括与哪怕最基础科学的系统化结构都是大相径庭的[1]；其次，我敢肯定，比方说，我此时此刻不是火星之王，做着我是地球上一名大学教师的美梦；我应该知道，如果要用归纳法来证明我是对的，会相当艰难。

我们生活赖以生存的大多数必然性都无法通过归纳法验证。我们信念赖以生存的绝大多数推理类型，或当我们的信念受到挑战时，用来证明信念合理性的绝大多数推理，都无法简化成形式演绎或归纳，抑或它们两者的结合。如果有人问我，我有何合理的依据认为自己不在火星上，或者拿破仑大帝是存在的，而不仅仅是一个光天化日下的神话，为了回答这个问题，我试图用能够得出这个结论的普遍命题以及具体证据来解释清楚，还有证明这一证据可靠性的证据、证明后一证据可靠性的证据等，如果我这样做，只会证明我走不远，此路不通。这张网太复杂了，里面的元素太多了，至少这些元素不是那么容易分离，并一一证明；任何人都可通过明确分析和陈述来满足自己的需要。接受我生活在地球上以及拿破仑大帝是存在的这些命题的真正原因是，如若坚持其

[1] 换而言之，对历史的概括，如同对普通思想的概括一样，有时是没有联系的；所以，对它们信仰程度的变化不会**自动**影响其他成分的状态，而在自然科学上，这是会自动影响的。这是一个至关重要的差别。

对立面，会极大程度地破坏我们对现在和过去认为理所当然
149 的一切。任何给定的普遍原理也许能够经受得住归纳或其他科学测试的检验或精炼；但是我们认可的整体结构，即使从原则上说来，都是不可能接受对其整体性进行检验的，这一整体结构内容庞杂，头绪繁多——既包括普遍信念又包括具体信念。因为整体结构是我们的出发点也是终止点。对于整体结构，我们缺乏调查和对其发表意见的阿基米德点（支撑点）。我们可以根据一个方面来测试另外一方面，但不能一举测试全体。在历史上，当我们摒弃地球是方的这一命题时，这对常识性的假设造成了重大浩劫；但是在原则上来讲，这不可能完全摧毁那些假设。因为那样的话，将没有什么可以成为所谓的思考或批评。

正是对经验整体结构的认识（对这些模式最基本的认识）构成知识的基础，但是它本身并不对归纳和演绎推理开放：因为这两种方法都依赖于它。任何命题，或一系列命题，在那些固定不变的命题面前都可能动摇，那些固定不变的命题也同样如此，但是它们并不都是同时进行。我全部的信仰不会被一次性推翻。即使我一只脚下的土地已经摇摇欲坠了，我另一只脚一定还是牢牢地扎根在土地里，至少暂时是这样的；否则就不可能产生思想或交流。相对于科学家而言，历史学家不得不在更大程度地接受最普遍的假设，也就是常识性知识，至少一开始是这样的，认为常识是理所当然的：他们必须理所当然地接受大量假设，因为他们的研究对

象相对于自然科学而言，较少能脱离常识。

让我们换个角度来看。自然科学主要由对世间物体行为具有逻辑联系的规律组成。在一些情况下，这些规律可以通过一个理想化的模型展现出来——一个想象的实体，其特性符合该有的定义，如果该实体遵循讨论中的一般规律，并且 150
可以用这些规律进行详细描述；也就是说，该实体只是实例化了这些规律。

这些理想化的模型（或演绎模式）生动而又清晰地展示了我们试图运用于现实的规律；这样一来，自然界的物体可以通过与理想模型偏离的程度得以描述。这些差异性在多大程度上可以系统地描述出来，这些模型的简单程度以及它们的运用范围极大地决定了某一科学能否成功履行其任务。电子、染色体、完全竞争的市场、恋母情结以及理想民主都是这种理想化的模型；这些模型的有用程度，取决于真实物体的实际行为能在多大程度上用它们与完美模型无摩擦行为的偏差来予以不同精确度的展现。这也是建立理想模型的目的；它的有用性与它在多大程度上完成这一目的相关。

这种模型或演绎图式在一般的历史著作中不太常见；如果因为普遍命题一定要建立理想模型，如果普遍命题真的存在，还得要求它们表述精确，最终只会证明实际上要具体说明某一理想模型是不可能的。历史学家所采纳的必要普遍概念（如国家、发展、革命、思潮、经济衰退、政治权力）所缔结的普遍命题在范围或可靠性（或特定性）上要比自然科学里的小得多。这些历史归纳通常都被证明是累赘啰嗦的、模糊不清的、不精确的；“一切权力往往都走向腐败”，“每次改革之后都会出现保守”，“经济结构的变化产生新的音乐和绘画形式”等概括，即使连同其初始条件一起来考虑，例如“克伦威尔权力显赫”，“1917 年俄国爆发了革命”，“美
151 国经历了彻底的工业革命”等，都不会产生任何可靠的历史或社会结论。这里所缺乏的就是一种相互连接的归纳组织，可以让电脑机械地运用于被机械地确认为相关的情景当中。历史思考中所发生的一切看起来都更像是常识的运作，我们将各种各样乍看起来逻辑上相互独立的概念和普遍命题相互交织，尽可能将它们运用于既定情景。成功完成这一任务的能力（相互“交织”各种概念的能力、“运用”各种概念）其实是一种技巧，一种经验窍门（有时也称之为判断力），这种技巧不是制造商所能给予电脑的。

此刻，也许有人告诉我们，这种掂量或评估具体情景的玄妙能力，这种诊断和预后（所谓判断能力）的艺术，并非仅限于历史与其他人文学科，或者日常生活中的思索和决策；因为在自然科学中，同样需要一种能力，要察觉是某一理论或观念而非其他理论或观念与解决某一特定问题相关，要运用（有时还具有极为戏剧的效果）有时来自非常遥远领域的数据，这种能力尤其是才华横溢的研究者所具有的特殊才能，有时它意味着天才的洞察力，从原则上来说是任何技巧或机器所不能取代的。

这当然是真的。然而自然科学与人文科学所使用的解释规范和逻辑论证之间还存在着一个显著的差异，该差异说明了这两者之间的不同。在一本成熟的自然科学著作中——例如，物理或生物教科书（我指的不是科学论文中常能见到的思辨性或印象式话语）——命题间的联系是（或应该是）逻辑清晰的；并且命题与命题是环环相扣的；也就是说，结论是在前提的基础上，通过逻辑推理得到的，这些结论要么十 152
分确切，要么存在不同程度的可能性，在那些运用统计方法的科学中，能进行不同精确度的估测。一则数学、物理或其他发展成熟的自然科学的推理（如果清晰地陈列出其过程），即使省略那些表示因果关系的推理词如“因为”、“所以”、“因此”，也应该能够单凭意义或子命题的排列顺序展示它内部的逻辑结构。至于那些毫无争议的命题，它们是（或应该是）这样的：一旦受到质疑，其真理性与可能性可以用公认的逻辑推理步骤从其他已通过实验确认并且被所有相关专家接受的真理中显示出来。

哪怕是最优秀、最令人信服、论证最严谨的历史著作都无法做到这一点。我想，所有研究历史的人都应该注意到了历史著作中有大量的这类字眼，如“若……也不足为奇”，“因此，当……也不足为怪”，“随之而来不可避免的后果”，“事情朝着不可更改的方向发展”，“在这种情况下”，“如此下去，离……不远了”等，还有最常见的一些词，它们尽管必不可少，却又很少引起我们注意，并具有深刻的欺诈性，像“因此”、“于是”、“最终”等。如果这些从一套事实或陈述到另一套事实或陈述之间的桥梁突然被从教科书中抽离的话，我想可以毫不过分地说，从一套陈述到另一套陈述的过渡将变得非常不顺畅：事件或事实光秃秃的并置有时将会显得没有任何逻辑力量，哪怕是最优秀的历史学家（和律师）最优秀的著作，如果被抽离了逻辑连接词，对于那些习惯了自然科学逻辑标准的人而言，它们都会开始显得更加没有吸引力。

我并不是说人文科学（尤其是历史）是玩弄欺骗读者的把戏——模仿自然科学的外壳、逻辑结构而缺乏其实质；只
153 由于“因为”、“所以”这种实用的，或许还不可缺少的连接词在两大领域中的作用并非相等；每一个连词都发挥它们合理的（并行的）作用，只有当它们被认为在两大领域中行使同样的逻辑使命时，才会导致困难。我希望，经过进一步的讨论，这一观点能变得更加清晰。

假定有位历史学家正试图发现和解释一个大型历史现象的原因，比方说一场战争或者一次改革，有人让他说出那些规则和普遍命题，（至少在理论上）只有它们能证明他有正当理由频繁使用一些逻辑连接词，比如说“因此”、“所以”、“不可避免的结果是”、“此后没有回头路可走”和其他惯用语言，他的答案会是什么？他有可能吞吞吐吐地提到有关环境或者特殊事件影响的普遍准则（例如，农作物歉收、恶性通货膨胀、民族自豪感遭受打击等），因为它确实影响到普

通人或特定群体的生活；他也有可能会谈到某阶层或国家利益的影响，或宗教信仰、社会习惯和政治传统等的影响。但是如果有人接着让他提供这些概括的依据，并在他尽力列举完毕后告诉他，没有哪一门自尊自重的自然科学会容忍一堆如此模糊、混乱，并且还数量稀少的实际证据，同样，自然科学也不会容忍这种印象式调查方法和以这种方式得出结论，这位历史学家不会（如果他真诚，或聪明）坚持要求将一门成熟的自然科学的研究方法视为自己行动的权威。

此时，也许会有人非常正确地给他指出说，并非所有的社会科学都陷入如此悲惨的境地；比如说，也有一些学科（经济学也许是其中最有名的）也使用一些与自然科学类似的科学程序。我们可以确信的是，经济学的概念可以通过一种清楚且精确的方式来进行定义：能明显察觉到定义、假言 154
和归纳性结论的不同；或者实验证据与其结论的不同；或者理想模型与其被实际应用的现实的不同；或者观察结果与其推论的不同等。这为历史学家树立了一个榜样，可怜他还无助地徘徊在幽暗无路的森林之中。但是如果他试图效法，将历史模式的形而上学或实证主义发现者所推荐的设备应用于自己的研究，那么他的研究很快会停滞不前。

试图提供历史规律的努力主要存在两大方向：一是包罗万象式，一是细分到学科式。第一种方式给我们提供了历史哲学家的体系，最终在黑格尔、斯宾格勒、汤因比等人的宏大知识结构中达到巅峰，不过这一结构最终证明要么是显得过于笼统、模糊，在解释特定事物时偶尔存在赘述，要么就是相关领域的专家在对一些具体结论进行检验时发现会得到令人难以置信的结果。第二种方式致使一些有关人类活动特定方面专著的面世（比方说，技术史、特定科学或艺术或工艺或社会活动的历史等）。这些成果的确满足了一些自然科学家提出的标准，代价却是以这种方式记录的历史遗漏了人类生活中更重要的部分。就一个有限的领域而言（比方说，古代叙拉古的铸币历史），这当然是经过深思熟虑的、可取、不可避免的；我的意思是说，只有在这有限的领域才能说得上如此。

任何试图将这些由不同专业论述的孤立的线头“整合”成一种近似（尽我们所能使它接近）对人类经验的“整体”描述（这种经验，用亚里士多德的话来说，就是“亚西比德行事和受难的经过”[1]），都会遭遇不可逾越的阻碍：那些要
155 被放入科学网格并归入被采用的法则和模式（可以找到、利用公共标准从琐碎的、次要的事实中筛选出重要的、相关的事实）中的事实太多、太琐碎、太稍纵即逝、边缘太模糊。在很多层面上这些事实相互交叉和影响，因此要把它们划分清楚，对它们进行清楚的定义和分类并把它们归入特定的类别，在某种程度上是行不通的。无论怎样顽强努力追求这一路线——那些专注于研究某单一因素扮演主要角色的科学家，例如巴克尔专注的气候，丹纳专注的“环境、时代和

[1] 同上文引用（第 135 页注释 1）。

种族”三因素，马克思专注的经济基础、上层建筑和阶级斗争——这些努力只会导致对事实的歪曲，因而研究得出的结果，即使包含了富有启示性的观念和概要，也有可能因为太过图式化，也就是过分夸张或者省略，导致其不忠实于我们所知的人类生活，从而被大众否定。

上述事实在我看来意义重大，且具有关键性的言外之意。因为真诚地把科学方法应用到人类事物研究的努力，如经济学或社会心理上都有体现，与将这种方法以类比的方式应用于历史研究本身这两者之间存在区别，其中之一就是：科学程序首先被用来指导建构理想模型，被分析的现实世界部分必须要能在某种程度上与这一理想模型相匹配，可以根据它与理想模型的偏差值来进行描述与分析。但是，要建立一个满意的模型的唯一可行性在于，我们能从事物、事实和事件组成的现实世界（经验流动）中提取出足够数量、足够稳定的相似点。只是，当现实世界中事物、事实、事件等的重现足够频繁、足够相似到能够被分类出足够多的与同一模式的不同偏差，由它们组成的理想模型（电子、基因、经济人）能否胜任其职责，帮助我们从已知中推断出未知？ 156

由此可以推断，我们能收集的相似点[1]越多（我们能忽略的不同点越多，也就是说，我们提取的过程越顺利），那么我们的理想模型会越简单，它应用的特征范围就会越窄，

[1] 或者至多是重要的相似点，也就是那些我们感兴趣的相似点。

应用也越会精确；反之，如果我们希望模型应用的事物种类越繁多，那么我们能排除的不同点越少，因此得到的模型也会更复杂，在应用于概括事物的多样性时，也会变得没那么精确，因此，越是简单的模式必定会是一把万能钥匙。一个理论若是充斥着为了解释与规范的每一处偏差而设定的临时假言，就像托勒密的本轮，最终将变成一个毫无用处的理论。排除（忽视那些超出确定范围的事物）是构建模型本身的特征使然。因此，就世界目前的样子[1]来看，一种理论或者一个模型的效用常会与实例的数量成正比，与其涵盖的特征数量成反比。因此，我们有时会被迫在增加外延或内涵这两种敌对奖赏之间做出选择——也就是在理论的研究范围和其内容的丰富性两者之间选择一个。

数学是所有模型中最严谨，也最一般，因为它在对自然特征抽象的最高层面运作。同样地，物理学只致力于研究实
157 际存在物共有的一小部分特征，其影响力与范围（以及它的杰出成就）源于它拒绝其他，只致力于研究某些选定的、普遍存在的、经常发生的相似点。当我们缩减规模，科学的内容会更丰富，但相应的也就变得没那么缜密，并不易受定量

[1] 这是经验事实。世界可能是与现在的不一样；例如，假设它拥有更少特征，而这些特征又以更大的统一性和规律性共存或反复出现，那样的话，历史事实将能更轻易地简约至一门自然科学或几门科学。但是，那样一来，人类经验也将截然不同，不用我们熟悉的范畴和概念来描述。一个宇宙越是整齐划一，越不像我们现在这个宇宙的样子，我们就越不能想象或设想我们的经验会是怎样。

分析技术的影响。经济学是一门科学，恰恰在于它得以不考虑人类活动其他方面的程度，只考虑与生产、消费、交换、分配等相关的活动。经济学家试图不考虑心理因素，例如，人类行为的动机，或是与它们相关、由它们所表达的各种目的和心态；或是排除道德和政治方面的考虑，例如，动机和后果各自的价值，或者个别与集体满意的价值——只要这些程序的唯一目的是为了让经济学尽可能成为一门科学，它们就都是合理的：也就是说，成为一种能够分析和预测的工具。如果有人因此抱怨，如此构想的经济学遗漏太多，或是不能为个人和社会福利解决一些最基本的问题（其中一些问题还是最初直接促成经济学建立的问题），人们就有权说，可以考虑容纳那些被忽略的生活方面，并且那些道德的、心理上的、政治的、艺术的、形而上学的问题也许都能够得到解答，但代价是背离经济科学赖以运作的缜密、对称（且具有预测力）的模型；研究内容的多样性与丰富性、处理各类问题的能力、对复杂多变的情况的适应性等一切能够得以实现的前提是，牺牲逻辑简单性、连贯性、简洁性、研究广度，尤其是从已知探索未知的能力等。能够获得后面这些特征的唯一方式，也是牛顿物理学让整个学术界痴迷于此的对象，就是给既定活动进行划分精确的边界，无情抛弃（抛得 158
越远越好）那些不符合这一规格的一切。正因为如此，即使在描述性和时限性（生物学上和基因上）较强的学科，它们涉及的概念越普遍与缜密，研究方法越“机械”，它们就越能更好地运用与物理方法类似的研究方法；它们的概念越灵活，它们的内涵越丰富，它们就离自然科学越远。

如果以上情况属实，那么对科学的孔德式划分就大有文章可作了：数学、物理学、生物学、心理学、社会学实际上是按精确性的降序排列，是按具体性与细节性的升序排列。通史（所有人文研究中最丰富的科目）明白地体现这一道理。如果我只是一名经济史学家，我也许只能总结出某一商品（如羊毛）在中世纪某一时期流动的普遍规律，因为存在足够的文献证据，让我能够确立羊毛的生产、销售、分配等活动与其他相关的社会经济事实和事件的相互联系。但是，为了要做到这点，我必须忽视一些问题（有时还是很重要和有趣的问题），有关羊毛生产商和羊毛商人其他特征的问题；至少我不会试图在羊毛产地和流动，与羊毛生产者和使用者的宗教、道德、审美态度、政治理想，他们作为丈夫、市民、信徒的行为等之间建立可预见的相互关系。因为这种试图研究生活这么多方面的模型将（在目前情况下）失去其结果的预测力和精确性，即使那样做的话会增加描述的综合性、丰富性、深度和趣味性。

因为这个原因，我发现在人工划界的领域（即经济历史
159 领域）使用术语（永远是模型作用下事实的表现）是非常有用的。同样的考虑同时也适用于，比方说，技术史、数学史、服装史等。我通过抽象建构模型；通过记录（比方说）工业技术、数学方法、作曲方法等所共有的特征，然后根据

这些共同点来构建模型，无论我因此忽略了多少普遍兴趣。我想放入的东西越多，我的模型越不堪负荷，没过多久就注定变得散乱、不成形，几乎不再是一个模型，因为它没有涵盖足够数量的、来自足够多样的地点与时间的实际与可能的例子。它作为模型的功用将不断减弱。

科学论述的是一类事物而非个别事物，这一命题被那些想要把自身研究与科学研究同化的哲学历史学家，特别是法国的哲学历史学家所接受并坚持。当勒南、丹纳或是莫诺宣扬科学历史学之必要性的时候，他们并不是说（我猜想伯里持有这种观点）历史学家应该在观察和推理的时候力求准确和严谨，或者尽可能把自然科学的研究成果应用到对人类行为和经验的解释上，或是他们应该心无旁骛地研究客观真理，并且无论它会产生什么社会或者政治影响，都毫无保留地将它说出来。他们要求的比这多得多。丹纳对这点说得很清楚，当他说历史学家们研究样本的时候[1]：

> 18世纪的法国是什么样子？两千万人……两千万条线交织成一张网。这张巨大的网上有数不清的结，我们根本无法通过某个人的记忆或者想象来全面清楚地了解它。实际上，我们握在手心的只有一些碎片……历史学家的首要任务是修复它们——他必须重结线头，这样他就能把它 160

[1] *Discours de M. Taine prononcé à l'Académie française* (Paris，1880)，24—27.

们和那些已经消失的很多线连接起来……幸运的是，过去和现在一样，社会包含众多群体，每个群体由相似的人组成，在同样的条件下出生，受到一样的教育，拥有同样的兴趣，有着同样的需求，同样的品位，同样的风俗，同样的文化，同样的生活基础。因此，看到一个，就是看到全部。每门科学都会选取一些样本来研究每组事实。

他还指出历史学家必须研究个人的私生活、信仰、情绪、习惯、行为等。这样的样本能让我们

深刻理解当前推动他所在时代社会发展的力量及其前进方向。如此，专著是历史学家最好的工具：他像挥舞手术刀一样将它插进去，然后提取出完整而又真实的样本。经过二三十次这样的试探，他就能了解一个时期：前提是他正确地贯彻这种方法并正确地解析了样本。[1]

这就是真理与谬误混杂的实证哲学乐观主义达到高潮时的特征。毫无疑问，我们了解一种文化或是一个时代的唯一方法就是对其代表人物、家庭或者群体生活进行详细研究。我们无法考察被研究的那个时代（或者其他时代）中所有

[1] *Discours de M. Taine prononcé à l'Académie française* (Paris，1880)，24—25，26—27.

（或者大多数）活着的人的全部行为或者思想：我们可以从样本中归纳。我们可以把这些归纳出来的结果整合到丹纳所谓的整体“网络”中去。在“重建”那些“消失的线头”的过程中，我们用到了化学、天文学、地质学、古生物学、铭文学、心理学等已知的科学方法。但是我们做这些的目的是为了了解部分与整体的关系，而不是（如丹纳所坚信的那样）为了了解普遍规则与个例的关系。在自然科学（物理和 161
动物学，经济学和社会学）中，我们的目标是构建一个可以应用的模型（“介子”、“哺乳动物”、“垄断企业”、“被异化的无产阶级”），可以用它深入未知的过去或者未来，以寻求可以信赖的结果。因为一项研究是否为一门真正的科学的主要标准，就是它从已知推断未知的能力。但丹纳描述的过程与此完全不同；丹纳的过程通过“进入”个体生活重建一种模式，一种互相关联的社会整体，只要这些个人被证明是“典型的”（也就是具有超过他们自身以外的特色和意义）。

至于什么被认为是有特色的与有代表性的，什么是适合归纳总结的“好”样本，尤其是那些总结如何保持彼此一致——那则是判断力的运用，是一种思维模式，依赖于丰富的经验、记忆力、想象力和“现实”感，意识到什么跟什么相配，这种能力被逻辑推理和建构规则和模式的能力（也就是察觉具体案例与法规、实例与一般规则、定理与公理之间关系的能力，而非察觉部分与整体，或碎片与完整模型之间关系的能力）所不断控制，但又不完全等同于它们。我并不是说，这些“能力”

是不相容的，能够彼此孤立运作。我想说的只是，个人天赋都不尽相同，性质上的不同点与相同点不可能没有冗余地简约至量上的不同点和相同点，察觉前者的能力并不能转换成模型，并且当巴克尔、丹纳、孔德、恩格斯以及他们那些更原始或更极端的现代门徒，在标榜“科学的”这一形容词的时候，有时会忽略上述因素，从而让人误入歧途。

让我们换个角度来说。每一位编史研究者都知道许多当代历史学家的主要成就来自他们熟悉了某些法则，其中某些
162 更为深思熟虑的法则有时被作为对从事本行业者的忠告。历史学门徒常常被告知不要在人类历史上的个人因素、英雄主义和不同寻常的人物上花费太多精力。他们还被告知要关注普通人的生活、经济利益、社会因素、不合理的冲动以及传统的、集体的、无意识的行为；或者被告知不要忘记那些非个人的、不易察觉的、缓慢的或者微小的变化因素，如土壤侵蚀，或是灌溉排水系统，它们可能比人类历史上那些巨大的胜利、灾难性事件或天才行为更具影响力；他们被告诫不要让自己着迷于想要逗乐或自相矛盾、过于理性、明确一个道德标准或演示一个理论等类似愿望；可是如何证明这些行为准则的合理性？它们不是自动从演绎性学科或者归纳性学科的规则中推断出来的；他们甚至不是一种专业技术的规则（比如修辞学中的称量原则，或是文本批评中宁取较难阅读法则）。那么可以制定哪些逻辑或技术的规则来精确地判断既定情境下哪些是基于合理的或目的明确的因素，而哪些

是基于“无意义的”或不合理的因素，有多少是基于个人行为影响，有多少是基于非个人力量？如果有人认为这样的规则是可以被制定出来的，那么就让他自己去尝试吧。这类准则显然只是升华了已被概括的精确判断——也就是对基于观察、智能、想象和经验洞察力的实际判断，是一种关于什么可能与什么不可能的知识，类似于技能和天赋，而不是事实性知识[1]，但又与两者都有不同；它也是对于人类活动（在这种情况下是指脑力劳动）来说最具有价值的能力，是一种科学技术可以指导、帮助、磨砺、批判或者从根本上纠正它，但却永远无法取代它的能力。

以上这些观点可以用另一种虽然老套但真实的说法来予以概括——科学研究专注于相似点而非不同点，致力于普遍 163
规律，为此会忽略与那些和自身圈定问题无关的问题；然而那些研究领域不仅局限于某些专门人类活动的历史学家所感兴趣的则完全相反——他们专注于事物之间、人与人之间、不同情境、不同时代、不同个人或集体经验模式之间的不同点。当这些历史学家分析和解释（比方说）法国大革命的时候，他们最不愿意做的就是只专注于研究法国大革命与其他革命的共同点，从中概括出那些反复出现的共同特征并根据它们制定出某一法则，或者至少给出一种有关所有革命（或者，更确切地说，所有欧洲革命）模式的假说，使得我们从

[1] 参见下文第 167—168 页和第 178—179 页。

原则上说来可以从这一假说可靠地推断出法国大革命的特征。如果此事真的可行的话，这将会是社会学的研究内容，社会学与历史犹如一门“纯科学”及其应用。当然，声称此类社会学具有自然科学的地位是否有效该另当别论，它与历史学本身没有直接关系，后者的研究任务不同。记叙性历史学家（就如经常被提到的那样）的直接目的（无论除此以外还有其他什么目的）就是为一个情境或一个过程描绘画像，像所有肖像画一样，力求能捕捉到特定主体的特有模式和特征；而不是像X光片一样，无视其他只捕捉大量主体的共同点。

虽然这些现在已是众所周知了，但是它对历史转化为一门自然科学这一可能性的影响还没有被明确认识到。两位伟大的思想家领会到这一点，并与此问题做斗争：他们是莱布尼茨和黑格尔。他们提出了类似“个人本质”和“具体共相”这样的原则来努力弥合历史学与自然科学的鸿沟——可谓是一种把个性和共性辩证结合，有点铤而走险的尝试。认
164 为渡过卢比肯河这种孤注一掷的行为可以从尤里乌斯·恺撒的本质中推导出来，或者从当前现象学更加雄心勃勃的不可避免性中推导出来，这种不可思议的想象及其失败表明了问题的核心性质。

我们可以通过比较“因为”一词的两种用法来理解这种反差。马克斯·韦伯对这个问题的讨论特别具有启发性。他问自己在什么样的条件下才能接受对某特定个人行为或态度的解释是合适的，是否这些条件与自然科学要求的条件一

致——也就是说，他试图去分析理性解释在上述相对照的两个领域中各是什么意思。如果我理解没错的话，他所用的论证方法大致如下：假设一个医生告诉我，他的一个病人因为注射了盘尼西林而使肺炎痊愈了，我是基于怎样的理性基础来接受这个“因为”呢？我的信念具有理性的唯一前提是，我具备相应的理性基础相信如下普遍命题：“盘尼西林对治疗肺炎有效”，这是一个基于实验和观察具有因果关系的命题，除非它是由正确的科学方法推理而来，否则没有理由接受它。除非我知道它已经或者能够用实验证实，否则没有什么普遍思考可以证明我有正当理由接受这普遍命题（或是它在既定情况下的应用）。这个例子中的“因为”表明，盘尼西林和肺炎实际上存在相关性。我可能对这一相关性感到惊奇，也可能不会；但这并不影响它存在的这一现实。科学研究（我们现在认为，其逻辑就是假言—演绎法）确立这一方法的真实性或可能性；这也是科学研究的目的。

另一方面，如果我被告知，某一历史（或是小说，或是日常生活）叙事当中，x 憎恶 y 的行为是因为 x 处于弱势而 y 既强势又傲慢；或者，x 原谅了 y 对他的侮辱，因为他太
喜欢 y 了，以至于他没感觉受到侵害；如果我认可这些“因 165
为”陈述是对 x 与 y 行为的适当解释，那么，有人就会让我说出有意无意所依赖的、“适用”这些情况的某一普遍规则，彼时，我要怎么回答才算合理？我可能会回答说，“弱者往往憎恶傲慢而强势的人”，或者说，“人们很容易原谅来

自他们所爱之人的侮辱”。

但是，假如我被问到有什么确凿的证据，来证明这些普遍命题的真实性，我或者其他人做过什么实验来确立这些归纳性的结论，它们是基于多少观察案例和测试案例而得出来的——我有可能完全茫然，不知如何回答。即使我能从自己和他人经验中给出一些例子，有关弱者对强者的态度，有关那些能够友爱他人之人行为的例子，心理学家（或是献身严格科学方法的人）还是可能轻蔑地告诉我，我给出的这些例子远远不足以成为得出上述结论的依据；没有一门体面的科学会接受少得如此可怜的正反例证作为形成规则的有力依据，更何况这些例证还不是在科学条件下观察得知的；这样的论证程序太过印象式，是模糊的、前科学的、不值得作为科学假设的前提；我还有可能被进一步告知，凡不能成为自然科学的学科，就不能被完全叫作理性学科，只能是近似理性（一种“说明概略”）。

隐含在这一方法中的是笛卡尔标准，这一将数学（或物理）研究方法作为所有理性思想标杆的标准。然而，我用弱者对于强者的通常态度，朋友之间的通常态度给出的解释，却理所当然地被绝大多数理性人（其中包括历史学作家和读者）接受，认为是对特定个人在相关给定情况下的合理
166 解释。这种解释也许不为自然科学论著所接受，但是在与他人交往，或是描述他人行为的时候，我们认为这种解释是正常且合理的；这种解释未必一定肤浅，或未经检验而为人不

齿，或疑点重重，也未必一定需要实验来证明其真实性。当然，我们也有可能在某一例证中搞错——搞错了有待解释的具体事实，搞错了相关个体彼此之间的态度，或者对我们判断中隐含的归纳想当然；这些错误很可能需要心理学家或者社会学家加以指正。但是，因为我们可能在一例上犯错，这并不能推断出这类解释总是犯有系统性错误，应该或者总是能够被某种更透彻、更有诱导性、更被类似于生物学所认可的那类证据所替代。

如果我们更加深入钻研，我们会问为什么历史学所接受的是这些解释方式（“因为”的这些用法），接受这些解释的合理性何在，答案一定是这么说的，我们在日常生活中所说的合理解释通常并不是基于特定科学推理方式，而是基于我们的总体经验，基于我们对蕴含在人们态度和行为当中思维习惯和行为习惯的理解，基于所谓生活常识和现实感。如果有人告诉我们，“x 原谅了 y，因为他爱他”或者“x 杀了 y，因为他恨他”，我们很容易接受这些命题，因为它们与从这些命题中可概括出来的命题一起，符合我们自身的经验，因为我们的断言，通常并非来自将人作为心理样本而进行的仔细观察（如同丹纳建议的那样），也不是来自将人当作某一陌生部落的成员来研究，我们对他们的行为完全不了解，只能通过观察（最好是有组织的观察）推理出来，而是因为我们断言（并非总是无可非议）的是人（本质上）是什么，特别是这人还是与我们文明非常相似的文明中的一员，

167 因而，我们认为他的思维方式、愿望、情感、行为方式（无论正当与否）等是我们可以理解的，因为它与我们自己充分相似或他们的生活与我们的紧密交织在一起。

这种“因为”并不是归纳或者演绎的“因为”，而是一种理解（领会）的“因为”，认为某种既定行为是整体行为模式中的重要部分，我们可以遵循，我们可以记忆或想象，我们也可以根据一些普遍规律来描述这种人类活动模式。这些普遍规律不可能被全部清楚地表达出来（更不用说形成系统），但是没有它们，正常人类生活的本质（社会的或个人的）就无法想象。我们会犯错；我们也许很肤浅、粗心、幼稚、缺乏想象力，对无意识动机、意外后果、机遇或是其他因素都缺乏准备；我们也有可能根据现在的生活猜测过去的生活，或者是不加鉴别地认为，我们文明的基本范畴和概念可以应用于与之不一致的遥远且不同的文明当中。虽然任何对于“因为”和“所以”的解释和应用，会因为任何上述理由或无数其他理由（其中之一就可能来自物理学或心理学的科学研究发现，这些发现不赞同直觉自鸣得意的断言）而被驳斥或击垮，但是，不能因为赞同自然科学中衍生出来的归纳推理程序就全盘否定所有的解释，因为这样会把我们和我们脚下的土地生生割裂：我们思考、行为、期望被理解或者被回应的语境将统统被摧毁。

当我在理解某人说出的一个句子的时候，我对他意思的理解通常并非基于归纳性结论，说从统计上的可能性来看，他发出的声音实际上与我认为它们想要表达的意思相关——这一结论来自将他的声音与过去类似情景下很多其他声音比较。这一结论不能与如下事实相混淆，那就是，如果我被要 168
求去证明我说法的正确性，我可以做一个实验，让实验证明我的看法。不过，我的看法通常会比用任何推理程序得出的看法强烈得多，在这些推理过程中，我为了支持自己的看法，可能会使用自然科学认为合理的方法。但是，我们不会因为这一原因，就认为这种理解方法比起科学信念来说相对欠缺理性，更不会说它因此具有任意性。当我说我意识到 x 原谅了 y 是因为他爱他，或者是因为他性格太温厚了，不会对他人怀恨在心的时候，我最终借助的是我自己（或我所在社会）的经验与想象，是我自己（或朋友）对这种关系曾是什么样子或会变成什么样子的知识。这种知识，不管是我自己的，还是我从别人那里得来的（被我不加批评地接受），通常可能是不正确的，并有可能让我犯错误（弗洛伊德的追随者或者马克思主义者或将令我大开眼界，看到很多我尚不理解的东西），但是，如果上述知识只有顺利通过科学测试才能被接受的话，我将根本无法思考或行动。

自然科学的世界是一个外部观察者尽可能细致和客观地记录经验特征的并存、演替（或不演替）以及相关程度的世界。在建立一个科学假说时，我必须至少在理论上首先假设，就我所知，任何已发生事物的之前、之后或同时，都有可能在发生其他任何事情；自然充满了意外；因此我必须尽可能不要想当然；自然科学的任务则是要建立普遍规律，记录那些最经常或一定会发生事情。但是，对于人类活动，人与人之间的相互影响，他们的情感、想法、选择，对于世界、他人或是自己的看法而言，要用这种方式来开始研究是很荒唐的（如果说得极端一点，就是不可能的）。我并非从一无所知开始研究，让所有的门（或者尽可能多的门）敞开，因为根本上说，我并非是这方面的一个外部观察者，而
169 是一个其中的参与者；我理解他人，知道有动机、有感情、会遵守规则这些人类活动是什么意思，因为我自己也是人，因为要参与（也就是，有需求、有打算、有计划、去思考、去行动、自觉回应他人，能意识到自己的处境并与其他有意识的生命和非人类环境作比较）实际上就是不断地把现实碎片归入包罗万象的单一模式当中，这个模式我称之为现实，并相信别人也会接受这一说法。当我实际上成功做到了这一点（当碎片在我看来符合现实），我们将它称为一种解释；当碎片确实符合现实的时候，我被认为是理性的；但是如果它们并不符合，如果我自以为适合的感觉主要都是错觉，我就会被认为是荒谬的、空想的、心神分散的、愚蠢的；如果它们一点也不适合，我就被认为是疯了。

历史学与自然科学方法上的不同就讲到这里。但是，科学研究与历史研究的目标之间还存在一个深厚的差别。它们所追求的不尽相同。让我用一个简单的例子来解释这一点。假设我们在看一本欧洲或美国出版的简单、易懂的现代欧洲

历史教材，那种我们大多数人成长过程中都学过的历史入门教材。让我们考虑这样一种说法，有人发现（或曾经发现）在这类教材存在例行说法，比方说，法国大革命的原因。一些经常被给出的原因是：（一）贵族、教会及国王对法国农民的压迫；（二）法国财政的混乱状态；（三）路易十六性格软弱或愚蠢；（四）伏尔泰、百科全书派哲学家、卢梭和其他作家作品所产生的颠覆性影响；（五）经济上崛起而又有政治野心的法国资产阶级对被禁止分享应有的政治权力愈发不满；其他原因。有人可以合理抗议这种历史观念的粗鲁和天真：托尔斯泰对此现象及其抗议者提出了一些非常猛烈而逗趣的滑稽模仿。

但如果一个人主要关心的是把历史变成一门科学，那么 170
他的愤慨应该采取一种不同的、更具体的形式。他应该宣称，这里所表现出来的是对范畴的怪诞混淆，是对科学方法的严重违背。因为，对农民条件状况的分析属于经济学，或者是社会历史科学；分析法国财政政策属于财政学，它主要不是一个历史研究，而是基于（根据一些人认为）永恒原则的研究；分析国王的性格或智力缺陷是个人心理（或传记）的问题；分析伏尔泰和卢梭的影响属于观念史的问题；分析中产阶级的压力是一个社会学课题，等等。各学科一定要有自己的具体内容、方法、原则、概念、分类、逻辑结构。把它们堆成一堆，然后一口气说出一连串的原因，好像这些问题都属于同一层次和类型，这么做是非常低级的智力错误：

这根由多股质地各异的线绞成的绳子必须被立刻解开；然后其中的每一股线被一一放入适当的逻辑框中。谁要真的主张历史是（或者至少应该是）一门自然科学，或者是自然科学的组合，谁就应该作出上述反应。

然而，关于历史学的真相（也许是最重要的真相）就是，通史恰恰就是这样一种混合物，是由显然完全不同成分酿造出来的口感丰富的佳酿。事实上，我们的确将这些不同的原因看作是一个统一序列（如，法国历史，或某一时期的法国社会历史）中的各种因素，尽管我们如果在一个专门实验室将这些因素逐一分离，进行单独分析，或许会有重大的收获，但是将它们视为不同的、单独分开的溪流，不可以汇聚成一条河流，这种做法大大背离了我们眼中的历史学科。它比那些头脑简单的历史教科书不加区别地把各种成分整合成一串原因的立场，离真正的历史更为遥远。

171 “历史就是历史学家所做的工作”，至少有一些历史学家的目的就是回答那些人的疑问，他们想知道 1789 至 1794 年间法国公众生活发生的重大变化，以及发生这些变化的原因。我们希望（至少理想上如此）得到展示的如果不是一段整体经验（逻辑上和实际上都不可能做到）的话，那么至少被展示一些足够完整、足够具体的东西来满足我们对公众生活（它本身就是一个抽象的概念，但又不是一个演绎图式，不是一个人为构造的模型）的理解，而且得到展示的内容最好尽可能是从多角度、多方面来看的，尽可能多包括一些要素、因素和方面，尽可能包括最广泛又最深奥的知识、最强大的分析力、洞察力、想象力等。如果我们被告知这是一门自然科学所无法实现的——也就是说，通过将模型运用到现实这一方法，因为模型只有其主题是相对“薄”的时候才会起作用，所谓“薄”是指它是由一些被人为孤立起来的经验线组成，“厚”的话则是指由相互交织的多股经验线组成——如果这样，那么，历史如果专注于论述混合物，而不是一些精心选择的成分的话，在这个意义上来说，历史就不应该，也根本不会是一门科学。一个具有科学头脑的人很少具有对历史的好奇心或历史才能。我们可以利用自然科学技术来确定日期、为时间和空间中的事件排序、排除那些站不住脚的假设、提出新的解释因素（如，社会学、心理学、经济学、医学都明显这样做过），但是这些技术的功能尽管在当今仍是不可或缺的，也最多不过是辅助性的，因为它们受制于具体的模型，因而相对“薄”，然而伟大的历史学家所追求的描述、分析和解释是一定要“厚”的；这就是历史学的本质，历史学的目的，历史学的骄傲，以及历史学存在的原因。

历史，以及对人类生活的其他描述，有时候被视作与艺术同源。这通常意味着关于人类生活的作品在很大程度上取决于描述的技巧、风格、清晰度、例子的选取、重点的分布、人物塑造的逼真性等。但是，还可以在一种更深远的意 172
义上说历史学家的活动是一种艺术活动。历史解释在很大程度上来说，是将已发现事实整理出让我们满意的模式，因为它们符合我们知晓并可以想象的生活，以及其中各种各样的人类经验与活动。这就是人文科学与自然科学的区别。当这些模式所包含的核心概念或范畴不是永久的，或局限于琐碎的或不熟悉的人类经验方面时，我们将这样的解释称为肤浅、不恰当，或古怪，并依据那些理由觉得它们难以差强人意。当这些概念范围广泛、具有永久性、为人熟悉，并且是众多人群与众多文明中所常见的，我们就体验到一种基于这一事实的实在感和可靠性，并且认为这一解释有根有据、严肃认真、令人满意。

在某些情况下（很少发生），这一解释不仅涉及，而且显示出普遍命题中的基本范畴，一旦我们意识到这点，我们发现它们其实构成我们所有经验的基础；然而，它们如此紧密交织于我们的身份和感觉之中，以至于我们彻底将它们视为理所当然，要接触这些基本范畴就是要给整个系统来一次震动，这是一种恍然大悟的震动，它可能让我们有所困扰，就如某种根深蒂固的、基础性的、一直被不容置疑的、不为人了解的东西，突然被照亮，被从其框架中撬出来接受更加细致的检查。

当这种情况发生时，尤其是当这样被解释的范畴似乎适用于一个又一个人类活动领域而没有明显限制的时候（我们无从知道它们可能延伸多远），我们就将这种解释称为是深刻的、根本性的、革命性的，而对于那些提出这些范畴的人

(如维柯、康德、马克思、弗洛伊德)，我们则将他们称为具有深刻洞察力的天才。

这种历史解释与道德和美学分析相关，只要它不假定人纯粹是宇宙中的有机体，其有规律的行为能通过一些简便的 173
准则得到描述和确定，而是将人设想为活动的主体，总在追求某些目标，总在塑造自己和他人的生活、情感、思考、想象、创造，总在不断与他人互动与交流；简而言之，是总在忙于各种经验形式的人，我们理解这些经验，因为我们自己就在其中，不是纯粹作为外部观察者来看待这些经验。这就是所谓的内部视角：它使这样一种解释不仅可能而且无法避免，其首要功能不是去预测或推断，甚至控制，而是将那些松散的和短暂的感知、想象、思考的对象纳入我们称之为正常的模式，后者是谨防假象、不连贯、虚幻的最终现实标准。历史只不过是对过去选择和调整的心理投射，以此寻求连贯性和统一性，并试图以我们所能拥有的自我意识对此心理投射进行提炼，为此援引到我们所能设想到的任何有用的一切——所有的科学，所有的知识和技能，我们从任何地方所获得的理论。

事实上，这就是我们为什么说历史判断无法估量的重要性，这种判断对于那些拥有先入之见的人似乎是神秘而难以理解的，他们只把归纳、演绎和感知作为唯一的正当来源，或至少是为证明知识的正确性而采用的合格方法。那些没有这种神秘体会的人则坚持直觉判断的重要性、生活知识的重要性、广阔经验的重要性、广泛同情与想象的重要性、自然智慧的重要性、洞察力“深度”的重要性（所有通常的经验属性），他们被怀疑好像是在自己的判断中偷偷运用某种非法的形而上学能力，因为对于那些研究非生物的人，对于那些物理学家和地质学家教授而言，这些才能的运用相对来说
174 几乎没有什么价值。能够理解他人性格，能够了解彼此之间可能有的反应方式，能够“代入”他人动机、原则、思维情感活动（这同样适用于群众行为或文化发展）——这些能力对于历史学家来说都是必不可少的，但是对于自然科学家而言，却不至于此（或没到这种程度上）。这种认识能力，就如同认识某人性格和脸庞一样，对于历史学家而言，是非常必要的，就如了解事实一样。不了解足够的事实，一部历史著作或许只不过是一部连贯的小说，或一部充满浪漫想象的作品。不用说，如果上述据称属实的说法长久有效，它必须通过付诸现实，像自然科学一样，得到事实的证实，它合并的那些归纳性结论也要接受同样如此的证实。然而，尽管在终极意义上，何谓真实与何谓正确在科学、历史和日常生活中都是相同的，但是它们之间不同点与相似点一样巨大。

历史学家在解释的时候究竟在做什么，有关这个问题的看法或许还可以让我们多少明白前面提到过的内容；即发展阶段的演替不可更改，这一想法使得认为《哈姆雷特》可能在成吉思汗的宫廷写成，或者黎塞留可能奉行俾斯麦提出的政策不仅是错误，而且还是荒谬的。这种确定性不是我们对

外蒙古的状况进行过仔细归纳推理得到的，表示当时的状况
与伊丽莎白女王时代的状况是相反的，同样，我们也不是通
过归纳推理得知 19 世纪大国之间的关系之于 17 世纪大国
之间的关系也是相反的，这种确定性来自一种更为根本的识
别力，知道什么与什么匹配。我们认为，历史演替与人的个
性成长同源；说一个孩子像老人一样思考、希望或行动，或
者说一个老人像孩子一样思考、希望或行动，我们会基于自
己的直接经验（我的意思不是基于思考，而是基于生活知 175
识——这种来自与他人和周围环境互动所产生的现实感）拒
绝这种说法。我们对文明的构想类似于此。我们觉得没有必
要列举所有具体方面，指出游牧民不同于文艺复兴时期的欧
洲人，也没必要问自己为什么会不同（为了证实这一条件性
命题），文艺复兴时期的文化不仅不同于两千年前的蒙古文
化，它还代表了一个更成熟的人类发展阶段。文艺复兴时期
文化不仅不先于，也不可能先于游牧文化这一命题与我们的
下列观念密切相关：人类生活方式，社会是什么，社会如何
发展，甚至有关人、成长、社会等概念的意义，这些观念从
逻辑上说来先于我们的研究，并且不是它们的目标或产物。
与其说这一命题完全不需要什么方法或结果证明其正确，不
如说用这种方式来证明在逻辑上是荒谬的。

因为这一原因，人们可能会犹豫是否要把这种知识看作是经验知识，因为它不是通过正常的经验方法得以确认或改正的。但是，它也不是先验知识（对此事具有独创性洞见的

维柯和黑格尔有时暗示它是先验知识），如果说是先验知识，就意味着这一知识是通过某一特殊的非自然方式所获得的。承认人类经验中的基本范畴不同于获取经验信息和演绎推理；这些范畴在逻辑上先于经验信息或演绎推理，是知识构成要素中最不容易发生变化的。然而，它们并非不可改变；我们可以问自己这样或那样的变化会在多大程度上影响我们
176 的经验。而我们也能够（虽然假定并不容易）设想有些人的思想或知觉的基本范畴与我们的非常不同；差别越大，我们就越难以与他们沟通，如果差别更进一步，我们将难以把他们当作人类或具有感知能力；如果差别足够深远，我们将根本无法想象他们。

正是这种推论构成了困扰历史学家的一个难题，而自然科学家却无需受此折磨，这一难题就是不仅用我们自己的概念和范畴重现过去发生的事件，还要考虑这些事件在当时亲历这些事件或被其影响的人们看来，可能是怎样的情景，更别提心理事实本身又会影响事件。仅仅是意识到我们是什么，我们的目的何在，我们如何达到我们已经所到之处，而无需弄清楚那些与我们处境不同的人又有怎样的意识，都已经足够困难；人们对一位真正的历史学家所期望的却要比这多得多。化学家和物理学家不必研究拉瓦锡或波义耳的心理状态；更无须理会落后大众的心理状态。数学家也无须担心欧几里德或牛顿的世界观。经济学家也无须理解亚当·斯密或凯恩斯的内在洞察力，更不必理会同时代那些不如他们

有天赋之人的内心洞察力。但是，这一切却是一位历史学家无法逃避的责任，他不仅只是一个编纂者，或者沉迷于某一教条、某个党派的人，他总在追问自己的，不仅是已经发生之事（公开可见的事件），还有他人会如何看待这一情景，例如，古希腊或古罗马的代表会怎么看，亚历山大大帝或尤里乌斯·恺撒会怎么看，尤其是修昔底德、塔西陀或中世纪某编年史作家会怎么看，16 世纪的英国人或德国人会怎么看，1789 年的法国人或 1917 年的俄罗斯人会怎么看，路德或克伦威尔会怎么看，罗伯斯庇尔或者列宁会怎么看等。

这种将我们自身投射到过去的想象，试图通过自己的概念与范畴获得与科学研究者不同的概念与范畴，是一个他永 177
远无法确定他是否开始获得而又不允许放弃的任务。他全力将科学试验应用到其结论中，但这让他进步甚少。因为在今天，事实与阐释的边界是模糊不清且不断变动的，从某方面来讲是事实的东西从另一方面看来却成了阐释。即使化学、古文字学和考古学方法也产生一些不容置疑的事实，我们还是无法逃避阐释的任务，因为其他人体和社会的行为和话语既不与我们完全相同，也没有不同到无法融入我们共同的过去，所以只有当历史阐释解决了他们如何看待世界的问题，这种阐释才站得住阵脚。没有一种超过物理学家所需的同情心和想象力，就没有对他人或我们自己过去或现在的洞察力；如果完全缺乏这种能力，无论是正常思考，还是历史思考都无法运行。

我想要指出的差异不是两种既永久对立又相互补充的人类需求之间的差异：一种是对一致性和同质性的需求，另一种是对多样化和异质性的需求，关于这一点，康德已经说得非常清楚[1]。我想说的差别是不同知识类型之间的差别。《圣经》里的犹太人受令去保护寄居者时，他被如此告知，“因为你们在埃及地作过寄居的，知道寄居的心”[2]，这种知识既不是推断出来的，也不是归纳出来的，也不是通过直接调查得出，而是用近似于“我知道”这种方式得出的，如“我知道饥饿和贫穷是怎样的”，“我知道政治团体是如何运作的”，“我知道当一名婆罗门是怎样的”。这既不是指（借用吉尔伯
178 特·赖尔的分类）科学所提供的“知识”，也不是指掌握一种部署或一门技能的“技术”，也不是指直接感知、了解和记忆的知识，而是指一名管理者或政治家在与人交道时必须掌握的一种知识。如果历史学家（就此事而言，还包括当代时事评论员）对这方面知识的掌握太少，如果他只能依靠归纳推理的技巧，那么，无论他发现的事实多么准确，这些事实仍只能算是古文物研究者、年代史编者，最多不过是考古学家所掌握的事实，而不算是一个历史学家所掌握的事实。马克思或纳米尔之所以能写出一流的史著，不仅仅是因为他们博学或对人类行为理论的持有坚定的信仰。

[1] *Critique of Pure Reason*，A654/B682.
[2] Exodus 23: 9.

也许，通过将历史方法与语言学或文学的研究方法相比较，可以有助于明白这一问题。假若没有“领会”其他社会和其他时代的能力（不存在什么技巧可以培养这种能力），没有学者能校订任何著作。电脑无法做到这一点：它们可以提供多种字母组合，但是无法在其中做出选择，因为绝对无误的编程规则还没制定出来。有才华的学者事实上是如何完成校订的呢？他们会做大多数精确自然科学所要求的一切；他们将自己沉浸在作者的材料中；他们比较、对照、巧妙地处理一些组合，犹如一台最复杂的解码器；他们可能会发现应用统计学的和定量学的方法很有用；他们制定一些假设并验证它们；所有这些可能都是不可或缺的，但是这还不够。最后，引导他们的是一种意识（来自证据研究的），意识到某个作者可能说过的话和不可能说过的话；意识到哪些符合他的思维惯式，哪些不符合。历史学家的这种工作方式让我不得不重申，它和我们所讲的盘尼西林（青霉素）治疗肺炎不一样。

历史学和科学研究的最大分歧也许在于外部观察者和内
部参与者之间观点的不同。维柯最先提出“内部”与“外 179
部”的对比，在他之后，德国人也提出过，正是这种对比
引出内部观察和外部观察的不同，但实证主义者对此深表
怀疑；一边的问题是“如何？”“什么？”“何时？”另一边
的问题是“为什么？”“遵循什么规则？”“达到什么样的目
标？”“出于何种动机？”这种差异在于单纯归属或演替范畴

（所有科学最终都可被简化至这种关联）与连贯和阐释范畴之间的不同；在于事实性知识与理解力之间的不同。仅凭后者我们就可理解差异性中的统一性（唯心主义哲学家对此有所夸大和滥用），因为我们看到同一种世界观可以有许多不同的表达形式，并且在一个社会的服饰与道义、司法体系与诗歌特点、建筑与当地习惯、科学与宗教符号之间看到相似性（通常这都是难以做到，有时甚至不可能做到）。这种归属于一个特定社会的法（或体制）的“精神”就是孟德斯鸠的著名理论。的确，就凭后者我们理解了归属感的观念[1]；没有它，我们无法理解某物属于（或者是其特性或典型）一个时代、一种风格，或世界观是什么意思，相反，我们也不知道有些阐释被认为具有时代性错误是什么意思，不理解给定的现象与时代背景不一致意味着什么；这类张冠李戴不同于形式矛盾，后者理论或命题存在逻辑冲突。

180 对于历史事件、历史人物或历史情境本身聚精会神的兴趣[2]，而不是对它们作为一种归纳的例子而感兴趣，是那种

[1] 参见上文第 143 页。

[2] “只有两种获得人类知识的方式，”兰克说，“一种是具体认识，另一种是抽象认识……前一种是历史研究［的方法］。除此以外，没有其他方式……”

“成为一名真正的历史学家，我认为，需要两种素质：首先，他必须热衷于体会具体事实或现象本身……如同某人喜欢花，而不必去想它属于林奈分类法里的哪一类属……它们有归属……无须去想总体特征如何表现在具体当中。”

“不过，这还不足以说明；……当［历史学家］仔细回忆这一具体事实或现象时，世界总体上的发展都浮现在他眼前。”选自 *The Varieties of History*，ed. Fritz Stern (New York, 1956)，58—59。

历史意识的先决条件，如同那些专注实现某些目的的人会有的一种庄严的使命感，这种感觉会因爱、恨，或危险而变得强烈；正是这点，引导我们去理解，去发现，去解释。当历史学家断言一些特定命题，如“列宁在俄国革命中扮演了重要作用”，或“假设没有丘吉尔，英国在1940年就应该被打败了”，这类断言的合理依据，无论其可能性如何，都不同于如下归纳，“这种人，在这种条件下，总是这样影响着事件”，第二种归纳的证据可能是非常薄弱；因为我们不会仅仅（甚至主要地）通过它们与这些普遍命题的逻辑联系（或解释大意）来检验这些命题，而是根据它们与我们对具体情境想象的一致性来检验。

将这种知识分析成数量有限的一般命题与具体命题、直言命题与假言命题，是行不通的。我们达成的每一个判断，不管是有关历史思考中还是日常生活，都使用一些普遍观念与普遍命题，没有后者，就没有思想或语言。有时，某些普遍归纳可以被清晰地陈述出来，组合成模型；此事一经发生，自然科学出现了。但是历史学家的描述语言和解释语言旨在记录、分析、解释具体或独特的现象[1]（通常还并非是为了现象本身），因此不能被毫无残余地简化至这种普遍规则，更不能简化成模型及其应用。任何这种尝试将在 181

[1] 当然，所有事实都是独一无二的，自然科学家处理的事实并不比其他人少；但让科学家们感兴趣的并非是事实的独特性。

一开始就受挫，因为研究者将发现素材结构之“深厚”、错综复杂，变幻难测，集有意识与无意识信念于一身，难以或根本不可能得到明确表达，而它又是我们理性观点和理性行为的基础。这是丹纳所说的“网”，如果有人挑战我们的理性思维，我们或可能在分离与描述其个别成分方面有所进展（无法预先确定能有多大进展）。即使我们成功地说清了所有（这是荒诞而不可能的）或很多（这是不切实际的）普遍命题或信念，这种成就也不会让我们更接近科学理想；因为在归纳性结论（或它们中未经分析的要点）与建立模型之间，仍存在一个通行困难或完全不可通行的地带：如果要顺利通行，这些归纳性结论必须显示相当高的稳定性和逻辑关联才行。

我们该如何称谓这一才能，或是一名艺术家为了达到其特别目的而选择其素材时所展示的才能；或是一名政客、政论家在采纳某项政策或抛出某一论点时所需要的才能，其成功与否可能取决于他对环境和人性的敏感度、对两者之间具体相互作用的敏感度，他需要这种才能进行工作，他只有基于这种才能方可工作？理解总体结构或经验模式对于科学家来说或许具有额外的价值，但是对历史学家来说却是绝对不可缺少之物。没有它，他顶多只可能是一位年代史编者或技术专家；最坏的话就成了一个畸变放大器和一位劣质小说作者。他可能获得知识的准确性、客观性、清晰度、文采、广度等，但除非他可以表达一种鲜明的人生观，能知道什么符

合特定情景，什么不符合，能感知一种社会整体经验（通常 182
不能被某一领域的理论所定形），除非他拥有最低限度的这种能力，否则我们就无法认为他得出的结果是对现实的说明，即对人类所感、所思、所为的说明。

有关历史意识，我记得L. B. 纳米尔曾经说过这样的话，在通往历史知识的道路上没有先验的捷径可走；只有通过严谨的经验调查，通过通常意义上的研究，方可确立过去实际发生之事。历史意识并不是指有关已经发生之事的知识，而是有关没有发生之事的知识。当一个历史学家在试图决定发生过什么及其原因的时候，他应当摒弃逻辑可能性的无限性(大部分明显很荒谬)，然后像个侦探一样，只调查那些具备基本可行性的可能性，正是这种意义上的真实可行性（因为是人而可能做过的事）才是我试图指出的与生活模式相匹配的一致性。真实可行性、可能性、现实感、历史意识等词指出了历史研究典型的定性范畴，使得历史研究不同于寻求定量依据的自然科学。这种区别起源于维柯和赫尔德，并由黑格尔、(尽管有些不情愿的）马克思、狄尔泰和韦伯发展起来，具有深远的意义。

历史学家所需要的才能和自然科学家不同，后者必须要抽象、概括、理想化、限制、分离那些相互联系的观点（因为自然充满了奇特的意外，我们必须尽可能不要想当然），要推断、确立确定性将一切以最大限度归纳成规律、一致性以及尽可能永恒的重复模式。如果缺乏宏观思考的能力，历

史学家将在他们的研究中寸步难行；但是他们另外还需要具备一些特殊属性：整合能力，感知性质上相同与不同的能力
183 在具体情境中察觉不同因素独特的组合方式，这一情境既不是完全不同于其他情境而完全与人类经验传统决裂，但又不至于太过范本或一致，使其显然成为理论的造物而非出自真实的历史。他们所需要的能力是联系的能力，而不是区分的能力，是察觉部分与整体之间关系的能力，察觉具体声音或颜色与它们可能形成的各种可能曲调或图画之间关系的能力，察觉个体作为个人被观察与欣赏，而非主要作为某类型或法则的实例而被观察与欣赏这两者之间关系的能力。黑格尔试图将此纳入综合性“理性”的大旗下，与作为分析性“理解”相对照，并给出了其自有的逻辑。然而这种“逻辑”却无法给出明确表达，也没有什么功用：这种逻辑不能合并至电子化的大脑中。这种才能无论与理论还是实践都有联系；也许与实践的联系更为直接。一个缺乏正常智力的人可能是一位天才物理学家，但他哪怕连成为一位平庸的历史学家都不可能。一个历史学家必不可少的性格特征（这些特征自身不会变化），更接近那些从事活跃人类交流的人所需的性格特征，而不是在书斋、实验室和修道院里工作的人所需要的性格特征。这种联想经验成果的能力使其拥有者无需借助法则，就能够从局部、次要或短暂的要素中分辨出中心、永恒或是普遍的要素——也就是赋予历史叙事以具体性、真实可行性以及活力。通过观察、记忆或归纳来建立假说的能

力，虽然对于真理的发现是必不可少的，但是它并不是历史学家最缺少的品质，想要发现重复与规律的欲望也绝非历史天才的本质特征。

如果我们自问哪些历史学家久负盛名，我想我们会发现他们并非最具有创造力的人，也不是最精确的人，甚至不是 184
发现新事实或者未知因果关系的人，而是那些（像富有想象力的作家一样）在许多不同维度和多个层次同时呈现人类、社会或时势面貌的人，是记叙人类生活、人与人之间关系、人与外部世界关系的作者。这些能力不是科学家最需要的能力：他们必须随时质疑一切，大胆地提出与通常经验程序没有关系的假设，尽可能地扩大这些假言的逻辑蕴涵，不拘于直觉判断力的限制，也无惧于脱离正常或可能的世界。只有这样，才能从中发现新的真理或是关系——心理学或人类学中的真理，与物理学或数学中的真理一样，并不依赖于与普通人类经验保持联系。从这层意义上来说，如果要历史去附和科学的条件无异于让历史否定其学科本质。

人们普遍认为把握现实的反面就是空想主义或乌托邦的倾向。但是也许不止这一种方式反抗现实。在没有好的逻辑和实证理由的情况下，去反对那些已经建立的假说和法则也许是不科学的；然而这与违背历史的做法却恰恰相反——假以其他领域的规律、理论、原则（或逻辑上的，或道德上的，或形而上学的，或科学上的）之名，忽视、扭曲对具体事件、具体人物、具体困境的看法；这一方法从历史学科的

本质上说来就是不适合的。这难道不正是那些狂热的空论家
的所作所为，他们的现实感不足以抗衡他们对某一模式的信
仰？正因为如此，当人们试图将历史学科建立为一种纯科
学，那么无论这门人文科学取得多大的成功，都跟把圆圈变
185 成方框一样徒劳无益。试图追求一种超乎人类力量的理想目
标并不是一种空想，而是一种不可能实现的错误，要么是因
为对自然科学本质或历史学本质缺乏认识，要么是对两者本
186 质都一无所知。

政治理论还存在吗?

一

现在还存在一门叫作政治理论的学科吗？英语国家以令人生疑的频率问起这个问题，它质疑着这门学科的资历：它暗示着政治哲学，无论其过去如何，现在已经灭亡或濒临灭亡。支持这种信念的主要标志在于，20 世纪政治哲学领域还不曾出现任何权威著作。我所说的哲学领域内的“权威著作”，是指这种著作至少要在某一广泛领域将悖论变成老生常谈，或者将老生常谈变成悖论。我认为这是合适的评价标准。

但这也远非确凿无疑的证据。只存在两个理由判断一个学科的死亡：一个理由是这个学科的核心假设，无论是经验的、形而上学的，或逻辑上的，都已不再被人接受，因为它们（随同它们所属的世界）或已经凋亡，或已经遭到怀疑或驳斥；另外一个理由是已经出现新的学科来完成此前旧学科的工作。这些新学科虽然自身也存在局限性，但它们存在，并在起作用，要么继承要么篡夺了旧学科的职责。星相学、炼金术、颅相学（新老实证主义哲学家还会给这个名单加上
187 神学和形而上学）就遭遇过这种命运。这些学科立足的基本原理要么在论证中被消灭，要么因为其他原因而瓦解。于是，它们在今天看来只不过是蓄意欺骗的例证。

事实上，这类蓄意弑亲就是自然科学与哲学关系问题的历史，因而与我们眼前的问题有着直接的联系。与此相关的

考虑是，至少存在两大类人们得以获得明确答案的问题。第一类问题可以（至少原则上如此，虽然实际中并不见得）通过观察直接获取答案或从观察数据中推导出答案。这类问题决定自然科学领域和日常生活常识领域的分野。无论我是问一些简单的问题，如碗柜里是否有食物，或者巴塔哥尼亚有哪些鸟类，还是问某个人的意图，或者更加复杂一些的问题，如物质的结构、社会阶级的行为、国际市场，我知道要如实回答这类问题必须要依赖人们对时空世界的存在物或事件的观察。如果有人会说这要依赖“有组织的观察”，我表示赞同。但是这个问题上的分歧并不会影响我的论点，尽管它们对科学哲学和知识理论很重要。哪怕是最尖端的科学工作所涉及的归纳、假设和模式，最终都只能依靠数据的检验与再检验方可得以建立，或者被推翻。

我们期望获得明确答案的第二类问题是形式的。只要给出一些公理，以及从中推导出其他命题的法则，我便可以通过计算开始求答案。我的答案正确与否在于我是否正确应用了既定的法则。因为这些学科不包括任何基于事实观察的陈述，所以现在也没有人期待它们能提供任何关于宇宙的信息，不管它们是否被用作这一目的。数学和形式逻辑自然是 188
这种形式科学最耳熟能详的例子，但是纹章学、象棋、博弈论等也同样应用了指导这些学科的形式方法。

通常说来，回答问题的方法可有两种，一种是以观察或实验为依据的，一种是形式的。两种方法至少具有以下共同特点：

（一）即使我们不知道给定问题的答案，我们知道用什么合适的方法去找答案；我们知道哪种答案与问题相关，即使答案本身可能不正确。如果有人问我苏联的刑法系统是如何运作的，或者肯尼迪为什么当选为美国总统，我或许回答不了这些问题，但我知道相关证据在哪些领域可以找到，而专家可以如何使用这些证据去获取答案；我能够笼统地说上这些，说明我理解了问题。同样地，如果有人问我费马大定理的证据，我或许给不出[1]，但我知道目前还没有人给得出，我还知道怎样的证明才算是回答了这个问题，尽管答案可能不对或者不够全面，而且我还能说出哪些证明是与答案不相关的。换而言之，在上述情形中，即使我不知道答案，我也知道去哪里找答案，或者找到懂得如何去找答案的权威人士或专家。

（二）这实际上意味着但凡一个领域的概念严格、明确并被普遍接受，其推理和得到结论的方法存在共识（至少在与
189 问题相关的大多数人之间），就能够在这个领域建立一门科学，或形式科学，或经验科学。如果情况不是如此——如果概念模糊或莫衷一是，论证方法和认可专家的最低条件缺乏共识；如果在是否构成定律、公认假设或毋庸置疑的真理上多有争议——我们充其量还只在准科学领域。那些想要进入科学这一

[1] 参见上文第 2 页注释 1。——编注

诱人小圈子的主要候选人，因为还没能通过必备测试，都还暂居在一个叫作“各种意识形态”的领域，那是一个庞大、资源丰富而重要的领域，但不稳定，随时可能像活火山一样爆发，而且雾霭重重。有多种测试可确认我们居住在哪个领域，其中一个勉强过得去的测试就是看这一学科是否存在一系列被绝大多数专家认可的规则，并且这些规则能被写入教科书，能应用于相关领域。这些规则可应用的程度越高，这一学科就越接近众星捧月的科学。心理学、社会学、语言学、逻辑学，也许还有经济学的某些分支，至今都还在无人地带，其中有些比较接近公认科学领域的前线，有些还相隔很远。

（三）还有些问题不属于上述两大范畴以内。关于这些问题，我们既不知道答案，也不清楚如何去解答（到哪里去找答案），哪些是找到答案的证据，哪些不是。当有人问我，“镜子里的影像在哪里？”或者“时间能停滞吗？”我不知道它们是哪类问题，也不知道问这些问题是否有任何意义。如果有人问我另外一些历史悠久的问题，自人类思想伊始就有人问过的，如“世界是如何开始的？”“开始之前发生过什么？”我的困境同样好不到哪里去。有人说这些都是不合法的问题，但不合法的依据何在呢？我有问题要问，因为我为 190
之困惑。有人问我：“为什么我不能同时在两个地方？”“为什么我不能回到过去？”或者其他领域的问题：“公正是什么？”“公正是客观、绝对的吗”“我们如何知道某个行动是公正的？”——没有什么显而易见的方法可以解决我手头这些问题。哲学问题（因为上述问题都是哲学问题）最可靠的特征之一就是，我们从一开始都备受其困扰，没有不假思索的方法、没有公认的专业知识来解答。我们发现自己不太知道如何着手整理思绪，找到答案，也不太确定是要接受还是要拒绝早先有人提供的解答。无论归纳（在其最广泛的意义上）还是直接观察（适合于经验问题），还是演绎（为形式问题所要求）看起来都无济于事。一旦我们确切知道如何着手解答，问题就不再是哲学问题了。

事实上，人类观念史（说起来也是人类思想的进步，也许这不言自明）的主要内容在于将人类提出的诸多基本问题逐渐划拨到两大组织严密的问题类别——经验问题和形式问题。哪里概念严格、明确并得到普遍承认，哪里就会诞生一门新的自然或形式科学。且借用一个并非我原创的比方，有人说哲学是一颗光芒四射的太阳，不时洒下自己的部分光芒，这些光芒累积，冷却下来，其自身结构获得明确承认从而独立成为合格的行星；但位于中心的太阳在此过程中并没有减少自身的质量或光辉程度。哲学的“地位”和重要性则是另外一回事，似乎直接与它应对的问题（也是普通人关心
191 的问题）有关。哲学与意见和行为之间的关系问题是历史和社会学中一个重要问题，其庞杂程度此处不便展开。我们关心的是一个发展时期的哲学是否会在下一个时期变成一门科学。

例如，在司各特·爱留根纳时代，天文学被认为是哲学，这绝不是什么思想混乱，当时它的概念和方法都不如今天这么严格或明确，由于一些先入为主的观念在起作用，观察所起的作用还不足以决定以天体学之名面世的混合物究竟是经验的还是形式的。一旦概念变得明确具体，又有人发明了相关方法，天文科学就出现了。换而言之，天文学在一开始的时候既不能归属经验科学，也不能归属形式科学，尽管当时已有经验与形式之分。当然，那时的文明（马克思主义者称之为“上层建筑”）也不允许严格区分两大门类，使得中世纪早期天文学占据“哲学”地位。

如此说来，哲学问题的特点就是它们不会（有些永远也不会）满足某一门独立科学的条件，后者的原则是解决问题的路径必须蕴涵在问题形式之中。无论如何，还是有些学科快要脱离它们的母体，如物理学、数学、化学和生理学当年所做的那样。其中之一就是语义学，另一个是心理学；不过它们暂时还有一只脚不情愿地陷在哲学的土壤里，但显示出要脱身、解放自己的趋势，只有历史记忆诉说着它们更加混乱（也许在某些方面更加丰富）的过去。 192

二

有些论题一定是哲学论题，无论如何努力都无法将自身变成科学。它们中的一些在本质上关系到价值判断。伦理学、美学以及专注一般概念的批评学，除开它们中技术型的史学和研究外，都还不同程度地处在这种中间状态，无法或者不愿现身于经验或者形式科学之门，无法成为独立科学。价值判断固然有关智力追求，但单凭这一事实明显不足以令它具有成为公认科学的资格。健康标准这一概念当然体现一种价值评判，尽管有关身体非常健康、正常或有病等存在相当普遍的共识，这一概念依旧不能成为解剖学、生理学、病理学等的本质特征。追求健康或是创立和推动这些科学最强大的社会、心理（和道德）动因，它可以决定哪些问题、哪些方面要认真对待，但这门科学本身不会提到它，如同历史学或逻辑学著作不一定要提起历史或逻辑一样。当类似理想的健康状况这样一个如此明确，受到普遍认可，乃至“客观”的价值都被排除在自然科学之外，上述事实在其他争议性更大的领域则尤为明显。自柏拉图以降（特别是 18 世纪）就不乏种种努力，要以普遍价值观，或发现它们的方法为基础成立客观的伦理学和美学，但都收效甚微；在有关价值的问题上总会受到相对主义、主观主义、浪漫主义、怀疑论等的干扰。

至此，我们不妨看看政治理论的位置何在。它最典型
193 的问题是什么？这些问题是经验的？形式的？还是两者都不是？这些问题一定产生价值问题吗？它们是否已经接近独立，或者因为自身本性只能是某一更广泛思想体系的一部分？

例如，构成传统政治理论的核心问题包括平等的本质、权利的本质、法律的本质、权威的本质和规范的本质等。我们需要分析这些概念，看看这些词语在我们语言中的功用，看看它们规定或禁止什么样的行为及其理由，看看它们适合哪种价值或观点体系，在哪些方面合适等。当我们问及也许是最基本的政治问题“为什么甲要服从乙？”时，我们问的不是“我们为什么要服从”(后者是经验心理学、人类学和社会学或许可以解答的问题)，我们问的也不是“谁服从谁，何时、何地，因何原因”的问题，因为上述学科或者相似学科或许也可以根据证据而予以解答。当我们问为什么人要服从，我们是在要求解释诸如权威、独立自主、自由这些观念和它们在政治论证中具有合法性的正当理由。正是以这些词语的名义，有人发出命令，有人受到威胁，有人发动战争，有人推翻旧社会建立新社会——这些词语在我们现今生活中扮演着非常重要的角色。

这些问题乍看起来是哲学问题，原因在于它们中有一些概念的内涵还缺乏广泛共识。在以下方面人们还存在重大分歧：构成这些领域行为的正当理由是什么，如何确立相关的命题甚至是否何以可能，谁或什么构成决定这些问题的公认权威；由此，人们对于公众批评与颠覆之间的界线、自由与压迫之间的界线等问题都缺乏共识。只要不同的学派和思想家对这些有争议的问题给出不同的回答，就不太可能在这一 194
领域建立一门科学，无论是经验的还是形式的。诚然，关于价值概念分析上的歧义往往来自更为深刻的分歧，因为类似权利、公正、自由等观念在不同人心中的含义是不一样，有神论者和无神论者、机械决定论者和基督徒、黑格尔学派哲学家和经验主义哲学家、浪漫的非理性主义者和马克思主义者等都对此莫衷一是。同样不甚明了的还有，这些分歧至少乍看起来就既不是逻辑上的也不是经验上的，所以通常将它们归为哲学。

这至少包含一个重要启示。如果我们问这样一个康德式的问题，“在怎样的世界里，政治哲学在原则上得以可能？”答案只能是，“在目的冲突的世界”。在由单一目标统治的社会里，原则上争议只会出现在如何最好地实现目标这个方面——而关于方法的争议是技术性的，从特征上来讲是科学的和经验的：它们可以通过经验和观察或者别的什么方法找到原因和相互关系来解决；它们至少在理论上可以被归为实证科学。在这样一个社会里，不会出现什么关于政治目的或价值这类重大问题，只会出现经验问题，有关何以实现目标的最有效途径。说起来，圣西门和孔德曾提出过与此接近的问题。马克思在阐释自己思想时也提过，至少在“前历史”之后（即阶级战争已经结束，已经开始人类真正的“历史”），集体与自然做斗争，获取全社会渴望的劳动成果。

由此推之，传统意义上的政治哲学要有可能，必得要有一个不会全盘接受单一目标的社会。所谓传统意义上的政治
195 哲学指的是，它不仅关心阐明概念，还对预设和假设进行批

判性检阅，质疑优先考虑事物的秩序和最终目的。其中原委不止有一：因为没有足够多的人接受某个单一目的；因为没有什么唯一目的能被看作是终极目的，原则上说来根本无法保证人们不会在某一阶段热衷寻求其他价值；因为根本就找不到唯一的、最终的目的——只要人们可以追求多个不同的目标，就不会有人真的止于追求单一目标。有些目标是公共的或政治的；没理由认定所有目标都必须（至少在原则上）彼此相容。除非政治哲学只限于分析概念或者词语，否则它只有在一个多元的，或潜在多元的社会里才会被人执着地追求。但是，既然所有的分析，不管多么抽象，都会涉及对分析中的假设使用批判性方法，这种区别就成为纯粹学术上的区别。严格的一元论只有在理论上才不会与哲学分析相冲突。哲学在当今专制统治下的困境就给这一论点提供了确切的证据。

三

让我说得再明白一些。如果我们可以建立一个那样的社会，人们普遍相信（一如人们普遍相信医学的目的就是提高或保持人类健康，并对什么是健康持有共同看法）只存在某一至高无上的人类目的，那么很明显余下的关键就是找到合适的路径实现那个公认的目的。那个单一目的可以是建立一个技术专家社会，致力于全面实现人的才能；可以是建立一

个实用型社会，致力于追求人类最大的幸福；可以是建立任何意义上的一元社会，诸如托马斯主义的、共产主义的、柏
196 拉图主义的、无政府主义的。

上述观点需要至少满足两个方面的条件。首先，这一方案是被人为地过分简单化了的。在实践中，能获得全社会拥护的目标，无论是幸福、权力、对上帝的虔诚、国家荣耀、自我实现，还是任何其他什么终极人生模式，都是非常普遍的目标，对于要具象化为怎样的人生或行为留有很大的想象空间。不会有什么社会“整齐划一”到最终目的和实现方法之间没有间隙，这个间隙里充满着中间目标和次于终极价值的价值，这些价值虽不是实现终极目标的方法，却是终极目标的一部分或者是其体现；这些中间目标和价值都会具体化为更低层次、更加具体的目标，一直逐级细化到日常行为中的具体问题。“要怎么办”是每一个层次都会出现的问题——从最高层级到最低层次：每一层次上随时都会出现有关各种价值及其相互关系的怀疑和争议。

这些问题不是纯技术性和经验性的，它们不仅是关于实现某一既定目标最好方法的问题，也不仅是关于逻辑一致性，即形式和演绎的问题；它们完全是哲学性的问题。举几个当前例子来说：美国南部各州推行的黑白种族融合主张不是说这是实现一个外部目标（社会公正或平等）的手段，而是说它本身就是一种价值形式，价值层级中的一种价值。与此类似，“一人一票”、少数民族权利或殖民地权利等问题也

都不是简单的方法问题，即不是一种促进平等的具体手段，理论上说来还有其他手段可以实现平等，比方说，更加灵活的投票方式。但是，对于相信这些原则的人来说，“一人一票”、少数民族权利或殖民地权利等问题是社会平等这一理想的本质要素，因而是人们追求的目标，人们并非单纯地追求其结果。由此可知，即便在一个由单一最高目的统治的社会，关于要怎么办的问题（特别是当多个从属目的互相冲突 197
的时候），无法在足够事实的帮助下通过对公认前提的逻辑推理自动得出答案。认同这一观点的思想家包括某一时期的亚里士多德、中年的伯特兰·罗素和很多天主教诡辩家。

第二个需要满足的合格条件可能是这样的。尽管被某一社会认可的准则是神圣的、不可改变的，对于不同条件下的不同人而言，这些准则可能具有不同的，也许还是不可调和的含义；对相关概念的哲学分析很可能因此产生尖锐分歧。当用来表达一个社会的目的或理想的词语模棱两可、外延宽泛，如共同利益、实施上帝的律法、生存权、自由和追求幸福等，上述情形就会尤其突出。

然而，尽管要考虑上述两个条件，设想能有这么一个刻板的社会模式（被一劳永逸地赋予某个单一目的，而且只关心实现这一目的的方法）总归是一种有益的抽象行为。之所以说它有益，是因为它说明承认政治问题这一实在物的先决条件就是必须承认多元价值（无论是终极价值，还是价值等级上的底层价值）。承认价值多元论就意味着不承认一元价值结构，如技术统治论、万物非目的即手段的独裁主义。再者，一元价值结构也不纯粹只是理论虚构。在偏离常规可能导致灾难性后果的危机形势下（如战争中，外科手术室里，革命运动中），目的是非常具体的，不可能存在不同的解读，采取的一切行动都被仅看作实现目的的手段。极权政府常采用的策略之一就是将所有形势表述为紧急形势，要求无情地清除其他一切目标、解释、行为方式，只留下一个绝对具
198 体、刻不容缓的目标。这个狭隘而明确的目标像一根绳子一样把所有人都束缚在一起，便于政府随时制裁那些不追求这个目标的人。

寻求实现目标之路是专家的事。把这样一个社会置于集经验、知识、天赋和正直于一身的专家手中就在情理之中了。专家要做的事，用圣西门的比方来说，就是将载满人的大篷车赶到绿洲，因为谁都想去绿洲。在这样一个社会中，无论它具有什么其他特点，我们可以指望发现大量致力于社会因果关系的研究，特别是什么类型的政治组织可以产生最好的结果，即让社会实现那个最高目标的最佳方式。如此社会中的政治思想采用来自历史学、心理学、人类学、社会学、比较法、刑罚学、生物学、生理学等经验科学提供的证据。目标（以及避免障碍物的最佳方案）可能因为对人类思想与行为的缜密研究而变得更加清晰；其普遍特征在任何阶段都不会模棱两可或难以预测；否则价值判断的分歧就会介入政治科学，注入只能被称为哲学问题（或原则问题）的问

题，并且这些问题无法通过经验或形式方法来解答。这样的社会允许对事实有不同的阐释，只要它们在人生目的上不存在分歧；但是如果政治理论被变成一门应用科学，我们需要的就是一个被全社会或者社会上绝大多数人所接受的单一主导模式了，如医生关于健康的模式就是这样。这个模式就会是这个社会的“意识形态基础”。尽管这一模式对于这样一门科学来说是必要的，即便那样，它也不见得就是足够的。

至此，一元论和多元论的重大分歧变得关键而明显。站在一边的是柏拉图学派和亚里士多德学派、斯多葛学派和托
马斯主义者、实证主义者和马克思主义者，以及所有努力将 199
政治问题转变成科学问题的人。对于他们而言，人类目的是客观的：人是他们现有的样子，随着发现的规律而有所改变；他们的需要、兴趣、义务等可以由正确的（自然主义的，或者先验的，或者神学的）方法得以确立。既然我们可以通过真正可靠的调查方式（形而上学、社会科学，或者其他可靠的工具）深入过去的错误和混乱，那么，确立什么对人有利，如何实现它这类唯一没有解决的问题，就或多或少成为技术活了：如何获得实现这些目标的方法，如何以社会学和心理学意义上最好的方式来传播这个技术方法。大致说来，这就是 18 世纪的启蒙无神论者和 19 世纪的实证科学家的理想，也是 20 世纪一些马克思主义者的理想，还是一些教派的理想，它们确信知道人为何目的而生，确信知道这一目的原则上可行，至少此时此刻可以看见前行的路。

站在他们对面的是另外一些人，他们相信原罪，或人之完美的不可能性，从而对任何找到解决人类终极问题的经验路线都持有怀疑态度。他们身上可以看到怀疑论者和相对论者的影子，与他们为伍的还有这样一群人，他们相信解决某一时代某一文化中的问题的种种努力会改变努力为之奋斗的人和因此受益的人，他们继而创造新的人和新的问题，其特点现在可能看不到，更别说被自己历史视线所局限的人拿去分析或解决。同样属于这一阵营的还有不同派别的主观主义者和非理性主义者，特别是那些浪漫思想家，他们认为行动目的不是被发现的，而是像艺术作品一样由个人或文化或国家创造出来。对于他们而言，有关“我们该怎么办”这一问
200 题的答案之所以找不到，不是因为答案超出我们的能力，而是因为问题不是事实性问题，解决办法不在于发现什么，发现与否——无论是发现一个命题或公式、一种客观利益、一个原理、一个主观或客观的价值体系，还是发现心灵和非心灵之间的关系——而是在于行动：答案是找不到的，只能靠开创——这是某种意志、信仰，或不服从于任何先前规则、律法或原则的行为。站在他们同一边的还有浪漫主义的20世纪接班人和存在主义者。后者相信个体的行动或生命形式由其自由选择所决定；这种选择无关客观标准，因为客观标准被认为是一种幻觉或者“虚假意识”，相信这些虚构之事在心理上可以追溯到害怕自由（害怕被抛弃，要自力更生），这种恐惧导致对声称客观权威体系、假神学或形而上学宇宙

学不加鉴别的接受，后者承诺保证道德或智力规则及原理的永久有效。

在离他们不远处，还站着宿命论者和神秘主义者，那些相信历史是由偶然事件主宰的人，及其他一些非理性主义者；但是也还有非命运论者和一些备受困扰的理性主义者，他们怀疑不可能发现一个服从永恒定律的稳固人性；特别是那些认为如下两个观念互不相容的人，其一是人类的未来需要及其满足是可以预见的，其二是人性包含意志、选择、努力、目的等概念，而人类总能打开新的行动路径。现代马克思主义者就采纳了最后一个立场，他们在面对更原始、更流行的教条的时候，已经懂得他们自己前提和原则的隐含意义。 201

四

人的信仰，作为人类行为，是人如何看待自己和他人一部分；这种观念，无论是有意识的还是无意识的，又都是他们世界图景的本真。这个图景可能是完整而条理分明的，也可能是朦胧而模糊不清的，但几乎总可能被发现，特别是对于那些努力说出自己思想结构或现实的人。这一图景由一个或更多的模式或范式所决定：机械论的、系统论的、美学的、逻辑的、神秘的，并且为当时最强烈的影响所造就——宗教的、科学的、形而上学或艺术的。这一模式或范式决定信仰和行为方式的内容和形式。类似亚里士多德或托马斯·阿奎那那样的人相信万物都是由其目的所界定的，而本性是一种等级制度，或不断上升的目的金字塔，他们致力于这样一种观点：人类生命目的在于自我实现，自我实现的特征必须依赖于个人本性如何，还有他在寻求自我实现这一普遍事业所在的位置。由此可得知，存在两种完全不同的政治哲学，特别是就政治可能性和目的而言，亚里士多德学派或托马斯主义者就迥异于（比方说）霍布斯、斯宾诺莎或任何现代实证主义哲学家的追随者。后者相信自然没有什么目的可言，只有因果关系（有功能性的或统计学的）法则，只有循环重复的事件可能在有限范围内被利用来实现人的目的；一个必然的推论就是追求目的本身不过是人类意识的必然产物，其中规律完全不由人改变或解释，此处解释或意味
202 着用不存在的造物主的目标来说明，或意味着用自然的目标来说明，而认为自然追求一定目的是毫无意义的——那样势必陷入万物有灵论或拟人论的谬误，因为我们试图将主观的人的范畴应用于自然。

类似情况还发生在有关自由和权威的问题上。“我为何要服从（而不是随心所欲）”的问题将会（并且已经）以某种方式被这些人回答，如路德、博丹、俄国亲斯拉夫者和很多思想受到《圣经》意象强烈影响的人，他们用孩子与父亲之间的关系来看待生命（尽管方式各异），将法律看作父亲的戒律，忠诚、服从、爱戴和绝对权威在此都不容置疑，并

作为真实可感的关系或代理伴随着生命从生到死的始终。对于同一个问题，另外一拨人会给出不同的回答，他们是柏拉图或康德（这些思想家之间具有天壤之别）的追随者，相信真理是永恒不变的、非个人的、普遍性的、客观的，这些真理都以逻辑或数学模式或物理学原则为构想基础，以此类推，他们的政治概念也将这样形成。但是，还有另外一套完全不一样的答案将由伟大的活力论观念来决定，其模式来自早期生物学构想的生长事实。在这一模式下，现实是一个有机的、定性的过程，无法用定量单位分析。

对于那些被某种中心力意象所左右的人而言，“我为什么要服从”这一问题的答案还会不同，以不同的装束横空面世，例如诺斯替派或婆罗门教关于永恒自我创造的理念；还有的答案可能可以追溯到艺术活动中的一个观念，这个观念以为宇宙不是一个无意识的精神或肉体的准生物过程，而是造物主在永无止境地创造，其中的自由和自我完善在于人承认自己处于有目的的宇宙创造之中——这种见解只限于那些
已经通过自身作为创造者的经验认识到（至少碎片化地认识 203
到）世界本质的人（这一思想的光芒散发在费希特、谢林、卡莱尔、尼采和其他一些浪漫思想家的信念之中，还有柏格森，偶尔还有黑格尔，以及年轻时着迷于美学生物学模式的马克思）。他们中的一些人，一些无政府主义者和非理性主义者，将现实理解为免于受任何规则或既定目标的约束（这些在他们看来都是自我强加于自由创造精神的镣铐），这一

信念我们大概已经听得太多。这一模式自身可能被看作历史因素的产物：马克思认为这是生产力发展的社会（以及心理）后果，弗洛伊德及其信徒会认为纯粹是个人心理活动的结果。研究神话、合理化意识形态和很多令人着迷的模式已经成为当今一个重要的、丰富的当务之急。这种方法背后的基本假设就是“意识形态”模式不是由理性方法得出的，它是因果因素的产物，可能披上理性的外衣，但在特定历史或经济或地理或心理形势下，以这样或那样的形式出现。

对于政治思想家而言，基本问题不是什么生命起源和成长环境问题，而是关于合法性和真理的问题：这个模式扭曲现实了吗？它是否让我们无视真正的异同并产生其他虚假的异同？它是否有所压制？有所违背？有所发明？有所欺骗？在科学（或常识）解释或假说中，对合法性的测试包括它能增加对主体行为的准确（或更加细致的）预测或控制。政治思想在这个意义上是实用的、经验的吗？马基雅维利有时似乎认为是这样的，霍布斯、斯宾诺莎、爱尔维修和马克思也程度不一地给予过肯定回答。这种肯定回答体现了理论与实
204 践统一的著名原理。但是它适合解释哲学家的目的或成就吗？例如洛克、康德、卢梭、密尔、自由主义哲学家等现代哲学家？或者当代的存在主义哲学家、逻辑实证主义哲学家、语言分析学家、自然法理论家？如果不适合，为什么不适合？

回到模式的观念本身。我们可以调整观察的数据来适应

于几乎任何理论模式，这已经是老生常谈了。那些着迷于一种模式的人可以接受被另外不同模式所左右的人采纳和完善的事实、命题、假设，甚至辩论方法。唯其如此，政治理论（假设所谓理论指的不过是因果或功能性假设，以及用来解释人类已经想过、做过或将要想到或去做的一切）完全可以是一种不断前进的经验研究，可以脱离它最初的形而上学或伦理学基础，充分适应于在多变的智力气候中保持自身的特点和作为独立科学的发展。毕竟，不管数学如何被形而上学和神学所束缚和妨碍，它都已经从古希腊时代发展到了当今；很多 17 世纪以来的自然科学也是如此，尽管它们创立之初被赋予的世界观已历经了天翻地覆的变化。

但我要重申一点，除非仅从社会学角度来看政治理论，否则它与政治科学或其他经验科学不同，因为它关心的领域不一样。具体说来，它关心的是这样一些问题，人的特性是什么，哪些不是人性，为什么不是；它还关心某些具体的范畴，比如说目的范畴或者集体归属或法律范畴，是否对理解人的本质是必不可少的；因而它势必关心有关人类目标来源、范围及正确性的问题。如果这是政治理论的任务，从它关心的问题来看，它不可能回避评价；它彻底致力于分析和总结善恶观念，法律允许和禁止的内容，在讨论关于自 205
由、公正、权威、政治道德等的问题时迟早要遇到的和谐与否的问题。这些核心观念（道德的、政治的、美学的）已经随着它们从属的、无所不包的、形而上学模式的改变而改变了。核心模式的改变就意味着处理和阐释经验数据的方式的改变。这些范畴被评估的程度无疑取决于它们与人类欲望和兴趣的直接联系。关于自然界的表述可以在这个方面获得中立，当数据有关历史的时候，这会更加困难，当数据有关道德和社会生活时，这已几乎不可能做到，因为相关措辞势必都充满伦理的、审美的或政治的内容。

如此说来，要假定存在过，或者可能存在没有政治哲学的时代，就如同假定既然存在过有信仰的时代，就存在，或者应该存在没有信仰、怀疑一切的时代。但是，这是一个荒诞的观念：任何人类行为都包含某种整体观：怀疑论、犬儒主义，拒绝抽象问题或质疑价值，强硬的机会主义，蔑视理论化，任何形式的虚无主义等本身当然都是形而上学的和伦理的立场和态度。不管存在主义哲学家在别处教导过我们什么，他们已经把这一事实说得很明白。完全无价值偏见的人类行为（相对于动物行为）理论（或模式）必定对社会研究中何谓客观性或中立这一问题存在幼稚的错误认识。

五

下面这种看法是经不起推敲的，以为来自一个领域的比
206 喻或模式在应用到另外一个领域的时候一定会产生误导，认为无须直接类比（“直面”事实）就可以思考。思考是为了归纳，归纳是为了要对比。思考一种或一类现象是为了思考

它与其他现象的异同。上述说法已经是一种陈词滥调。由此推断，没有两个领域的平行和类比（不管是有意识还是无意识的），就不可能得到我们全部的经验。在此意义上，所有语言和思维都必得是“隐喻的”。模式一旦被挑明就可能变得废弃无用或者让人误入歧途。然而，即便是政治学中一些最受怀疑的模式（社会契约、家长主义、有机社会等）都该是从一定的正确性开始，才能对思想产生这般影响。

没有哪个足够强大到支配几代人概念的类比会完全似是而非。当让·博丹、赫尔德、俄国亲斯拉夫者或德国社会学家滕尼斯将家庭关系的观念移植到政治生活时，他们提醒我们人与人关系存在以传统纽带或共同习惯及忠诚联结起来的这一面，但这一点被斯多葛派、马基雅维利、边沁、尼采、赫伯特·斯宾塞等歪曲了。将法律比作马克斯·韦伯所区分的三种社会秩序中任何一个权威给出的命令，也有助于理解法律。同样地，社会契约直到今天也还是一个有用的模式，可以帮助解释为什么当一名政客宣布某一阶级（比如说资产阶级或黑人）应该被排除在国家和法律赋予的利益之外的时候，我们会觉得这是错误之举。下列想法也是如此：列宁认为工厂在国家消亡之后无须警察强行监督；迈斯特认为死刑执行者和受刑者是一切权威的基石，而生命无异于一个战场，对超自然力量的恐怖让人免于共同毁灭；政府的角色犹如交警和守夜人（拉萨尔对自由主义理想的轻蔑）；洛克将政府比作托管制度；柏克和全部浪漫派哲学家一直都在 207

使用来自生物成长和腐烂的隐喻；苏维埃模式讲国家犹如行军中的部队，具有其系列特征和价值，如不加辨别的忠诚，相信领袖，部队要赶上并超过、毁灭、征服特定敌人的目标——所有这些想法都令一些社会经验更容易理解。

在从上述想法寻求灵感和辩护时进行刻意歪曲、错误使用，证明人们会机械地进行，或者过分热情地以偏概全，将原本最多只能说明局部的东西应用到整体。这是古代爱奥尼亚哲学家常犯的谬误，对于"万物由何构成"这样的问题他们只要一个答案。不是一切都是由水或火组成的，一步迈入世界大同社会或无阶级社会也是解释不通的。黑格尔就非常智慧地指出，思想和文化的历史是思想不断变化的过程，思想不可避免地变成令人窒息的紧身衣，而那些同时具有解放性和奴役性的新思想则会促成旧思想的灭亡。理解人类的第一步就是了解那些左右和深入他们的思想和行动的一个或者多个模式。像一切让人意识到自己思考范畴的尝试一样，这是一种困难的，甚至痛苦的行为，可能会造成令人深刻不安的后果。第二步就是要分析模式本身，这要让分析者接受或调整或拒绝这个模式，用更合适的模式取代它。

此外，我们的思想很少只由一种模式所决定；痴迷于单
208 一模式的人（或文化）是罕见的，他们在最强大的时候可能看似合乎情理，但常常到最后关头更加猛烈地崩溃，因为他们的概念被现实（妨碍他们继续下去的"内在"或"外部"事件）所摧毁。大多数人到处游荡，有时被不止一个模式指

引着，甚至被弄得精神恍惚，这时他们自己都难得去思考这些模式是否彼此一致，也不去理会有时这些模式的碎片自己又组成一点也不相容或固定的模式。如此分析的目的是为了澄清，但澄清也会暴露缺陷，进而推翻澄清的内容。即便最好的政治思想也常常会受到这种指控而它却无法否认这种危险的力量。我们思考和行动的基本模式是否合适的最终检验就是常识或科学提供的实验，也就是说它是否适合我们思考和交流的总体原则；如果有些遭遇质疑，最后的衡量永远必须是，直接面对被这些概念、范畴、习惯认为是可知的、具体的观察和思考数据。在这个意义上，政治理论像涉及真实世界的其他思想形式一样，依赖于经验，尽管“经验”的含义还有待明确。

六

当有人提出反对意见（我们上面就这样做了），将这些最多基于部分经验的（社会或政治）模式或多种模式重叠的组合应用于自身范围之外时，就会引起歪曲的时候，我们如何着手给这项指控做出辩护？我们如何知道结果就是歪曲？
我们通常会考虑这点，因为普遍应用一个比喻或模式（例如 209
公意、有机社会、经济基础与上层建筑、解放的神话）对于那些反对它的人来说，是死板的削足适履，忽视他们已经直接知道的人的本性，从而冒犯了我们的本性，或我们已知的知识结构；这就是说，我们是凭自己关于人是什么，曾是什么，能是什么的观点来提出反对意见的。

我们如何知道这些事？我们如何知道在特定的历史条件下哪些计划是适合人类的，哪些又不适合？这种知识是社会学的吗？还是心理学的？它能称得上是经验的吗？还是形而上学的？甚至神学的？我们如何与看法相左的人争辩？休谟、爱尔维修、孔多塞、孔德，都清楚这种知识必须要建立在经验数据和自然科学方法之上的，其他一切都是空想而毫无价值的。

接受这种简单处理曾经是（现在还是）一种很大的诱惑。到18世纪晚期，关于对社会和个人生活不同解释（或模式）的矛盾已经成为一种丑闻。如果有人想知道牛顿死后和达尔文诞生之前这段时间内，关于一个重要的政治问题（为什么甲要服从乙）有过什么答案，回答声音之嘈杂是骇人的，那也许是有史以来最令人糊涂的答案。有人说，我要服从那些法则或机构，因为只有服从可以实现我的本性，附加条款是我们的需要和满足需要的正确道路只有那些手握特权的观察者才清楚，只有他们至少对生物等级制度有所了解。另外有人会说我要服从这个或那个权威或法律是因为只有这样，我（无需专家帮助）才可以实现我的“真正”本性，或者能够适应一个和谐的整体。有人以为这个整体是静态的，有人说是动态的，但对于它到底是循环运动，或垂直，则意见不一；此外，人们对于螺旋式上升，或呈现不规

则的进化路线，或通过一系列摆动达到“辩证”爆发，不管 210
它是有目的的、功能型的，还是由因果关系决定的也存在分歧。

有人将这个宇宙最终方案设想为机械的，有人以为是有机的，还有人以为是审美的。有人说人类之所以必须服从，是因为他们已经答应如此，有人已经代表他们承诺过了；或者说他们表现得好像他们承诺过，而这相当于已经承诺，不管他们承认与否；或者这听起来一点也不让人信服，但他们应该按照俨然已经承诺过的那样来表现，否则无人知道他在哪里，哪里会有混乱发生。有人命令他人服从，因为这令他们更开心，或者因为大多数人，或者所有人都会开心些。或者说因为这是上帝要求他们服从，或者君主意志要他们服从，或者大多数人要他们服从，或者最优秀、最智慧的人要他们服从，历史要他们服从，国家要他们服从，种族要他们服从，他们的文化要他们服从，他们的教会要他们服从等。

他们还被告知之所以要服从，是因为自然法则要求他们服从，尽管对于何以得知自然法则这一问题还存在分歧，究竟是通过理性或经验方法？还是通过普通人或专家的直觉？有人认为专家是自然科学家，有人认为专家是形而上学、神学或其他领域（如大众心理学、神秘启示、历史规律、经济规律、自然进化论，或以上全部领域）的专业人士。有人以为有关这些问题的真理可以通过道德感或常识去发现，或者通过观察这些事物是否合乎情理；他们或者以为这些真理存在于他们的父母或乳母的教导中，或者可以在毋庸置疑的共识中找到，有人以为这真理来自以上一种或多种来源，对此，边沁曾乐不可支且颇有成效地挖苦过。有人（也许他们一直都还是大多数）觉得提出以上问题在某种程度上都是冒
211 天下之大不韪。

在一个学术自由和牛顿科学主宰的国家，这种情况无疑会招致正当的愤怒。当然，这趟万恶不赦的浑水只有通过强劲的新科学方法才可以澄清——毕竟在不久以前自然科学中曾经有过类似的混乱。伽利略和牛顿（理性和实验之光）已经一劳永逸地给无知的人封口了，彻底终结了形而上学者不怀好意的嘀咕，牧师如雷贯耳的布道和反启蒙主义者歇斯底里的尖叫。只有有关已知事实的问题才被看作是真正的问题——“让我们计算”[1]就是新方法的座右铭；所有问题都必须重组，以便仅仅通过观察事实（在数学方法的指导下）就可以果断地回答它们，回答的方式就是对能作证的事实给出一个毫不含糊、普遍有效的经验陈述。

七

然而，18 世纪的哲学家试图将哲学（特别是道德和政

[1] E.g. *Die philosophischen Schriften von Gottfried Wilhelm Leibniz*, ed. C. I. Gerhardt (Berlin, 1875—1890), vii 200.

治哲学）变成经验科学、变成个人和社会心理学的种种努力毕竟没有成功。他们的政治策略不当，因为我们的政治观念是人性观念的一部分，它不仅仅是一个事实问题，像自然科学认同的那样事实一样；它也不是对人类学、社会学或心理学发现的有意识思考，尽管这些都与人的普遍本质，或者特定条件下特定群体的本性有着必不可少的关联。我们对于人的自觉认识（人与其他实体的不同，人是什么，什么是非人的）涉及一些基本范畴，用来认识、规范和阐释数据。分析 212
人的观念就是要认可这些已有的范畴。这样做就是要意识到它们是范畴，也就是说它们不是科学假说的对象。

18 世纪前康德时代的哲学家（如洛克、休谟、孔狄亚克等）经常滥用类比，将一个领域的模式应用到另外一个领域，即使能帮助说清楚一些问题，但同时又使其他一些问题说不清楚。

我来具体说明一下。当中世纪的神学和形而上学模式被 17、18 世纪的科学扫除之后，他们之所以基本消失是因为他们没办法在描述、预测和控制外部世界内容方面与新学科相比。随着人被看作物质文化中的一个物体，心理学、人类学、社会学等人文学科开始取代它们的神学—形而上学前辈。哲学家的问题因此受到影响，有些问题被解答，有些被宣布无效，还有一些有待回答。这些新颖学科研究人的实际习惯；他们允诺（有时提供）对人的语言、需求、崇拜或害怕的对象进行分析；他们被期待提供有关这些的经验证据，或者实验示范；但他们解决标准性问题的收效不尽如人意。他们试图将价值问题变为事实问题——研究何事让何人在何种情况下有何不同感受或行为。但是当康德、赫尔德、陀思妥耶夫斯基、马克思及时地拒绝百科全书派哲学家的答案时，对他们的指控也不全是观察失误或推理站不住脚，指控还针对他们没有认识到人是什么，也就是说没有考虑框架的本质（基本范畴），我们所思、所为，以及猜测他人所思、
213 所为的框架（如果人与人之间要有沟通的话）。

这也就是说，这些解答不好的问题不是通常意义上经验的问题，也不是形式问题，两者都无法充分描述它。当罗素（不管他对霍布斯的理解正确与否）反对霍布斯有关政治义务的说法，说后者对此的解释只是出于害怕上级权威，罗素不是说霍布斯无视某些相关的已知经验事实，也不是说他论证方法不对——罗素说的是霍布斯的解释与我们所了解的人的本质相冲突，人之所以区别于其他生物，即使是最低级的生物，不仅在于有明确的思想，还在于我们的情感和行为有所不同。罗素的论点不是说霍布斯模式中的事实本身有漏洞，而是模式有原则上的缺陷，这缺陷不是因为某种心理或社会相互作用被忽视了，而是因为它没有理解我们说的动机、目的、价值、个性等基本范畴。

当康德脱离自然主义传统，马克思拒绝边沁的政治道德观，托尔斯泰看不起卡尔·马克思的原理，他们不仅仅是抱怨经验忽视、逻辑不通、实验证据不够，或内部不连贯。他们贬低对手不理解人的本质，以及构成人与人之间的关系

（或人与外部世界的关系）是什么；他们不是抱怨对方无视这些关系的短暂性，而是抱怨对手无视他们认为最基本的人的不变特性（例如康德区别善恶，马克思认为人类劳动实现的系统性自我转变）。他们的批评关系到我们用以讨论人类目的、义务、兴趣等的范畴是否合适，它们可能引发争议。 214

这些范畴是什么，我们如何发现它们？如果不是凭借经验获得，那要如何获得呢？它们具有多少普遍性和永恒性？它们如何进入我们思考和反应的模式和范式？我们是通过关注思想、行动还是通过无意识来发现它们的本质吗？我们如何来调停这些不同的知识来源？这些都是明显打上哲学烙印的问题，因为它们关心的都是我们思考、决定、认识、判断的永久性方式，而不是经验数据——不是这些东西本身。要发现和分类这些经验数据的模式是否合适，方法和类比是否得当等的检测最终是凭借经验的：看它们在多大程度上得以形成一个连贯的、经得起考验的概念体系。

将这些模式和方法用于我们认识和思考的框架是一个重大谬误，康德对此的分析改变了哲学本身。在政治学上，有人（如休谟和罗素）犯过这错误，将有关人的经验特点的研究与用来收集和描述经验数据的有关人（或自我，或观察者，或道德代理人，或个体，或精神）的观念分析混为一谈。康德认为这些范畴是可以先验发现的。我们没必要接受这一观点；这是一个无法得到保证的结论，诚然，我们不变和无所不在的经验是存在一些中心特征，这些经验至少比不

似多样的经验特征那么多变，因而应该用范畴来予以区分。这一点在外部世界可以看得很清楚：（心理，常识）空间的
215 三维，其中物体的固性，时间顺序的不可逆性，都是我们思维和行动中一些熟悉的、不可割让的特征。不存在关于这些属性的经验科学不是因为它们没有规律（恰恰相反，它们是规律这一概念的范式），而是因为它们是我们用来描述经验实验的语言所预设的。这就是为什么询问它们存在的证据是荒诞的，一些想象的例子就可以展现它们的结构；因为它们是用我们最常见的思想或决定所假设的；如果出于研究需要，想象的例子同经验数据一样好，甚至更好，我们就可以断定这个研究不是通常意义上的经验研究。道德、政治和社会领域也存在一些永久特征：也许不及物质世界的特征那么稳定和普遍，但对于主体之间的交流是必不可少的，对于思想和行动也是如此。这么说来，通过例子来开展的研究不是科学研究，不是依赖演绎的形式研究，而很可能是哲学研究。

当然，我们最终意识到，诸如空间是三维的，人是需要理性或做出决定的生物这类事实都是给定的：它们是基本事实，但不是从一开始就是真理；而设想事情可以是另外模样也不是什么荒诞之举。但是如果事实不是现在这个样子（或者哪天将会不同），我们全部的思想器官（思想、意志、情感、语言），我们的本质，也会要因之不同，不可能以，或者难以用我们现在的概念和词汇来描述。政治范畴（和价值）处于一个无可逃避的，由生活方式、行为方式和思想方

式交织的网络之中，随着现实的重大变化，或人与现实的脱离（如疯狂）而发生变化。 216

八

我们用来界定人的基本范畴（及其相关的概念）——社会、自由、时间感和变化感、痛苦、幸福、生产力、善恶、对错、选择、努力、真理、幻想（随意罗列一些）——不是归纳和假设的问题。把一个人看作是人实际上就是要让所有这些观念活动起来：说一个人是人，又认为选择、真理观对于他而言没有什么意义，是非常奇怪的；它与我们说的“人”相冲突，这个“人”不是作为定义的“人”（那样可以随意改变），而是内化在我们思考方式中的“人”（作为“基本”事实），没有它我们没法思考。

这对于用来定义人的价值（其中包括政治价值）同样有效。所以，当我们说某人友善或凶狠，热爱或漠视真理，他横竖都是人。而当有人认为为了解闷而踢石子和为此杀害家人没有任何区别，我不会像有些固执的相对主义者那样，认为这是他的道德规范和我的或者大多数人的道德规范不一样，或者说我们有本质区别，而是会开始考虑他这是疯狂的或不人道的。我会倾向于认为他疯了，就像某个疯子说自己是拿破仑一样。也就是说我认为这样一个人根本不能被看作是一个完整的人。正是类似情形成为现代经验科学阐释过去先验自然法则的基础，这种情形俨然表明，承认普遍价值（或基本普遍价值）的能力要进入我们对“人”、“理性的”、“清醒的”、“自然的”等概念的分析，这些概念常被认为是
217 描述性的，不是评价性的。正是类似的思考动摇了一些忠诚的经验主义者的信念，他们原本相信描述性陈述与价值陈述之间存在彻底的逻辑沟壑，现在开始怀疑两者之间自休谟以来一直都认可的差异，对于类似思考，新亚里士多德派人士及其维特根斯坦后期思想的追求者都是极为推崇的。

这种极端例子之所以具有哲学意义，是因为它们表明，这些问题不是经验观察或形式演绎所能回答的。那些将自己束缚于观察人类行为和经验假设的人、心理学家、社会学家、历史学家，不管他们学问可能多么高深又有创见，他们都不是政治理论家，即使他们的一些主张或看法在政治哲学领域可能非常重要。这就是我们何以不认为这些忠诚的经验主义者是研究政党、精英或阶级形成及其行为的人士，也不说他们是民主进程方法及其结果的研究者，我们不认为他们是政治哲学家，或更广泛意义上的社会理论家。

这些人首先研究事实，渴望像自然科学家一样形成假设和规律。但是，通常说来，这些思想家不会走得更远：他们常常从自己至高无上的信仰出发分析人类的社会和政治思想，例如，他们可能相信所有生命的目的均在于、也应该在于服务上帝，不管上帝被怎样阐释；他们也可能与此相反，相信生命的目的在于追求经验上可发现的个人或集体的满足；或者他们生

命的目的在于自我实现某一历史（或心理、或美学）模式，只有掌握了这一模式才可以对自己有所交代，才可以赋予自身思想和行为以意义；当然他们也可能相信与此完全相反的一切：人活着没有目的；人必然追逐互相矛盾的目的；人无法避免以自我挫败而告终的行为，而所谓最终解决方案纯属无稽之谈。只要政治原则还是被这些关于人的基本概念所决定（谁会否认 218
类似个人和集体能够或应该做什么这种政治问题，从逻辑上而言直接取决于人如何看待人类本性？），就表明那些热衷于研究此类综合问题的人所从事的不是经验研究。

如果我们研究那些有意识或者无意识地左右不同观点的模式、范式和观念结构，将涉及的有关不同概念和范畴与它们内在一致性或者阐释力相比较，我们所从事的就不是心理学、社会学、逻辑学，或认识论研究，而是道德研究、社会研究、政治理论研究，或三者都是，这要看我们是否将自己限于个人，或团体，或政治，或三者都涉及。不会有任何缜密的经验观察和大胆并富有成效的假设能给我们解释下面这一切：何以有人将国家看作是一个神圣机构，他们说这话是什么意思与现实又有什么样的联系；何以有人相信并告诉我们国家乃上帝为我们的罪而设；何以有人说国家是我们在成年之前，具有自由行为能力可以完全摒弃它以前一定要上的一所学校；何以有人认为国家是一件艺术品，是一个实用手段，是自然法的体现，是统治阶级委员会，是人类精神发展的最高阶段，或是一种犯罪的愚蠢行为。除非我们理解（通过小说家的想象力，他们的想象力通常高于逻辑学家）人性观念中融合（或缺乏）了哪些政治观点，每种观点中哪种模式是主导模式，我们就不会理解我们自己或任何人类社会：既不会理解斯多葛派或托马斯主义者或者今日欧洲基督教民主党派人士笃信的有关理智和本性的观点；也不会理解亚洲、非洲现在或将要进行的马克思主义民族运动这一圣战核心有着怎样不同的意象；不会理解那些激发西方自由和民主
219 妥协的不同观念。

理解人类思想行为在很大程度上就是理解他们为之斗争的问题和困惑，这种话已经是老生常谈了。当这些问题（不管是经验的还是形式的）是用历史悠久、普遍接受、稳定，以至于我们沿用至今的现实模式来设想的，我们就不用明确参考支配它们的范畴来理解这些问题和寻求解决的努力；因为这些过去和现在对我们而言的普遍存在不会妨碍我们，俨然不在我们的视线。在另外一些情形（尤其是政治）中，这些模式就站不住脚了：组成它们的一些观念已经不再为人们所熟悉。除非我们掌握足够的知识和想象力将自己变回到受控于现今已经废弃不用模式的心态，我们就不能理解位于其核心的思想和行为。观念史上不乏试图完成这项艰巨任务之举，但都以失败告终，要么将它变成一种肤浅的文学练习，要么变成一个错误百出、无人问津的编目大全。

这在经验和形式学科中或者无关紧要，它们检验原则的方式是（也应该是）可证实性或逻辑一致性；在它们领域某

人可以接受最新的答案，可以拒绝以前错误的或不相干的答案，而无须理解它们何以曾经存在过。但是哲学原则不是以这种方式建立或摧毁的，因为它们关心的是（也是它们之所以存在的理由）不能以这些方式解决的问题。哲学原则不关心具体的事实，而是看待事实的方式；它们不是由有关世界的一级命题组成，它们是二级或更高级别的命题，有关所有描述世界和人类活动或对此予以回应的种类，这些种类是由模式和范畴网络（描述性的、评价性的，或两者的杂糅）所 220
决定的，这些范畴比科学范畴更为稳定，即使它们不是永恒和普遍的范畴，也是流传更广的范畴，一直延续到组成我们眼前这个与中世纪和古典思想家共享的世界。

历史专家可能对爱奥尼亚人的天文学、亚里士多德的生物学、斯多葛学派的逻辑学、阿拉伯人的代数、笛卡尔的物理学等有兴趣，但专注发现新真理的物理学家、生物学家、数学家就无须理会这些。这些研究有真正的进步：过去的一切都基本废弃不用了。但是柏拉图或亚里士多德或马基雅维利的政治哲学，希伯来先知、福音书、罗马陪审员、中世纪教会等的道德观（不管是在原著中还是对他们的现代阐释中），都不可比拟地比古代科学要更容易理解，也与我们自己苦苦思考的事物更为相关。这些学科的论题（人最普遍的特征，也就是作为从事道德、社会或精神活动的人）提出的问题在历朝历代和不同文化语境中都具有一定程度的延续性和相似性。解决这些问题的方法多种多样，但没有一种取得压倒其他一切的胜利。

政治思想中不合适的模式大体来说已经不复存在了，被遗忘了；给人启迪的那些模式今天依旧引起争议，激发我们或继续坚持，或加以批评，或表示强烈愤慨。

卡尔·波普尔对柏拉图政治哲学的指责，欧文·白碧德对卢梭的猛烈抨击，西蒙娜·韦伊对《旧约》中道德观的强烈批评，今天时有发生的对18世纪实证主义或政治伦理中“科学
221 主义”的攻击等都是例证。[1] 一些经典的解释互相冲突，由于每种解释都依赖于对永恒人类特性的生动想象，能够在每一代人当中满足一些好奇的心灵，所以不管时空条件如何不同，柏拉图、亚里士多德、犹太教、基督教、康德自由主义、浪漫主义、历史主义等诸多模式在今天都以不同的外形保存下来，彼此竞争。如果人或外部环境发生巨大变化，或者人类获得改变我们对自身看法的新的经验知识，其中有些知识结构就不再具有相关性，像古埃及和印加人的伦理学和形而上学一样被遗忘。但是只要人类保持现有样子，基于这些见识的争辩就不会停止：每一种见识都会随着事件迫使人的这一面或那一面脱颖而出而获得或失去影响力。只有一件事是肯定的，那就是除了那些理解甚至感觉到哲学问题是什么，它与经验或形式问题有何不同的人（尽管我们无需清楚地意识到这种不同，重叠和边界问题已然足够频繁），答案（此处说的是西方主要政治信念

[1] 如今的思想家哪里还会对笛卡尔物理学和中世纪地图里的错误抱有这么大的激情？

的答案）对于其他人而言可能看起来像是智力幻想，是超然的哲学思考与建构，同行为或事件无甚关系。

这些理论声称可以给问题提供解决方案，有些人被这些问题所折磨，有些人则不加批判地接受这些解决方案，仿佛没有这些方案，他们就会陷入不安与焦虑之中，只有重新体验这些人的心境，人们才能真正理解哲学观点，特别是政治信念至少在西方历史上扮演了怎样的角色。过去逻辑学家或物理学家的著述已经淡出，因为它们被取而代之了。但是，倘若有人建议我们拒绝柏拉图的政治思想，或康德的美学、伦理学，因为它们已经“被取而代之”，就难免显得荒诞了。222
单是这一考虑就应该可以避免将两者混为一谈。我们认为过去的伦理或政治信条依旧值得讨论，因为它们是我们文化传统的一部分；假设希腊哲学、《圣经》伦理等不是西方教育的内在要素，对我们而言它们就会显得同古代中国思想一样遥远。退一步来说，还可以这么看待上述观点：如果我们普通经验的普遍特征果真急剧改变（因为知识革命或者自然突变），这些古老的范畴将会同汉谟拉比法典和吉尔伽美什史诗一样显得古老、过时。然而情况并不是这样，其部分原因是我们的经验被从先辈那里流传下来的伦理或政治范畴所组织，“打上烙印”，我们至今还在使用那些古老的眼镜。若非这些眼镜多少合格完成了自身任务，我们恐早就已经犯错、跌倒，戴上了其他眼镜，就像物理学、生物学或数学的新眼镜不断淘汰老眼镜一样。这也多少证明至少过去两千年以来的道德和政治意识何以保持一定的延续性。

九

或许有人会告诉我们，无论我们对自身信仰的来源、动机或辩解的主张如何不同，不同哲学流派的信徒如果同属于一个社会、经济、文化语境，或者具有同一心理或生理特征，那么他们信仰的内容多半是相似的。英国哲学家
223 （T. H. 格林和 J. S. 密尔）宣扬不同的哲学信条：格林是准黑格尔式的形而上学者，密尔是休谟式的经验论者，但是他们的政治主张是接近的，两人都是高尚的、同情社会主义的维多利亚时期自由主义思想家。我们或者被继续告知，之所以会这样是因为人受制于所处的客观历史条件——人的社会地位、阶级结构等决定其信仰，尽管各人之间（错误的）信仰理性化的差别可能同密尔和格林之间的差别同样巨大。

所以就有人指出，法西斯和共产党的世界观（“思想指南”）呈现惊人的相似性，尽管这些运动起初的官方信条是极为相对、完全不相容的。所以才得以出现一些“知识社会学”的方法，不管这些方法是马克思主义的、帕累托的，还是心理分析的；韦伯、曼海姆和其他一些人都掌握了这一工具，并提出了各式各样的折衷形式。当然，这些理论家表明我们的信仰来源可谓模糊不清。我们或许习惯于相信我们的信仰是非理性的，来自完全超出我们控制或者我们无法理解

的条件。但不管决定我们信仰的是什么，我们都不应当放弃运用理智能力（基于混淆自然科学和哲学），追求下列问题的答案：我们信仰什么，因何缘故，这些信仰在形而上学的含义是什么，它们与其他信仰类型的关系，它们关系到怎样的价值和真理标准，我们基于什么原因认为它们是真的或者有效的。理性的基础是相信人的思考与行动都出自自己理解的原因，而不仅是隐蔽的因果因素的结果，后者孕育了不会为其受害者所改变的“意识形态”。只要理性的好奇心存在（渴望用动机、原因等寻求正当理由和解释），政治理论就不会从地球上彻底消失，不管它有多少对手，不管社会 224
学、哲学分析、社会心理学、政治科学、经济学家、法理学、语义学等是否宣称已然成功解散了政治理论这一想象领域。

这是一种奇怪的悖论，说当下政治理论存在模糊性，因为当下正是人类历史上第一次被不同观点严重分离的时期，而这一现实是，从来都是，政治理论存在的唯一理由。不过我们应该可以相信，这不是故事的结尾。新马克思主义、新托马斯主义、民族主义、历史主义、存在主义、反本质论的自由主义和社会主义，将天赋人权和自然法转换为经验话语，将经济学模式及其相关方法熟练应用于政治行为，以上这些思想的碰撞、组合及其成果所表明的，不是一个伟大传统的死亡，而是它新的、无法预测的发展。 225

“希望不再，恐惧不再”[1]

[1] 引自英国诗人 A. C. 史文朋的诗歌《冥府女王的花园》倒数第 2 节第 2 句：From too much love of living，/From hope and fear set free，/We thank with brief thanksgiving/Whatever gods may be/That no life lives for ever.——译注

一

知识能否解放人性？无论古希腊先哲还是很多（尽管不是全部）基督教神学都持肯定态度。“你们须知晓真理，真理必让你们自由”[1]。对于这一问题，古希腊斯多葛派哲学家和大多数现代唯理论者都赞同基督教的如此教诲。从这一观点来看，自由[2]就是我的真实本性得以不受约束地实现。上述《圣经》语录中所言之自由（照费斯蒂吉埃的解释说来）指免于原罪的自由，即对上帝、人性和自己不存在妨碍理解的错误信仰。这是一种自我实现或自我指引的自由，依靠个体发乎本性的真实意图（不论如何界定本性或意图）而采取行动得以实现，这一过程常因个体对世界和人在其中的位置存在错误认识而备受阻挠。如若对此自由的界定再加上“我是理性个体”的推论——也就是说我能了解或知道（或至少有正确的认识）我为什么这么做，能区分行动（包括做出抉
226 择、形成意图、追求目标）和行为（被我所不知或不受我意愿影响的外在因素所致）则可推断，了解相关事实（外部世界、他人、我的本性）势必能消除无知和蒙蔽对自我抉择造成的障碍。

哲学家（神学家、戏剧家和诗人）对以下问题的看法颇

[1] John 8: 32.
[2] 我在本文中交替使用 freedom 和 liberty 表达自由之意。

有争议：人类本性及其目的是什么？为了全部或部分实现这一本性及其目的需要怎样或在何种程度上掌控外部世界？是否存在普遍本性或客观目的？区分外部物质世界、非理性生物与活动主体的界线何在？有些思想家认为这种自我实现能够完成（曾经完成过，或将来能完成），有些持否定态度，有些认为人类存在的目的是客观的，并能通过特殊的研究方法发现，但对于这些方法存在不同的看法：是经验的还是先验的？是直觉的还是推理的？是科学的还是纯粹思辨的？是公共的还是私人的？只有天才和幸运儿方可获知还是原则上面向普通大众？另一些认为人类存在的目的是主观的，受制于形形色色的身体、心理或社会因素。例如，亚里士多德就曾以为如果外部条件太恶劣（如果遭遇像特洛伊国王皮安姆[1]那样的不幸），个体的自我完善和自我实现就不能完成。另一方面，斯多葛派和伊壁鸠鲁派认为无论外部条件怎样，个体都可以获得完全的理性自控，只要他与人类社会和外部世界保持足够的距离。他们乐观地认为只要个体有意识地追求独立、自主，即避免成为人力不可控制之外部力量的玩物，原则上就可以做到自我实现。

上述观点存在几点共同的假设： 227

[1] 皮安姆是希腊神话中特洛伊的国王，帕里斯的父亲。皮安姆先后遭遇骨肉分离（帕里斯幼年时曾因神谕将带来灭城之灾而被遗弃于山野，成为牧羊人，成年后才重回王宫），丧子（帕里斯战死特洛伊），失城（皮安姆轻信希腊使者让特洛伊木马进城所致），受辱（妻子、女儿、儿媳沦为战俘、奴隶）而丧生。——译注

（一）人与物都具有各自的本性，或曰确定的结构，不因是否被了解而改变；

（二）这些本性或结构受普遍和永恒不变的规律所支配；

（三）这些结构和规律至少在原则上是可知的，了解它们能自动让人不会在黑暗中跌倒，不会浪费精力致力于那些因为人与物的本质及其支配它们的规律而注定要失败的决策。

根据这一原则，一旦其行为起因于误入歧途的情感（例如，对不可知事物的恐惧，对于事情真实状态缺乏理性认识而诉诸：幻觉、幻想后产生的憎恨，潜意识记忆和被忘却的伤痛都能滋生这些情绪），人就不能进行自我引导，因此也得不到自由。基于这一观点，理性解释和意识形态无法解释个体行为中那些未知的、被忽视或被误解的真正根源。而正是这些根源又进而助长更多的幻觉、幻想，以及非理性的、强迫性的行为。真正的自由包括自我引导：只要真正解释个体行为的是自觉的意图和动机，而不是某种导致同样的效果或行为（以选择的形式出现，不管行为人给予怎样的解释和辩解）的隐藏的心理或生理因素，这个人就是自由的。如果其行为不是机械的，而是出于一定动机，出于自己意识到、能够意识到的目的，这一理性人就是自由的。可以说拥有自觉意图和目的是理性人行为的充分条件，也是必要条件。不自由的人就像吸食了毒品或者服用了催眠药的人一样，无论他会如何解释自身行为，无论其表面意图、外在动机和策略如何变化，其行为都不会有所改变。我们认为他被无法掌控 228
的力量所支配，是不自由的，因为很明显的一点是，不管他对自身行为作何解释，可以预见他的行为不会有丝毫改变。

之所以这样做是为了将理性等同于自由，或者说至少朝这一目标前进。理性思维是指思维内容，或者至少结论乃遵守一定规律和原则所得，而非只是因果关系链上的东西或偶然之物。理性行为（至少在原则上）指行为人或观察者能用动机、意图、选择、原因、规律来解释的行为，而不是单纯用诸如因果关系、统计规律、“有机规律”或其他类似逻辑等自然规律来解释。（用动机、原因等来解释，还是用因果、概率等来解释，属于两个不同的“范畴”，两者之间不可能产生原则上的冲突，也不可能彼此关联。虽说这是个非常重要的问题，请恕本文暂不涉及。）说某人是贼在某种程度上还是说他是有理性的，说他偷窃成癖，就是说他丧失了理性。如果个体自由程度取决于（或等同于）他对自身行为根源的认识，知道自己偷窃成瘾的人在此程度上还是自由的。他也许未必能阻止（或者试图阻止）自己偷盗，但他意识到可以阻止自己，说明他不仅只是理性的（这点毋庸置疑），更是自由的，因为他面临（被认为如此）选择是要试图阻止自己去偷窃（即使他注定失败），还是放任自流。

然而，事情是否总是如此呢？意识到自己的某种性情或因果特质是否等同于（或者赋予我）掌控它，或者改变它的力量？当然，有一种明确但近乎陈腐的看法是，所有知识都在某种程度上促进自由，例如，如果我知道自己容易癫痫发作、容易产生阶级意识，或者容易沉溺于某种音乐出神入化
229 的魅力，我就能够（在某种程度上“能够”）妥善安排我的生活；而如果我不知道这一切会发生，我自然就没法做好安排。我的能力因此增长，在某种程度上，我的自由也随之增长。然而，这种知识也可能在其他方面削弱我的能力；一旦我知道自己会癫痫发作，或者某种痛苦的、甚至快乐的情绪即将来临，我可能无法自由发挥自己在其他方面的能力，或者失去其他经验——我可能不能继续写诗，不能理解正在阅读的希腊典籍，不能思考哲学，不能从椅子上站起来等。也就是说，我在某一方面获得的力量和自由是以另一方面力量和自由的减少为代价的（我会在下文中回到这一话题，不过语境略微不同罢了）[1]。即使我意识到这些事情的发生频率，并不代表我就一定能控制癫痫的发作，控制阶级意识的产生，或者控制对印度音乐的极度迷恋。如果知识（像古希腊圣贤所指的那样）指的是关于事实的知识，而不是“方法”的知识——这几乎等于说，知识并非对某事的描述，而是忠于某些目的或价值；或者几乎等于说，知识是要表达，而不

[1] 参见下文第 253 页。

是描述，是以一定方式行动的决定；换句话说，如果我说我了解自己的程度同了解他人的程度相当，那么即使我拥有的资源更好、我的确信程度更高，那么，在我看来，这种自我认识可能会、也可能不会提高我的自由度。这是个经验问题，答案取决于特定环境。即使知识的每一点增长能让我在某个方面获得解放，但这也不能说明我所享有的自由度就必定增加，相反，自由度还可能因为得不偿失而有所降低。

还有一种对上述观点更为激进的批评需要考虑。说唯有理解自我方能自由（即使这并不是自由的充分条件）也就意 230
味着人人都有一个自我需要被理解——存在一种被理所当然地叫作人性的结构，它服从自己的规律，是自然研究的对象。而有人一直在质疑这种观点，尤其是存在主义哲学家。他们认为自我并非如人们通常沾沾自喜认为的那样，它更多的是一种选择。这种选择需要责任，而有些人在大多数时候，以及大多数人在有时候，都希望逃避这一责任，常常会去寻找借口和托词。正是因为这一缘故，人们常常过多将责任归咎于不可避免的自然或社会规律——例如，潜意识、不可改变的心理投射，或社会进化规律。秉持存在主义哲学（受到黑格尔、马克思和克尔凯郭尔的影响）的批评家指出，一些严重阻碍自由的因素（如 J. S. 密尔提出的社会压力）并不是客观的。这些因素的存在和影响不受人们意志或行为的控制，如果要有变化，也只得通过非个人所能获得的方式——只得通过革命或激进性的改革这些非个人意识所能左右的方式。他们所持的观点却正好相反，认为我不必被人欺凌，不必被迫遵从校长、父母、朋友的意愿；永远不必情不自禁地受到来自牧师、同事、批评者、社会团体、阶级的所作所为所带来的影响。如果的确受到他们的影响，那也是因为自身的选择。当别人嘲笑我是驼背、犹太人、黑人的时候，我觉得受到侮辱；或者别人怀疑我为叛徒，我感到甚为恼火，但只有我选择接受对方意见（对驼背、种族或叛国的评价，被他们的看法所左右），我才会觉得受辱或恼火。一旦我选择忽视或排斥这一意见，毫不理会他们的看法、法则和观点，我就是自由的。

这正是那些斯多葛先贤的追随者所信守的原则，尽管这一信条当初建立在不同的前提之上。如果我屈服于大众情感
231 或某人、某一团体的价值观，责任在我自身而非外在力量。这些外在力量，不管是个人的还是非个人的，据说总会不可避免地影响我的行为，为了避免被人谴责或自我谴责，它们常常很快成为我的托词。根据这些存在主义哲学评论家的看法，我的行为、性格、人格并不是一个神秘的实体或者某一假言（因果）命题的体现，而是一种选择或未选择的模式，而它们自身就代表一种选择，是要让事情顺其自然，还是要坚持我自己作为能动主体的权利。如果我进行自我批评并面对现实，我会发现自己很轻易地逃避了自己的责任。

这一点既适应于理论领域，又适应于实际事物。所以，如果我是历史学家，我对重大历史事件的看法深受自己欲望

所影响，要看自己是想要讴歌还是诋毁某人、某阶级的声誉——这被认为是一种自由评价行为。一旦我意识到这点，我就能按照自己的意愿做出选择和判断。“事实”不会说话，只有我作为选择者、评价者、判断者才会。而且这样做是出于我本人的意愿，依照我能自由观察、研究、接受或拒绝的原理、规律、理想、偏见和情感。不管过去、现在，还是未来，如果我将某一政治、经济政策的人力资源成本降到最低，我在反思时就会发现，自己这种行为是出于对批评家或者政策制定者的对手感到不满，或抱有怨恨。如果我试图将自己某一不齿之举对他人或自己搪塞过去，找些借口（政治、军事形势，个人情感和心态）说“我已经不堪重负”，我不过是在自欺欺人，不论是对他人还是对自己。

行动是选择；选择是自由忠于这样或那样的行为方式、生活方式等。可能性从来不会少于两种：做或不做，是或不是。因而，把行为归咎于固定的自然规律扭曲了事实：这是
不忠于经验，是可证伪的。坚持这种错误（多数哲学家和普 232
通人都这么做过，也还一直在做）就是选择逃避做出选择，或没能做出选择的责任，就是选择否认随波逐流和半机械行为本身就是一种选择（一种自我投降的自由行动）。事情之所以是这样，是因为总有可能要问自己究竟相信什么、想要什么、推崇什么、自己在做什么、活着为了什么等一系列问题，哪怕有时问得让人倍感痛苦。在妥善回答这些问题之后，我就能决定是继续现有行为模式还是做出改变。

我不想否认有必要说明以下两点：将未来看作一种充满未来事实的现存结构在观念上是一种谬误；用被认为强大到无法抗拒的力量来解释我们或他人的全部行为，这种倾向从经验上来说是错误的，因为它超出了事实所能确保的一切。以下信条以一种极端的形式一举废除了决心：我的选择决定我的一切；信仰其他事物（比方说，决定论或宿命论或偶然论）自身是一种选择，而且是一个特别怯弱的选择。然而，要说这种趋向本身是个体特定本性的体现还是有待商榷的。无论是这种将未来看作不可改变的倾向（未来成为一种与过去对称的相似物），还是寻求借口，寻找逃避现实的幻想或是逃避责任，本身都是心理数据。按推测，自欺欺人就是我无法有意识地选择，尽管我可能在行为上有意识地选择了某种可能产生这种结果的方式，没有因害怕而避开这种后果。选择和强迫行为之间存在一个差别，即使强迫本身也是先前一个未受强迫选择的结果。我遭遇的错觉决定我的选择领域；自我认识这种消灭错觉的行为将改变这一领域，让我更可能做出真实选择，而不是自以为选择了某事，但事实是那事选择了我。

无论如何，在区分真假选择行为（不管它是如何造成
233 的，不管我是如何发现自己看穿了错觉）的过程当中，我还是发现自己有一种必然发生的本性。有些事情我无法去做：无法（在逻辑上）既保持理智或清醒又不相信任何宏观命题，或者无法既保持清醒又不用宏观术语；无法既守住一具

身体又不受重力作用。也许我可以在某种意义上试图去做这些事情，但理智让我明白我会以失败而告终。我对自己、他人或某物的本性的认识，对支配他们和自己的那些规律的认识，让我免于浪费精力或误用精力；它暴露出伪造的要求和借口；它担当该担当的责任，搁置有关无能为力的虚假托词，以及对无辜者的错误指控；但是它无法拓展我的自由范围，令其逾越由那些我永远无法掌控的因素所框定的界限。要解释这些因素不是为了将它们搪塞过去。增长知识可以增长我的理性，知识的无限增长能让我变得无比的理性；同时它也可能增强我的力量，让我更自由，但不会让我变得无限自由。

回到本文的主题：知识究竟怎样解放我？请恕我重申传统观念。我试图研究的是这样一种流传至今的经典观点，认为知识通过揭示影响我行为的那些鲜为人知且不可掌控的力量，将我从其专制力下解放出来，这些力量若是被隐藏，被误读，其专制力将更大。亚里士多德认为如此，斯多葛派认为如此，基督教神学也大都认为如此，这一观点的理性表述在斯宾诺莎及其在德国唯心主义者和现代心理学家的追随者所信奉的原则中可以找到。那么原因何在呢？因为只要我发现这些力量们的存在，我就能尝试引导或抵制它们，或创造条件将它们导入无害渠道，或将它为我所用——利用它达成我的目的。自由是自治（无论在政治上还是个人生活中），234
能加强自我对外在因素控制力的一切都能促进自由。虽然在个人道德或公共社会领域，区分自我和个性与“外在”因素的界线仍然极其模糊（也许这是必要的），这一培根式命题目前看起来还算有效。

但其要求过多。用标准术语说来，这就是“自我决定”原则。根据这个观点，自由在于参与决定个体自己的行为，参与的程度越高，自由度越高。奴役，或者说不自由，由“外在”因素所决定——不管是生理因素还是心理因素；外在因素的影响力越大，个体的自由度就越小。至此，一切都还说得过去。但是如果问及我的参与本身（我的选择、目的、意图）是否由“外在”因素所决定、所致，标准答案似乎只能说这关系不大。有且只有我能够按照自己的意图行动，我才是自由的。至于我的心理状态是否为某种外在因素所致（如，生理或心理因素、天气变化、血压、性格等）可以说无关紧要，答案可能是否定的也可能是肯定的。如果答案是肯定的，我对这一影响我的外在因素外力可能了解，也可能不了解。对于那些关心个体行动是否自由还是无所谓的人，真正重要的是我的行为是否出于自觉选择。如果是，对于任何一个理性人而言，我就是自由的。选择本身（像我的其他一切一样）是否为外在因素所致并不重要，哪怕我的选择彻头彻尾皆为自然因素所致，我还是一样的自由。

反对决定论的人自然会反驳说这只是把问题往后推了一步：“自我”确实在起作用，但其本身又完全是“被决定的”。也许有必要在此说明这种分歧的由来，因为通常说来，最早

的分歧也是最清楚的分歧。就我所知，这一分歧最早起于早期斯多葛派哲学家感兴趣的两个观念，乍看起来它们彼此毫 235
不相关：一是因果关系，二是历史更为悠久的个体道德责任。前者在公元前 4 世纪的人看来还是新观念，在牢不可破的事件链中存在前因后果的关系，先发事件是后发事件的充分必要条件。到了公元前 3 世纪早期，人们察觉两者之间存在矛盾之处。因果论认为，人的心态、情感、意志和行动出于一个牢不可破的因果链之中，与此同时，责任论又坚持，人应该负责，对自己之所以这样做而没有那样做的行为负责。

克律西波斯是直面这一难题的第一人，而柏拉图和亚里士多德都似并没有为之困扰。他发明的解决办法后来被称为自我决定论——只要人在外力作用下无力抵抗，人就是不自由的，与牲畜、顽石无异，责任的观念也明显不适用于他们；但是，如果外力作用包含个人将意志屈服于某一目的，而且，这种屈服确因某一特定行为而有必要（无论是否充分），那么这人是自由的：因为这种行为依赖意志，一旦缺乏意志该行为就不能发生。不管人们有没有意识到，人的意志行为及其所诱发的品格与性情是行动的本质：这就是自由的内涵。

伊壁鸠鲁与怀疑论者对这一立场持批评态度，他们认为克律西波斯的方案算不上真正的解决方案。据说他们虽然认为意志作用可能是行为的必要条件，但如果它本身又处在因果链当中，是一系列原因的结果，而这些原则对于选择、决

定等而言又是“外在”的，那么责任的观念，同克律西波斯
236 说的一样，还是不适用。有一个批评家[1]把这一经过改良的决定论叫作“半奴役状态”。假设我能正确宣称如果不是因为某一选择就不会做过某事，但同时补充说我不能做出其他选择，那么我还只是半自由的。假设我已经决定了某事，那么我的行为就有了一个动机而不仅仅只是一个原因；我的“意志”本身就是解释自身行为的原因之一，并且是必要条件之一，就可以说我或我的行为是自由的。如果选择或决定本身受其他因素决定，且不可能随意地变成其他形式，那么因果链仍然是存在的。在克律西波斯的批评者看来，我不会比最苛刻的决定论者所认为的那样更自由。

正是这一问题引发了后来很多哲学家关于自由意志的大量探讨。克律西波斯的解答（我所能合理要求的就是我的性格能成为影响行动的因素之一）成为“自由即自我决定”这一经典学说的核心。支持这一观点的人可谓源源不断，从克律西波斯和西塞罗直至阿奎那、斯宾诺莎、洛克和莱布尼茨、休谟、密尔、叔本华、罗素、石里克、艾耶尔、诺维尔—史密斯，以及当今对这一问题做出贡献的大多数人物。所以，当新近一位叫作理查德·黑尔的作家在自己的一本著作[2]中区分自由行为与行为，说判断我是否自由做某事的

[1] 犬儒派哲学家俄诺玛俄斯。
[2] R. M. Hare，*Freedom and Reason* (Oxford，1963).

一个标志是问自己“我要做这个吗？”“我应该做这个吗？”这种问题是否有意义，他只不过是在重述这一经典命题。黑尔正确地指出，人可以自问“我会犯错吗？”或者“我会在海边失事吗？”但不能自问“我要犯错吗？”或者“我应该在海边失事吗？”这种问题，因为失事或犯错不可能是自觉选择或意图的一部分，无论在逻辑上还是概念上都说不通。黑尔因此从中得出结论说，区分自由行为和非自由行为的标 237
准在于是否有理由问这种问题，“我该爬这座山吗？”而不是“我该误解你吗？”但依照卡尔内阿德斯的观点，我的确能问“我必须爬这座山吗？”如果决定答案和行动的因素不在我的控制范围内，那么我追求的目标、做出的决定等是怎样把我从因果链中解放出来？斯多葛派和整个古典传统派认为这种提法是错误的。因为，如果我的选择对于一个既定结果的产生是必不可少的，那么我就不是随意决定的（我不像石头或树那样，它们没有目的也不能做出决定），而这正是所有自由论者想要确立的观点。

但是，假设我们效法怀疑论者卡尔内阿德斯的思路，说“我就是可以问‘我该爬山吗？’这一问题”，假设答案（以及行动）被非我能掌控之因素所制约，那么我追求目标、做出抉择等事实又如何将我从因果链中解放出来呢？这被认为是斯多葛学派和整个古希腊罗马哲学所误解的一个研究。之所以这么说，是因为假设我的选择对于某一特定结果的产生是必不可少的，我就不会被因果关系所决定，像没有目的、不做选择的石头或树木一样被动，这也是所有自由论者想要确立，但又无法接受的一点。凡真正关心这一问题（这乍看起来像是决定论和自由选择之间不可调和的问题）的人，只能接受说“我能按我选择的去行动，但我不能选择我行动以外的”。自我决定论与机械决定论有着本质上的区别。倘若决定论者是正确的（可能他们确实是正确的），那么应该用来描述人类行为的决定论就不是行为主义的，而正是克律西波斯意义上的“半奴役”。但是自由论者要的不是只有半块的面包。假设我的决定完全受前因控制，那么它们即是决定的这一事实，以及我的行为不仅有前因而且有动机的这一事实，不会自己提供标准区分自由与被迫、自由与不自由之间的界线。在自由论者看来，这一界线应该包含在关于责任的普通观念之中。正是在这一意义上，前文指出培根的追随者要求过多。

上述问题可以从另一角度进行分析，这把我们重新带回到知识与自由的关系问题上。知识越多，预测事件的范围越广，而备受诟病的可预测性（无论是归纳的还是推理的）与
238 选择的自由似乎并不相容。可能有人告诉我，当我对某人说：“我就知道你会勇敢面对这种情况”，受到称赞的人不会认为我怀疑他的自由选择能力。之所以存在怀疑一说，是因为我好像夸张地用了“知道”一词。当一个人对另一人说：“我知道你的为人，你的慷慨之举根本就是不由自主的，想

要克制都不行”，说话人难免有讨好他人之嫌，因为“不由自主”和“想要……都不行”含有明显的奉承式夸张。如果从字面上理解这些奉承之词，如果奉承者想告诉他人说：“你不由自主地慷慨，一如你不由自主地变老、变丑，不由自主地用英语而不是汉语思考”，恭维之词的功绩或功劳将不复存在，而恭维本身也将从原本道德意义上的溢美之词变成有点审美意味。

如果我们举一个损人而不是夸人的例子，意思会更清楚。假如我这样谈论某人：“某人不由自主的凶残、恶毒，如同火山不由自主地喷发，人们不能责怪他，只能哀叹他的存在，或者努力驯服或制服他，如同对待危险动物一样。”这个人也许会感觉备受侮辱，如果我们基于以下假设谴责他的行为习惯——在胡作非为和克制胡作非为之间他做出了自由选择，在听从劝告和置若罔闻之间他同样做出了自由选择。假如我的性格本身和其产生的结果是由于不可避免的原因，那么，对于我的性格决定我的选择与行动这一事实，并不能在责任或道德褒贬层面上解释我的自由。决定自身选择原因和选择条件的一切知识——选择原因与选择条件是存在的，选择并不自由（这一命题在此不做分析），道德责任观和严格的决定论是完全相容的，自由论者因为无知和错误导致混乱——所有这些知识将会同化我们的道德观与审美观， 239
将导致我们像现在看待美丽、善良、力量、天赋一样，看待英雄主义、真诚、公正：我们赞美或恭喜拥有前一种品质的人并不意味着他们可能选择拥有一套完全不同的个性特征。

如果这种世界观被广泛接受，将标志着哲学范畴上一次根本性转变。一旦这种情形发生，我们将把现在的道德观念和法律观念，以及大量的刑事立法，都视为基于无知的极度野蛮行为；我们的同情将会延伸和拓展，知识和理解将会替代责任的属性；愤慨以及与之相对的赞美将变得荒谬和过时；诸如奖赏、功绩、责任、懊悔，也许还有是非观等观念都将变成毫不相干，或者丝毫不适用；奖惩或将变成纯粹的感化或教育工具，或将限于审美上的认可与否。倘若以上种种不但可行，还具有真理，那么人类将随之获益，但它不会增加我们的自由度。若要知识让我们更加自由，只有确实存在选择的自由这一说，假设我们的行为可能因为（不是必须因为或的确因为）我们知识基础的不同而不同，缺乏知识的行为就可能不一样，换而言之，掌握了新知识，行为可能的确不一样，但并非一定要不一样。如果缺乏前在的自由（及其可能性），我们的自由度不会增加。新知识会提高理性程度，我们掌握的真理会加深我们的理解，增强我们的力量，促进我们内在的和谐，提升我们的智慧和效率，但这一切并非必然增加我们的自由。如果我们可以自由选择，知识的增加会告诉我们这一自由的限度，以及增加或减少它的条件。仅仅意识到某些事实与规律是我所无法改变的这一点，并不
240 能让我改变任何东西；倘若一开始我就没有自由，也就没有知识增加自由这一说。倘若一切都受制于自然规律，那么也

难以理解这一说法究竟是什么意思——我“能够”基于我的知识更好地运用自然规律，除非“能够”不是指有关选择之“能够”，不是指这“能够”可以适用于恰当形容我在多种选择项中进行选择，并非常确定对其中之一不感兴趣。换而言之，如果古典决定论是真理性观点（古典决定论和现在的用法并不相符这一事实并非是对它的反驳），有关它的知识不会增加自由——如果自由并不存在，那么发现自由不存在也不会创造自由。这种观点不仅适用于自我决定论，也同样适用于它发展最为成熟的机械行为论变体。

有关古典自我决定论最清楚的阐述，也许来自斯宾诺莎的《伦理学》一书。据我看来，斯图尔特·汉普希尔正确再现斯宾诺莎的观点[1]，认为绝对理性的人不选择自身目标，因为他的自身目标是既定的。他越是了解人类和自然界的本性，他的行为就越是和谐与成功，但是他不会面临在同样可接受的两者之间做出选择的严重问题，如同一个从真实前提进行推理的数学家不会遇到问题，只会得到逻辑上必然的结论。他的自由存在于这一事实当中：他的行为不会受制于他未知的，或他没能正确理解其影响的本质。汉普希尔说的就是这么多。根据斯宾诺莎给出的前提——宇宙存在合理的秩序，对于一个理性主体而言，要理解一个命题、行动或秩序

[1] Stuart Hampshire，“Spinoza and the Idea of Freedom”，*Proceedings of the British Academy* 46 (1960)，195—215.

的合理性，就等同于接受或认同这一命题（正如古老的斯多葛派所认为的那样）——选择本身要依赖于知识的不足，即
241 一定程度上的无知。所有行为问题和理论问题一样，都只有一个正确答案。一旦正确答案被发现，从逻辑上讲，理性的人就只能与之保持一致，而在两者之间自由选择的观念就不再适用。理解万物就是理解万物之所以这样运行的原因，保持理性就不能希望万物变成另一种形式。这也许是一种无法达到的理想状态（仔细思考后也许还觉得自相矛盾），但正是这种观念凸显了增长知识就等同于增加自由这一概念，也就是说不再受未知事物的摆布。根据这一观点，当（且只当）某些事物被理解或了解，从概念上来讲，就不可能说某人受它的摆布。在我看来，除非这种极端的理性主义假设成立，否则不能推断说知识的增长必然增强自由度，它可能增强，也可能不增强。我想说明的是，这主要是个经验问题。发现自己无法完成自己曾经相信能做的事将使我变得更加理性（我不会拿自己的脑袋去撞石墙），但这并不代表我一定会更加自由。也许触目所及之处石墙比比皆是，也许我自身就是石墙的一部分，我就是一块渴望自由的石头。

关于自由与知识的关系问题，还有两点值得一提：

（1）主要由卡尔·波普尔提出的著名反驳，即从原则上来讲，所谓完全的自我知识这一说法是混乱的，倘若我能预测自己未来的行为，这种知识本身就是一种可能在特定情形

下相应改变我行为的附加因素；认识到这一点本身又是一种可能让我改变的附加因素，诸如此类，永无止境。所以，在逻辑上说，完全的自我预测是不可能的。情况可能如此，但这并不是反驳决定论本身的论据（波普尔也不是这么说的），242 而只是反驳自我预测的论据。决定论所需要的是，如果甲能预测乙的全部行为，乙也能预测甲的全部行为（并且两者并没有告知对方的预测结果）。我不可能自觉地无意识，因此，也不可能自觉意识到自身所有状态中是否包含无意识。但这并不意味着我从来不会有自然而生的无意识；如若有，当这种状态出现时，我会知道它的存在，尽管我可能对它不完全了解。基于上述原因，我认为原则上，波普尔的论点并没有（也并非旨在）驳斥决定论。

（2）斯图尔特·汉普希尔在最近发表的一些言论[1]中，进一步表明自我预测（在逻辑上）是不可能的。当我说“我知道我应该做某事”（相对于说“某事将发生在我身上”，或“你要做某事”），我不是在思考我自己或他人，提出有关我自己和未来行为的一种推测，或者有关他人或某种动物行为——因为那就等同于说（如果我对汉普希尔的理解无误）从外部观察自我俨然就是把自身行为看作因果事件。根据上

[1] Iris Murdoch，S. N. Hampshire，P. L. Gardiner and D. F. Pears，'Freedom and Knowledge'，in D. F. Pears (ed.)，*Freedom and the Will* (London, 1963)，80—104.

述观点，我说我知道我应该做某事也就是说我已经决定做某事，因为预计自己将在特定的场合去做某事或决定去做某事，不管是否已经决定要去做它（比方说，“我现在就能告诉你我会以某种方式行事，但我实际上决定要反其道而行之”），这种关于自己的预测是毫无意义的。如果我对汉普希尔的观点
243 阐释正确，当一个人说：“我非常了解自己，我相信不管现在我作何决定，无论在何种情况下我都不会去做某事”，他实际上想说的是，自己并不打算真要（也就是说严肃地）反对自己做某事，他并不打算哪怕努力去做其他事，他说的是他其实是自己已经决定要让事情顺其自然。没有人在真正决定努力避免做某事之后，能真诚地预言他无法履行自己的决定。他可能无法避免做某事，并且预计到这一点，但他不可能既决定努力逃避做某事，又预计说他甚至不会朝这方面努力。因为他永远可以尝试这么做，并且知道这是他同非人类在本质上的不同之处。说他甚至不会尝试就等于说他决定不去尝试。从这个意义来说，“我知道”意味着“我已经决定”并且在原则上不能被预测。

如果我理解正确，这便是汉普希尔的立场。我对此深有同感，因为我了解自我预测往往是一种逃避的借口，人们逃避对艰难决定承担责任，决定让事情放任自流，但用所谓自身不可改变的本性来掩盖自己的逃避。但是在这一争论中，我同意批评汉普希尔观点的人，在我看来，他们的立场如下：虽然汉普希尔描述的情形可能时常发生，但也存在这样的情

况，我既可以说此时我决定不做某事，同时又预测我应该做某事，因为对于一旦时机来临自己能否会努力不做某事这一前景，我对此并不乐观。事实上我可能会这么说：“我很了解自己，当危机出现，不要指望我帮你，我可能会逃开。尽管此时此刻我真的决定不退缩，要竭尽全力与你共患难。我之所以预计自己的决心可能不会实现，是基于对自身品格的认识，而不是对我目前心理状态的认识；我的预言不是失信的标志（因为我此刻并非犹豫不决），反而是一番好意，是愿意面对事实的标志。我真诚地向你保证，我目前的意图是要勇敢和抗争。然而如果你太过依赖我现在做出的决定，你将承担巨大风险。向你掩盖我过去的精神溃败是不公平的。”不管 244
他人有多大的诚意，我也能同样这么说。因为我能预测他们将怎样行事，相应地，他们也能这样预测我。虽然汉普希尔的观点合理并有吸引力，但我相信这种客观的自我知识是可能的，并确会存在；因此对我来说，汉普希尔的论据并不能削弱决定论命题的力量。在我看来，自己未必总能，但一定经常能置身事外审视自己，就像我审视他人一样，并以审视他人的超然和可信度来计算自己能坚持目前决心的概率，然如同评判他人一样公正。如果情况果真如此，那么“我知道我该如何做”就不必是决定陈述：它可能纯粹是描述性陈述。只要不特别声称自己准确无误，并符合波普尔的上述反驳，这种尝试性的、可能引起行为改变的自我预测看起来还是可行的，并非与决定论格格不入。

也就是说，我不认为决定论的信条，无论是有关个人行为还是他人行为的，在原则上与抉择不相干或不相容，假设这些选择本身与其他现象一样明确。在我看来，这种知识，或坚定的信念，增加了我的理性、效率与力量；它必定带来的唯一自由就是免于错觉的自由。但是这并不是这个词的基本含义，关于它的争论已经持续了两千两百多年。

我无意再进一步深入探讨有关自由意志的问题。但是我希望重申在其他地方提过并被决定论者严厉批评的观点：如
245 果心理生理学取得巨大进展，如果我们假设一位科学方面的专家给我一个已经封口的信封，并要我注意在特定时间内（比方说半小时）记录下我感受到的所有经验（不管是内省经验还是其他经验），并且要求我尽量准确地记录。假设我尽力做好了这件事，然后打开信封阅读内容，发现上面的内容和我最后半小时写下的经验记录惊人地吻合，我一定会非常震惊，我料想换作其他人也会一样震惊。届时，不管我们是否愿意，我们将不得不承认，一些曾经被以为是属于行为人自由选择范围的人类行为，终究受已知的因果规律所支配。承认这一点可能改变我们的行为，也许使其会变得更为愉悦、更为和谐。但这一让人高兴的结果本身将是我们新意识的因果产物。我不明白为什么有人认为这些发现是根本不可能的，甚至不具备任何可能性。它们确实将给心理学和社会学带来巨大改变；但毕竟，我们当今时代的其他科学已经发生伟大的变革。

然而，过去的发展与这种想象中的巨大突破之间的主要差别（我猜想大多数批评我的人都会不同意）在于除了引起经验知识的巨大改变，它还会更加彻底地改变我们的概念框架，其程度远比 17 世纪或 20 世纪物理学的发现，或 19 世纪生物学的发现更为剧烈。单是心理学与过去的决裂就足以对现在的概念和用法造成巨大的破坏。有关人类关系的所有词汇都将经历彻底改变。类似“我本不应该做某事”，“你怎么会选择那个？”等表达，将经历极大转变，事实上一切批评与评价自身与他人行为的语言也都发生这种转变。我们所需的那些用于描述目的和实践目的的表达（对于一个忠实的决定论者来说还能有其他目的吗？），诸如改正、制止、激 246
励等，必定与我们现在的用法有很大的不同。

在我看来，低估剥夺下列概念现有功能和意义的影响绝非明智之举：赞美、谴责、许多与事实相反的命题，以及有关自由、选择和责任这些概念的整个网络。但是坚持以下事实也同样重要，即这种可能发生的转变（或者至少是人们所要求发生的转变）并非倾向于证明决定论正确与否；这种转变仅仅是那些认可它的人常常不愿充分承认的结果。我只想补充说，在关于决定论的真理性是否为经验问题的问题上，答案本身是不明确的。如果心理生理学领域取得了如此革命性的进展，那么就需要新的概念来描述它，同时也需要（至少可以这么说）对其他领域的概念做出相应的修正，这种需要本身就表明经验与概念二者分界线的相对模糊性。假设这些经验发现能够得以实现，它们或将标志迄今为止人类思维上前所未有的革命。

要推测说该领域内确切知识的胜利将带来语言的变革——或者观念（它们是描述同一事物的不同方式）的变革——可谓是没有根据的。然而，这一知识的发展是否必定能全面提高整体自由呢？是否能让人免于犯错、脱离错觉、不再狂热、不会受到情绪的误导？自由在此的含义是否就是我们经常在哲学或日常谈话中所使用的核心含义？

二

当然，我不想否认，当我们说一个人是自由（或者比之
247 前更自由）的时候，我们也许是在用自由一词指道德自由、精神独立，或意志的自我决定。正如人们经常指出的那样，这一概念是不明确的，诸如意愿、意图、行动等核心词汇，以及与它们相关的系列观念（诸如良心、悔恨、内疚、内在强迫与外在强迫等）都需要加以分析，这种分析本身就包含发展不完善的道德心理学；同时，有关道德独立这一观念的认识（道德独立是什么，应该独立于什么之上，或如何获得独立）也还是模糊不清。另外，还存在值得怀疑的一点是，假设一个人的行为显示出始终如一的规则性，是来自（不管它是如何实现的）他自己的思想、情感，是出自他自己意愿的行为，我们甚至会认为那是他唯一可能的行为方式，我们

都不太确定是否就可以说他是自由的。可预测性可能包括、也可能不包括决定论。如果我们处于这样一个立场，即我们对一个人的品格、反应、看法如此了解，以至于在既定的场合下我们甚至比他自己更能预测他将怎样行事，那么我们是否可以把他当作道德上自由（或者不自由）的典型例子？我们是否觉得帕特里克·加迪纳所谓“个性的囚徒”[1]更适合他？如果适合，那么在特定的场合，他会后悔还是满意地接受这种说法？墨守个人习惯与个人见解的陈规，这样的人不是自由的典范。

在我看来，日常思想与言论的核心假设在于，自由是区分人类和非人类的主要特征；自由有程度之分，这取决于选择受到阻碍的程度；这种选择自身并不由先决条件决定，至少不全部由其决定。我们在这一问题上的常识也许是错误的，就像在其他问题上也会出错一样，需要持不同意见者予 248
以反驳。常识可能没有充分意识到障碍的多样性：有身体的或心理的、“内在的”或“外在的”，还有内外两种因素的结合，并且这种结合还由于社会因素与（或）个人因素而难以解释，或从概念上来讲根本无法给出解释。对于这个问题，大众的意见可能太过简单；但在我看来，要认识到问题的本质才好：自由是行动无障碍。可能存在自然或人为因素造成的身体上的障碍，阻止我们实现自己的意图：如地理

[1] 同上文引用（第243页注释1），92。

条件或监狱高墙，士兵把守或食物缺乏，无处安身，缺乏其他生活必需品（这种威胁被有意或无意地用作武器）；障碍还可能是心理上的：恐惧和各种“情结”、无知、错误、偏见、幻觉、幻想、强迫症、神经和心理疾病等种种非理性因素。道德自由（理性的自我控制）便是清楚利害关系、了解个人行为动机；不受他人、个人历史、某一群体、某种文化等未知因素的影响；扼杀希望、恐惧、欲望、爱、恨、理想等一系列经不起理性审视的行为——以上种种的确使人们从人生道路上最可怕也最隐蔽的一些障碍中解放出来。有关这些障碍的全面影响，尽管从柏拉图到马克思、叔本华等道德哲学家都对此有过敏锐而零星的洞察，但直到 20 世纪，随着心理分析法的出现及其具有哲学意味的认识，人们才开始对它有适当的了解。要否认这种意义上自由概念的有效性，或自由对理性与知识紧密的逻辑依赖是荒谬的。就阻碍人类尽力选择自身目的的心理障碍而言，这方面的自由同所有自由一样，都在于或取决于障碍的消除。但这还只是众多障碍中的一种，不管它多么重要而又没有得到正确的分
249 析。过分强调这种障碍，而排除其他形式的障碍和其他更受认同的自由，只会导致歪曲事实。然而，在我看来，从斯多葛派到斯宾诺莎，布莱德利和斯图尔特·汉普希尔等人刚好就是这么做的，他们把自由的定义局限于自我决定这一个层面。

自由就是能不受强迫地做出选择。这种选择存在竞争

的可能性——即至少有两种“可供选择的”、不受阻碍的选项。这种选择又依赖于外在条件，这些条件决定哪些道路是通畅的。在我看来，当我们在谈论某个人或社会所享有的自由度时，我们指的俨然是他们面前道路的宽度与广度、敞开大门的数量以及大门打开的程度。其实这个比喻有瑕疵，因为“数量”和“程度”并不是合适的词。有些门比其他门更重要（它们给个人或社会生活带来的好处更加重要。有些门会打开其他门，有些则会关闭其他门，存在实际的自由也存在潜在的自由），这取决于在既定的现存或潜在的身体或心理条件中，打开这些门的难易程度。两种情形之下，人们如何权衡？如果有两个人，其中一个人在获得适度的安全感、物质必需品和物质享受方面，既不受他人也不受环境的阻碍，而他的言论自由和结社自由却受到抑制；而另一个人，由于当地政府的经济政策，他发现自己不可能获得比前一个人更多的生活必需品，但却拥有更多受教育的机会或自由言论的机会或自由结社的机会，那么人们如何判断这两人中，谁获得的自由更多或更少？人们经常提出这类问题，它们常常出现在实用文献和形形色色的非极权主义政治学中。即使没有严格、牢固的法规，要衡量个人或团体的自由度，在很大程度上仍然还得取决于可供他们选择的可能性的范围。

如果一个人的“身体”或“心理”选择范围太窄，不管 250
他自身对此怎样满意，不管以下说法多么正确，即一个人越是理性，他也就越清楚那条唯一理性的道路，他就越不可能在二者的选择中犹豫（就我而言，这个命题是荒谬的），他的自由程度和一个选择范围更大的人相比是一样。通过消除进入障碍所在路上的欲望（甚至是对该道路的意识）来清除障碍，也许会增加自身的平静、满足，甚至是智慧，但不会增加自由。心灵的独立（人格的清醒与完整，健康和内在和谐）是非常令人满意的状态，这种状态清除很多障碍，足以令其成为一种自由，因为清除障碍而获得的自由——但是这种自由只是很多种自由中的一种而已。有人会说至少这种自由在以下情况是唯一的：这种自由是其他自由的必要条件——因为如果我无知，受到迷惑，不够理性，我就会无视这些事实，而一个如此盲目的人，事实上同那些可能遭到客观阻碍的人一样，是不自由的。不过，这种说法在我看来是不对的。如果我对自身的权利一无所知，或太过敏感（或迟钝），以致不能从中获得益处，那些权利对我而言就是毫无用处的；然而这并没有让这些权利不复存在，这就好像说通往某条道路的门被关上了，但那条路还是会通往其他敞开的门。破坏或缺乏自由的条件（如知识与金钱）并不会破坏自由本身，因为自由的本质并不在于它的易得性，虽然它的价值可能在此。人可以走的路越多，这些路越是宽广，每条路通向的其他路就越多，他们就越自由；人们越是清楚面前的路通往哪里，它们的开放程度如何，他们就越清楚自己享有的自由。享有自由而不自知大概是一种辛辣的讽刺，但如果一个人最后发现所有的门都是打开的，只是他并不知道，那么他要痛苦反省的就不是自己如何缺乏自由，而是自己有多无知了。自由的程度取决于行动的机会，而不是对此的意 251
识，尽管这一意识对于自由的运用可能是必不可少的条件，尽管对这一意识的阻碍本身就意味着剥夺自由——知情的自由。无知阻碍自由之路，知识打开自由大门。但是这些自明之理并不必然使得自由就意味着意识到自由，也完全不等于说它们是一回事。

值得注意的是，正是这些实际敞开的大门决定一个人自由的程度，而非个人喜好[1]。假设一个人在实现自身愿望的时候，没有心理或其他障碍（他可以做自己想做的），他不见得就是自由的，因为那样一来，就等于说他因为改变了自己的欲望或性情，而不是因为改变了行动的机会，而被认为是自由的。如果主人使仆人喜欢加在其身上的枷锁，这并没有增加仆人的自由，尽管主人可能增加了仆人的满意度或至少减少了他们的不幸。历史上曾有一些不择手段的管理者，用宗教教诲人们克制对残酷和不公正的不满。如果这些做法奏效，就有理由相信这些管理者经常这么干，而如果受害者已经学会不去理会加诸己身的痛苦与侮辱（就如爱比克泰德

[1] 我想借此机会更正自己在《两种自由概念》［Oxford，1958，其修订稿在《自由论》（London，1969）中重印］一书中关于这个论点的错误看法。同时感谢理查德·沃尔海姆先生指出这一错误。

那样)，那么一些专制制度就可能会被说成自由的创造者；因为同非专制制度相比，它们通过消除蛊惑人心的诱惑和“束缚人心”的愿望与激情，创造了（在此假设意义上）更多的自由，非专制制度在扩大个人或民主选择范围的同时，也带来令人烦恼的需要，需要选择，需要决定自己朝某一方向发展而不是另外的方向——这是难以选择又令人可怕的负担（一些理性主义思想家认为这是非理性的征兆)。这个古老的谬误现在已广为人知，无须反驳。我在此提起，不过是为了强调以下两种自由定义存在至关重要的区别，一说自由就是无障碍地做自己喜欢做的事（这一定义大概与非常狭隘
252 的生活并存，来自个人或非个人因素、教育或法律、朋友或敌人、宗教导师或父母等对我的影响，甚至来自自身有意染上的影响，它们都使我的生活变得狭隘)，另一说自由是客观上存在若干可供选择的可能性的范围，不管这些可能性是否为人主观上想要得到，不管要制定规则来衡量、比较、评估这些可能性的程度有多难，甚至不可能。

当然，存在所有道德哲学家都熟知的一种观念，即奴隶爱比克泰德比强迫他客死他乡的主子或皇帝更加自由，或者“石头高墙不足以造就一座监狱”[1]。尽管如此,这些说法还是从一个事实中获取了修辞力量，即奴隶是通常意义上获得自由最少的人，而监狱的石头高墙和铁栅栏是对自由最严

[1] Richard Lovelace，‘To Althea，from Prison’，line 25.

重的阻碍。另外，道德上的自由、身体上的自由、政治上的自由和法律上的自由并非同义词。除非某些惯常意义的核心(不管是单一的共同特征还是“家族相似性”）被牢记于心，否则仍然存在这样的危险，类似观念被表征为是基本观念，而迫使其他观念来服从它，或令其他观念显得不重要或虚伪而遭到唾弃。这一做法最为臭名昭著的例子就是这样的诡辩术，把不同的强制和思想控制类型表征为自由的“真正”手段或其组成部分，或反过来，把自由政治和法律体系当作不仅是保证一些人自由的充分条件，而且是保证他们享有这种自由机会的充分条件，由于缺乏教育或其他心理发展手段，这些人不太理性或不太成熟，以致不能理解或得益于这些规则或法律。所以，如果自由这一词语存在核心含义，有必要确定这一含义究竟是什么。

关于知识与自由的关系问题，我还想回到此前另外一种考
虑[1]，即知识的确必然打开某些大门，但它不会关闭其他大门吗？
假设我是诗人，难道有些知识不会制约我的力量从而降低我的自 253
由？让我们假定，我需要一些幻想与神话来刺激想象力，而这些
幻想和神话都是由我的家教或皈依的宗教信仰所提供的，再让我
们假设，一些正直的理性主义者反对这些信仰，粉碎我的幻想，
驱散这些神话；彼时，难道不可以说我在知识与理性方面的明显
所得不是以我作为一名诗人的力量的减少或毁灭为代价的？说起

[1] 参见上文第 230 页。

来容易，说我失去的不过是这样一种力量，它凭借幻觉或非理性心态而存活，被知识的进步所摧毁；或者说，有些力量是有害的（例如，自我欺骗的力量），或者说，无论如何，力量只是力量，不是自由。也许有人会说增加知识不会减少自由（在我看来，这也许是一种分析性的真理），因为认识行动的根源就是把我从未知事物的奴役中解放出来——不在黑暗中跌倒，那黑暗中充满着滋生恐惧和非理性行为的虚幻之物。此外，人们会说，摧毁偶像的后果就是我明确获得自我决定的自由，因为现在我能对自己的信仰给出理性的证明，并且清楚地知道自身行为的动机。但是如果我在早已习惯的诗歌创作上变得不那么自由了，那么现在，我面前是否又有新的障碍？是否打开一些门的同时另一些门则会关闭？在这些情况下，无知是不是一种极乐又另当别论了。我想要问的一个问题是（一个我不知道答案的问题），知识的缺乏是否为某些心态或感情的必要条件，只有在这一条件下才对某些创造性劳动的障碍才会消失。这是一个经验问题，这个问题的答案依赖于对另一个更复杂的问题的回答：知识是否从来不会妨碍，只会增加人类自由的总量。

不妨再来假设说，我是一个歌手，那么我的自我意识
254 （它是知识的孩子）可能会抑制我的自发性，而这种自发性又是我表演的必要条件，就像卢梭和其他人认为的那样，文化的发展抑制了未开化的无知的快乐。这一信仰是否真实并不重要，那些头脑简单、未开化的野蛮人也不及卢梭想象的那么快乐，而未开化状态也许根本就不是一种天真无知的状

态。但我们可以肯定地说，的确存在某些具有心理作用的知识，它们能抑制某种自我表达，而这些自我表达，无论以何种形式表现，都应该被看作是自由行动的形式。如果绘画不是依靠思考，那么沉思冥想会毁了我的画；意识到某种不治之症在折磨我或我的朋友可能会吞噬我独特的创造能力，并以这样或那样的方式约束我；而这种被约束的状态（无论其从长远来讲会带来怎样的好处）不能被认为让我更自由。对这一问题的回答可能是，如果我患上某种疾病而不知情，我的自由要少于那些知道自己的病情并且至少努力逐步控制病情的人，即使这种疾病至今为止无药可救。不明确病情必然会在错误的方向上浪费精力，并且把自己置于自然力量的支配中，从而限制我的自由，由于我并不清楚这种自然力量的特性，所以我无法理性地漠视它，或者积极处理它。情况的确就是如此。这种知识不会减少我作为理性人的自由，但它会终结作为艺术家的生命。一扇门打开了，另一扇门就会关闭。

让我们再看另外一个例子。只有当人们对胜负可能性不完全了解的时候，对极大可能性的抗拒才能奏效，否则要抗拒被认为是不可抗拒的高度可能性会成为一种非理性行为，尽管这一高度可能性还暂不为人知。因为也许正是因为我对胜负可能性一无所知，才使得我可以成功抗拒它。如果大卫王对歌利亚很了解，如果在第二次世界大战期间，大不列颠的多数居民对德国知之甚多，如果历史的可能性成为某种指导行动的可靠方针，那么有些成就将永远无法取得。我发现 255

自己患有致命的疾病，这个发现可能使我尝试某种治疗方法——如果我对病因一无所知，这是不可能。但是，假如我知道发明解毒药的可能性不大，而且一旦毒素进入体内，死亡就随之而来，就像废弃的核武器对环境造成不可挽回的污染那样。那么我现在能更自由地做些什么呢？我可能会尝试接受已经发生的事实，而不是自讨苦吃地去硬碰硬，我可能会安排好一切事务，立下遗嘱，不忧愁，不气愤，坦然接受必然之事——从历史角度看，这正是“斯多葛主义”或“哲学地看待问题”的含义所在。但即使我相信现实是一个理性的整体（不管这到底意味着什么），关于现实的其他见解都是无知导致的错误，例如，认为我能够同等地实现各种不相容的可能性，如此一来，我把现实中的一切都看作是理性使然（我自己也愿意成为一个完全理性的存在物），但发现这一结构并不会增加我的自由。它只是让我远离希望与恐惧（因为这些是无知与幻想的标志），同时也让我远离选择，因为选择意味着至少存在两个选项，比方说，行动还是不行动。据说，斯多葛派哲学家波希多尼对折磨他的痛苦说：“你尽管来吧，痛苦；无论你如何为非作歹，我都不会恨你。”[1] 但波希多尼是理性主义的决定论者：真实存在的就是应该存在的，希望它变成其他形式是非理性的标志；理性意味着选择（以及根

[1] Cicero, *Tusculan Disputations* 2. 61. ‘Nihil agis, dolor! quamvis sis molestus, numquam te esse confitebor malum.’

据其可能性来定义的自由）不过是一种错觉，而选项不会因为获得真正的知识而扩大，而是会被其扼杀。 256

对于康德、斯宾诺莎及斯宾诺莎的追随者来说，知识增加自主性。我想再次提出：所有的自由都是这样吗？知识的进步让人不在欺骗性计划上浪费精力。它让我们不再火烧女巫、鞭打疯子，不再通过聆听神谕、观察动物内脏或鸟的飞行轨迹来预言未来。知识的进步也许让现在很多（法律上的、政治上的、道德上的、社会层面的）体制和决定都显得过时，它显示出这些体制的残忍与愚蠢，与对正义、理性、幸福、真理的追求格格不入，就像我们要是现在还认为应该火烧寡妇或者吃敌人的肉会获得他的技能，那么我们的观念就十分荒诞不经。如果我们的预测能力以及对未来的了解，能变得比现在更为强大，那么即使它们从来也不会发展到极致，也会根本性地改变我们对组成一个人、一次行为、一个选择诸要素的看法。实际上，它还会根本性地改变我们对语言、对世界的看法。它或许会使我们的行为变得更加理性，也许还变得更加包容、更加仁慈、更加文明，它或许会从各方面改善我们的行为，但它能否增加个人或群体自由选择的范围呢？它一定会扼杀我们一些基于非理性信念而产生的幻想，作为对此的补偿，它或许会让我们的目标更加容易实现，更加和谐地得到满足。但谁能肯定这种平衡就一定意味着自由选择范围的扩大？为什么事情非得如此呢？除非能以某种先验的方式在自由、自我决定和自我知识这三个观念之间建立一种逻辑平衡——就像斯宾诺莎、黑格尔和他们的现代追随者尝试去做的那样。斯图尔特·汉普希尔和E. F. 卡里特在讨论这一问题时坚持认为，面对任何问题，我们都至少可以在尝试去做和任其自然这两者中做出选择。但事情非得总是这样吗？假设存在一个外在世界，那么认识这一世界的意思，从“认识”这一词的定义来看，不是要去改变这个世界。至于“认识”的另一个含义——语用含义，在这个意义上“我知道我该做什么”与“我知道要做些什么”类似，它表
257 达的不是某个信息，而是一个决定，一个要以某种方式改变事情的决定——如果心理生理学足够先进，“认识”一词的语用含义是否会衰亡？如果那种情况会发生，我要行动或不行动的决定难道不会越来越像卡努特国王的侍臣给他的建议[1]一样无效吗？

有人说，知识扩大自由的疆界，并且这是一个先验命题。这是难以置信的吗？说知识的增长越来越成功地把决定论命题变为经验真理，并且用不可改变的、具有规则的自然演替来解释我们的思维与情感、愿望与决定、行动与选择，以此来寻求改变一个看起来有趣但缺乏理性的逻辑谬误？这毕竟是许多观点不一、但都备受尊敬的哲学家所遵守的程序和信仰，如斯宾诺莎、霍尔巴赫、叔本华、孔德和行为主义者

[1] 卡努特是11世纪英格兰国王。传说他从丹麦率军成功征服英格兰以后，侍臣对他极尽奉承之能事，说他的命令能让海潮都乖乖撤退，而卡努特居然信以为真，险些葬身海浪。——译注

等。这样一种完美境界会扩大自由的范围吗？在哪种意义上？它是否会使这种观念因缺少对立观念而变得多余？是否会形成一种新的景象？汉普希尔与哈特提醒我们[1]，自由这一概念会伴随“认识”一词的语用含义（知道怎么去做）的消亡而消解。如果一切都是注定的，就不存在选择一说，也就无所谓决定。也许只有那些承认过自由乃必然之物的人对上述情形有过深思。如果情况属实，那么，他们的自由观与那些用自觉选择和决定界定自由的人相比，可谓有着本质的区别。

我无意在此做任何价值判断，只想说明：认为知识是件
好事是一回事；就自由这个词的习惯用法来说，认为知识在
任何情况下必然与自由相容并且相互包容（甚至像某些人假
设的那样，知识与自由简直就是一回事），这又是另外一回
事。第二种说法也许根源于乐观主义观点（这也似乎是形而 258
上学理性主义的核心），该观点认为，所有的好的事物都应
该是彼此相容的，所以诸如自由、秩序、知识、幸福、可预
见的未来（或不可预见的、开放的未来？）应该至少都是可
以并存的，甚至以某种系统性的方式相互包含。但是这一命
题的真实性即使从经验主义立场说来也并非不言而喻。它甚
至也许只是那些知识渊博又有影响力的思想家抱有的、貌似
合理的种种信念中最不合理的信念之一。 259

[1] Stuart Hampshire and H. L. A. Hart, ‘Decision, Intention and Certainty’, *Mind* 67 (1958), 1—12.

第二版附录

终究是蜡人一个

我们之所以觉得没必要再版这些观点，是因为我们唯一想要取悦的读者就是我们周围那么几个同行，而我们还定期见面。

——以赛亚·伯林[1]

编者按：我与伯林商定的四卷“伯林作品选集”（这是我一开始计划编辑的四卷本暂定名）包括前三卷和已经与企鹅公司签约的《俄国思想家》。当时商定这三卷依次编号A、B、C卷：A卷为哲学作品选集、B卷为观念史作品选集、C卷为回忆录和追思录。我在编辑完毕A卷以后，收到伯林的来信。以下是这封信的节选：

1976年4月6日以赛亚·伯林致亨利·哈代的信

亲爱的亨利：

261 ……我忽然对四卷作品选集中的哲学卷是否真的有必要

[1] 选自《J.L.奥斯汀与早期牛津学派》，载亨利·哈代编《个人印象》第二版（London，1998），第145页。

出版产生了一种深刻的怀疑。这些文章对于我而言真的是无异于故纸堆了，无论它们当年的价值如何，在今天的哲学家看来它们的确是过时了，甚至是作废了，不会有人感兴趣的。其中一两篇受关注较多的可以收录到其他三卷里。既然要出我的作品选集，总该意味着这些文章多少有其重要性，意味着有人对我和我的文章感兴趣。不是我故作谦虚，这些文章看起来还真够不上这一标准，任何一位诚恳的评论家也都会看到这一点，即使他们可以出于好意不会明说出来。关于俄国的几篇文章自成一体，或者还有些价值，回忆录和追思录等也都如此。可以考虑出一本包罗万象的集子，但再也不能出其他的了，就到此为止。

如果你有不同看法，不妨和我一辩，但我本人对这一问题的看法非常确定。我不认为《证实》、《还原论》、《历史逻辑 A 到 Z》[1] 等文章值得重印，它们只会降低文集的水准。三卷就够了吧？……你如此看重我的著述，实在是太慷慨了！

你永远的朋友

以赛亚

1976 年 4 月 6 日于海丁顿公寓

[1]《科学历史学的概念》的初稿，包含 26 个段落（显然没有特别的意义），每一段都以相应的字母打头。

编者按：伯林在4月10日又给我发了一封信，谈的还是同样的问题，大概是忘了给我写过信了。在这封信里，他这样写道：

262 我在《心灵》和《亚里士多德学会会刊》上发表过的文章也许倒不像同时期的哲学文章那么糟糕，但也没有好太多：现在读来也是全无生气的故纸堆。一篇有价值的哲学文章真的是要能产生影响，要能代表某种（即使不那么有新意）至少具有鲜明的历史重要性的观点。而这些哲学文章都不够这一水准。《哲学的目的》看起来或者还有救，《政治理论还存在吗?》也还行，《“希望不在，恐惧不再”》也差不多，但那些谈演绎、证实、假言、还原论，甚至谈平等的文章都只属于当时，仅此而已。

编者按：我自然非常沮丧，这不仅仅是因为编辑工作都已经完成了，我和伯林据理力争。下面是我回信的节选（我当时在一家伦敦的出版社工作）。

1976年4月18日亨利·哈代致以赛亚·伯林的信：

亲爱的以赛亚爵士：

感谢您10月6日和10日的来信。您此时对作品选集哲学卷的出版打退堂鼓，我自然难免沮丧。请容许我在此为这本业已可以付梓的书申辩一二。如果稍显啰嗦，还请见谅！我必须尽力说服您这本书还是有必要出版。在您对该书的重印有如此多的顾虑的前提之下，也许我说什么都无济于事，但我觉得还是值得一试。

您以一名重要的哲学家身份在学术圈崭露头角，时至今日您的声誉也还主要集中于哲学家的身份。您也许觉得这么说欠妥，但您后来转入的观念史领域属于不及哲学重要的领域——但也不是完全不合适，您后来编纂的观念史主要都是哲学家的观念。除了《自由四论》中收录的您最脍炙人口的两篇文章以外，我们原先商定的《概念与范畴》一书拟收录 263
您九篇文章，还是作为您作品选集的首卷。这些文章自成一体——开篇介绍哲学的本质，然后就是各种个案研究——也是（在我看来）目前我在编辑的作品选集的基本部分，如果说这四卷本作品选集要有代表性的话。这些文章本身就耐人寻味，加之又是您的手笔，便尤其如此了：任何对您有所了解的人都是作品选集潜在的购买者和读者，他们会期待在号称“伯林作品选集”的书中读到您的各类文章。

上面讲的是大致情况。我想还可以就您来信中提到的一些细节理论一番。首先，您说有些文章过时了。在某种意义上看来这话也不无道理，也就是说，读者一看题目，就知道文章一心想谈的是什么，想要攻击的对手是谁，也知道它们是英国哲学哪个阶段的产物。但无论如何，它们不至于构成不值得出版的理由。三卷本《赖尔文集》中第一卷中的文章在此意义上也是过时的，但过时丝毫不妨碍其内在的哲学重要性，也不曾阻止它们作为赖尔文章的重要性，它们成为后来让赖尔走向《心的概念》思想历程的一部分。《奥斯汀哲学文集》中的一些文章也同样如此。

哲学的关注点变了，并不意味着此前的思想就不对了，或者不是后来思想的基础，或者不再有意义。它同样还是可以
264 将作者的思想展现给读者（并没有什么坏处！）。正是这些原因才让人觉得有必要将先前的文章再出版。老天爷，如果大家都只出版与时俱进的东西，那该有多少过去的无价之宝不得重见天日啊！我经常恼怒于评论家和观念史学家把作者分期分派的做法，俨然他们是当代思想语境中的有机部分这一事实有损于他们思想，或者让他们的话站不住脚似的。您最了解他们的套路，“他在写某文章/书的时候，受到了哪个圈子的影响，自然而然地结合了某某人的典型观点”，诸如此类。我非常确信，一篇文章带着自身产出的时空烙印这一事实绝对不构成其价值或意义要被否定的理由。我相信您对此有同感。

您在信中提到，值得重印的哲学文章，如果不是非常有创见，但也至少要体现鲜明的具有历史意义的观点。可这是多高的标准啊！有多少哲学文章可以达到这一高度？最多百分之一。但被重印的作品远不止这么多，应该要多得多。我倒不是要坚称（我觉得事情也不是这样，即便真是如此，您自己也不会认可）：您是最重要的、最有创意的纯粹哲学家之一，但您的一些文章中的确表明您对哲学研究非常在行：您必须承认，

只要承认这点就行。除此以外，这些文章中还有其他一些可取之处表明它们并非平常之辈（您自己也非平常之辈），而您自己似乎确信要将它们打入不过尔尔的平常之辈。

如果您不信，我大可以逐章逐段给您找出例证来。您卓尔不群，不像很多人一样被淹没在正统路线上；您的思想清新、率直而切中要害，不人云亦云；您的哲学文章无论从内 265
容还是风格上而言都带有个人的特质；您对手头材料烂熟于心，用起来的时候得心应手，其他哲学家望尘莫及；您不会故弄玄虚，让问题更加复杂化或模糊，因为您自己看得明白，没必要堆砌词藻；您在哲学文章中体现出来的文风在您所有作品中独占鳌头，无出其右。

我希望我没有让您觉得不好意思。除此以外，事实是您在文中提出的问题过去是，现在还是哲学中的问题：哲学的独特性，归纳信仰的本质，证实的作用；现象论的可能性；对还原论的反对；怎样的平等才算是政治理想；历史是否为一门科学；政治理论的地位；知识是否具有解放性（我这还只是挑选了一部分您讨论过的重要问题）。这些问题都还不算是死问题。就算有些问题现在显得过时，它们将来也会卷土重来的。想想很多哲学期刊文章谈的那些无法启齿的小问题！不管您觉得自己的文章有多少不足，那些不足在他人那里只会有过之而无不及。

加之您有所顾虑的文章中有好几篇都在被要求重印，而且就是在最近。如果您觉得我一味偏袒、不假思索地支持您的作品（我自己是不承认这一指控的，我对您的文章，对您个人

的欣赏是依据事实的，不至于觉得您完美无缺或不会犯错之类的，我在欣赏您的同时也有困惑不解的时候），我请求您再求证
266 于比我更有名望，更有资格来评价，更可能客观评价您的哲学家。《证实》一文1968年在帕金森主编的牛津读物系列的哲学卷中重印过，《经验命题与假言陈述》于1965在某卷美国出版的哲学论文集中重印过；《科学历史学的概念》一文于1963年和1966年被重印过两次，我也知道您曾有意将这两篇收入《维柯与赫尔德》，这让我尤其奇怪您还是会对重印两文有所保留。

难道这些重印不应该说明些问题吗？我认为答案是肯定的。当然，还有些文章是没被重印过的：但是这不正好说明有必要出一本集子？不正是我们在筹划的哲学卷？即使有那么一两篇文章不如其他重要，但为了完整性也应该收录。这一哲学卷毕竟也不是单独面世的，而是您作品集的一部分。

这也让我想到了我们最大的分歧所在。在我看来，我们要出版您四大领域的主要文章，只有极少数例外（其中两篇关于浪漫主义的文章您不想收录在此，唯恐它们抢了梅隆讲座稿的光；写政治犹太人的一篇；您以笔名发表并引发争议的有关苏联政治的文章）[1]，但并不限制文类。谁拥有您这四

[1] 两篇关于浪漫主义的文章分别指《浪漫意志的神化：反抗理想世界的神话》，载1990年出版的《扭曲的人性之材》，以及《浪漫主义革命：现代思想史的一场危机》，载1996年出版的《现实感》（伯林拟出的梅隆讲座稿一直不曾出版）；有些关于犹太人的文章被收录在2000年出版的《观念的力量》一书中；关于苏联的文章最早载于2004年面世的《苏联的心灵》。

卷作品集，加上你此前发表的著作，谁就拥有了您最新的全部主要作品。（安德鲁·贝斯特[1]给出的“伯林作品选集” 267
这个笼统的文集名或许并不特别好，显得收录其中的文章比我当初料想的要更具选择性。）

您不是因为作品选集这一标题所隐含的意思才有所顾虑的吧？我觉得您也不妨把它们设想为四本独立的书，各有所长(其中三本在您看来是如此)，都是伯林所著，不过，这并不成为出版的理由，或者只是一个小理由。您在信中说“既然要出我的作品选集，总该意味着这些文章多少有其重要性，意味着有人对我和我的文章感兴趣。不是我故作谦虚，这些文章看起来还真够不上这一标准”，我想知道您是否果真以为如此？

我不知道您如何看待自己的声誉，我也不敢假装说自己就深谙其本质，但是您自己应该知道（即使您本人并不欢迎这一声誉）——怎么说呢？——您的声誉已经到了这么一个地步，任何书只要您是作者，对于很多人而言就是去阅读并乐在其中的足够理由。您说不会有几个人愿意读您的作品选集，但您且打住，这实在是不实的谦虚。查托和温达斯出版社听说您认为哲学卷不值得出版后可没有觉得大松一口气：我上一次和雨果·布鲁纳联系的时候，他确定地告诉我（我猜也如此）在伯林作品选中出哲学卷是理由充足的，而且也

[1] 安德鲁·贝斯特（1933—2006），彼时是伯林在柯蒂斯布朗出版公司的著作经纪人。

会好卖的。海涅曼教育集团的唐纳德·麦克雷也同样认为如此，而且语气非常肯定。当然，这些都并不构成出版一本书的理由，但它的确该有助消除您的顾虑。

您一直在考虑书评人会怎么说。我认为您丝毫不必因为以上缘故而过于悲观。无论如何，您的声誉已经非常稳固了，即使书评人对哲学卷的评价不高——事实上这不会发生，您的声誉也不会受到显著影响。请恕我直言，像您这样
268 知名的人士实在没必要担心一卷书的出版会有损您的声誉。如果说会有任何问题，人家指责的也会是我这个编者——毕竟文章是我选的，即便是征得您首肯，但应该是编者我承受书评人的指责，说我编目不当。也许，您只是不喜欢负面书评——您的确如此。但是，（请再次恕我直言）这就足够成为决定是否出版的理由么？我想我可以想象您的想法：但是您担心的负面评价的确重要么……

在我看来，在伯林作品选集中拿掉A卷无异于扼杀了出版它的初衷。我作为哲学家（同您一样，我后来也离开了哲学）对这部哲学卷情有独钟，这也是为何我乐于编辑它，并期待它的面世的原因。我的博士论文中甚至还引用过一篇您想要弃而不用的文章作为附言！[1] 如果我在信中有

[1] 我在博士论文《主观经验》（Oxford，1976）第三章中的第二个题记引用了《经验命题与假言陈述》（参见上文第70页）：“词语的意义被我们明确的或暗示的因果信念所影响，而且通常会被深刻影响，对某一表达意义的分析会揭示特定社会的各种自然、社会、心理信念或假设，这是一种可以影响词语含义的变化。”

出言不逊之处，还请原谅：我只是想尽力陈述理由，说明为何哲学卷值得出版，希望您想打退堂鼓的心意能够有所改变。

您永远的

亨利 269

1976年4月18日于伦敦开放出版社

1976年5月3日以赛亚·伯林致亨利·哈代的信：

亲爱的亨利：

你的来信让我很感动，但是还不至于改变我的心意。我觉得我们对于符合重印的文章标准有些看法不一致。在我看来，作品选集差不多都是死后才出版的。我不认为读者对我的兴趣，对我从哲学转向观念史的兴趣就足够证明有必要重印这些哲学文章。我的个人看法是，任何我准备好署名的作品都应该是无可挑剔的，具有足够结集出版的内在价值。那些写俄国思想家的文章在我看来是站得住脚的，那些悼文也是，还有一些一般性的散文。但是，这些纯粹哲学性的文章在我看来，无论如何也站不住脚。

不管编文集的人怎么说，至少有三篇文章（关于归纳、现象论、证实的三篇）都已经过时了：不是说它们讨论的话题过时了，而是说我使用的观点和我在文中提出的反对理由已经被融入了有关话题的一般讨论。毫无疑问，你可以问某位公正的仲裁人，例如大卫·皮尔斯[1]，或者厄姆森[2]，他们都会支持我的意见。赖尔[3]或奥斯汀[4]的论文集发表实属应当，他们对英国哲学产生过重大影响；综合各种原因来
270 看，A. J. 艾耶尔[5]的文章也应该如此，但你真觉得厄姆森或尼尔[6]的文章也有必要重印？即使他们两人也都是备受人尊敬的哲学家，在他们所属的年代也产生过影响。当然，我不会否认，哲学卷中那几篇政论文章，还有一篇谈纯粹哲学的，都还尚可勉强塞入（用科罗斯曼[7]的话来说，就是“插入”）。我们不妨再来理论一二。

我是的确很感激你，这不仅因为你已为我所做的、正在做的、将要做的一切，还因为你给我的真诚的、让我难以拒绝的赞誉。我想我一贯怀疑自己的能力，一贯对自己的智力

[1] 大卫·皮尔斯（1921—2009），牛津大学基督教会学院研究员（1960—1988）；也是我的博士生导师。

[2] J. O. 厄姆森（1915—2012），牛津大学基督圣体学院哲学系研究员与导师（1959—1978）；也是我的本科导师。

[3] 吉尔伯特·赖尔（1900—1976），牛津大学莫德林学院研究员，韦恩弗利特形而上学哲学教授（1945—1968）；《心灵》杂志编辑（1947—1971）。

[4] J. L. 奥斯汀（1911—1960），牛津大学基督圣体学院研究员，怀特道德哲学教授（1952—1960）。

[5] A. J. 艾耶尔（1910—1989），牛津大学新学院研究员，威克姆逻辑学教授（1959—1978）。

[6] 威廉·尼尔（1906—1990），牛津大学怀特道德哲学教授（1960—1966）。

[7] R. H. S. 科罗斯曼（1907—1974），学者、记者、劳动党政治家、牛津大学新学院研究员与导师（1930—1937），他在 1932 年为伯林提供了人生的第一份学术职位，在新学院担任哲学讲师。

水平缺乏信心，也许可以开始对自己说，我还是比自己一直以来认为的要强一些。我会在意评论，与其说是本来就不喜欢自我曝光，批评难免之类的，不如说是担心批评家说出我自己看到的真相，而且可能会说得过火——既然我在自吹自擂，就势必要受得起批评。所以才会有如此这般折腾。每当我受到任何形式上的荣誉，我都会觉得如果他们把这些荣誉当真的话，他们可能会气愤：我私下里认为那些傻到给我如此这般荣誉的人所依照的标准太让人觉得不可思议了。

我就暂且搁笔吧。但我们必须面谈。你下次来牛津会是什么时候？真的多谢你——我真的很感动、感激。

你永远的

以赛亚 271

1976年5月3日于海丁顿公寓

1976年5月5日亨利·哈代致以赛亚·伯林的信：

亲爱的以赛亚爵士：

多谢您对我就哲学卷一事致歉的回函。看来您的心意未改。我很遗憾，也倍感无力，觉得您完全不应该如此自谦。我前个周末遇到克里斯·申克[1]，和他说起过您的哲学

[1] 克里斯托弗·申克（1949— ）是我在牛津大学沃尔夫森学院哲学系的研究生同学。

论文：我很高兴听他主动说起自己在读本科时读到过您的一些文章，觉得那些文章在推荐书目中是出类拔萃的，不似其他文章那般循规蹈矩或学究气似的拖沓冗长，而是直接切中要害，娓娓道来，不拖泥带水，不无创见。他不觉得您的文章是哲学期刊上司空见惯的、无用的、纯属凑数的那类文章。不仅如此，他还真的就说了（未经提示！）“这些文章大有破冰之效”：您自己早先也在信中用了“破冰”一词形容您认为自己文章之所未能及的。我觉得这话很有说服力。作者是自己作品最好的评判者吗？至少在我看来不是。

我已经没少列举过您哲学文章的成就，本应就在转述申克的一番话后就此打住。但我还是想补充说，这些文章在同类文章中也表现出一种罕见的旁征博引和锐意进取，不畏言
272 之有物，不乏启迪，意味深长。我很遗憾您从不把自己的这些才能更加积极地应用于自由意志与决定论的问题。你在某次谈话时对此话题表达的看法似乎显示，您会从本着解决这一问题的初衷写点什么，即使不是那种您以为要天才手笔才得以完成之举，但至少可以展开有关该话题的讨论。也许您以后会写。

我也许没说清楚，对于您文章的不足我不是不知，而是更加理智：我认为即便这样（我不是不知道），还是值得出版。您信中提到厄姆森的文章不值得出版。有意思的是，我还的确认为出上一本厄姆森的论文集也是值得的，并常想到

要向他建议。[1] 这只能说明您对我判断力的评价不高！我下次见到他的时候要问问他对您文章的看法——我也会问不日就要见到的大卫·皮尔斯。

如果我无法说服您遵守最初的约定，我能否请求您至少暂缓执行？我的意思是，让我们先出版其他三卷，哲学卷暂缓，看看您以后感觉如何？也许其他三卷的好评会让您不那么担心哲学卷的评价。也许您会直接改变主意。正是基于这些原则（也包括不匹配），我想暂时不把哲学卷中的文章挪到其他卷里去。

我不知道出版史是否还有我们这种情形。书都已经只待 273
付印了，编辑和出版商都想出，读者想买来读，但作者决定不出。这至少给出版史提供了一个有趣的素材！我想通常的困境都是，作者想要出书，而拿不出出版社愿意接受的东西……

您永远的

亨利

1976 年 5 月 5 日于伦敦开放出版社

1976 年 5 月 18 日以赛亚·伯林致亨利·哈代的信：

亲爱的亨利：

……你关于我会在意评论的看法失之偏颇：我想它也

[1] 时至今日（2012 年）仍有出版社在考虑这样的选题。

许源自瓦德汉学院院长[1]有关我对此事有所怀疑的假设，但这个假设其实是站不住脚的。我之所以对出版哲学卷有所迟疑，不是担心评论家可能的反应，而是我自己对这些文章的评价：我认为只有以下几种情况值得把旧文结集出版：(1) 它们本身具有足够的价值；(2) 当下明显有人对之感兴趣；(3) 对观念史发展或饱学之士的态度有所启迪，值得后者去研究。我很清楚自己不属于最后一类；我不确定是否属于第一类，对属于第二类也有所怀疑。伯纳德·威廉斯已经承诺要试图说服我关于前两类的怀疑是没有充足理据的。如果他的承诺兑现，如果他和/或皮尔斯真的说服了我这些文章值得出版，我也许——现在还不好说——会让步……

你的朋友

274 以赛亚

1976年5月18日于海丁顿公寓

1976年5月31日以赛亚·伯林致亨利·哈代的信：

亲爱的亨利：

……我附上伯纳德·威廉斯全力反对的信。……我想伯纳德其实并不真的需要听大卫·皮尔斯的意见[2]，但如果你

[1] 斯图尔特·汉普希尔（1914—2004），哲学家，伯林的密友。
[2] 根据我的记忆，我没有询问过大卫·皮尔斯。

听到了他的意见，无论什么意见我都会非常乐意了解。我想伯纳德关于《归纳与假设》一文的意见是对的。如果你对《逻辑转换》一文感兴趣，那个也可以放进去。看来我事实上已经被说服恪守先前的计划了，除了你当初没收录《归纳与假设》一文（大卫·皮尔斯一度对此文评价甚高）[1]，还有《逻辑转换》。原来，我终究是蜡人一个。

你的朋友

以赛亚

1976 年 5 月 31 日于海丁顿公寓

附 1976 年 5 月 27 日伯纳德 · 威廉斯的来信：

亲爱的以赛亚：

我重读了你早年的哲学文章，得出以下结论。

首先说否定的。《归纳与假设》一文的前半部分都在纠结于回应麦克唐纳德女士 [2]，我觉得这部分没必要留给子孙后代看。后半部分与她的文章无关，我倒觉得有意思，不过可能会 275
显得不够完整。《逻辑转换》一文我怀疑被诸多事件所累：时下戴维森式 [3] 对分析、经典直陈句的形式等的兴趣有太多不同

[1] 这是伯林自相矛盾的典型案例：他并不想收录这篇文章，但他也不希望别人据此认为这篇文章有失水准，虽然他自己就暗示了这一点。

[2] 玛格丽特 · 麦克唐纳德（约 1904—1956），剑桥大学格顿学院研究员（1934—1937）；牛津大学圣希尔达学院图书馆馆长（1937—1946）。

[3] 唐纳德 · 戴维森（1917—2003），美国杰出哲学家，于 1976 年从洛克菲勒大学到芝加哥大学任教。

于你在文中批评的动机，又与你在文中的主张形成足够的对比，要让人明白你在文中究竟批评什么、没批评什么会很费劲。另一方面说来，它又是一篇肯定多元主义的好文，考虑到它所产生的时代背景尤其有趣；下一次这种不知疲倦的钟摆再摆回时读来又会不一样。我认为此文值得重印，但不会迫切要求。

《证实》一文是明显值得重印的。它不仅占据了显著的历史地位，与时下关于建构主义意义理论的讨论也直接相关：你理解条件句的方法对杜梅特[1]讨论这些问题很重要。《经验命题与假言陈述》肯定应该重印。我得承认自己非常喜欢它。现象论同永生的信仰一样，是我不愿接受的东西，哪怕十秒钟都不行，我想起读本科时写的第一篇像样的哲学论文就是反对它的：我记得自己当时带着极大的热情和幸福感读了你的这篇文章，它明确肯定了显而易见但又被倔强地忽视了的真理。除了这些与我自身相关的热情之外，我相信这是一篇很好的文章，经得起时间的考验，今天读来都还
276 强过那些无伤大雅的释义文章——那些文章的风格，用沃诺克[2]的话来说就是，有关（纯粹）假言之（实际）不存在的坚决肯定，参见最流行的哲学文集《真理与意义》（埃文斯

[1] 迈克尔·杜梅特（1925—2011），牛津大学全灵学院研究员（1950—1979）；后来成为威克姆逻辑学教授（1979—1992）。

[2] 杰弗里·沃诺克（1923—1995），哲学家，牛津大学赫特福德学院院长（1971—1988）。

与麦克道威尔主编）收录的杜梅特所写的文章。

我希望你至少同意将后两文收入你的哲学卷。如果那样略显单薄，我觉得收录《逻辑转换》一文也没问题……

祝好，

你的

伯纳德

1976年5月27日于剑桥大学国王学院

我的哲学观点

编者按：托马斯·毛特纳主编的《哲学词典》（1996，牛津大学出版社；修订版为《企鹅哲学词典》，1997）中"伯林"词条是亨利·哈代根据伯林口授长文的缩减版。下文是稍加编辑过的录音文字转写。

我在长达六十年的学术生涯中思考过一些问题。它们是：为思想与人生问题提出终极方案的可能性；自由意志；终极价值、原则、人生目的之互不相容性；法国思想启蒙运动的思想家们、马克思及其追随者们、俄国革命的先驱们对政治解决方案的追寻；政治自由的概念。请容我一一
277 道来。

早期哲学著述

20世纪30年代，我开始在牛津大学教哲学的时候，主要关心的是当时主流的哲学观点，也就是逻辑实证主义，以及它随后向分析哲学的发展，而这一方向至今都在被英语世界、斯堪的纳维亚半岛国家，以及其他地方的哲学家们发展着。我从批评艾耶尔《语言、真理与逻辑》一书开始，试图

指出其中一些原则性错误——无法满意解释大前提，假言陈述不完善，沟通问题，等等。例如，对他人思想的了解，对诸如“黄色更接近红色而不是蓝色”这样命题的认识似乎有一种无法从词汇定义上派生出来的先验的确定性，只是出于事实例证的定义或认识。我认为自己对后者的兴趣来自罗素的论文《实证主义的局限》[1]。

这些话题当时是牛津的年轻哲学家们普遍讨论的话题，特别是对于所谓“牛津哲学学派”的成员而言。成员们在20世纪30年代后期定期在我在全灵学院的宿舍聚会讨论。我在一篇写奥斯汀的论文中写到了这些讨论的内容，论文收集在《个人印象》一书中。无论是当时还是现在，我的想法都是，证实是不足以作为意义或真理的标准，但追究这些，尽管不可避免地是经验式的，势必要求其他概念（我在《概念与范畴》一书中谈到这一问题）。我从未离开源自康德和休谟那里的经验视角，也从未在过去或现在形而上学的著述中找什么启示之光。 278

自由意志与决定论

我还谈过自由意志的问题，在我看来，这是一个至今尚

[1]《亚里士多德学会会刊》，第36期，1935—1936，第131—150页。[这篇文章包含对“黄色相比蓝色更接近绿色”的命题的讨论。——编注]

未解决的问题。我试图证明，特别是在《历史的不可避免性》一文中，除非决定论是错的，或不管怎样有自由选择的空间，不受制于事先原因，普通道德和政治思想的概念才能维系。我没有坚持说我们意识到这种自由是先验的，只是说如果决定论（在我看来这是一个经验概念，不是先验的形而上学有关事物本质的理论）是真的，我们的道德话语就必须要改变，改变的急剧程度要到不再能用普通的概念和范畴来处世的地步；这么说本身并非截然反对决定论。

终极价值的多元性

后来，我接着思考了一个在我看来不容争辩的事实，那就是一些终极价值在原则上，而不只是在实践上，是彼此不相容的：彻底的自由与彻底的平等不相容，公正与慈悲不相容，知识与幸福不相容（我得了不治之症的知识不会让我更加幸福——除非我是个波西多尼式的斯多葛派圣人），自由想象与理性组织、计划也不相容。我由此思考，是否个人、团体、社会，乃至整个文化都追求其中一些价值而不顾另外一些，也就是说，要么选择终极价值，或者发现他们只是在理论上或实践中信仰或追求，这一事实就导致了相对主义，在我看来这是不能成立的。

于是，我谈及多元主义，在此原则下这些终极价值在通
279 常意义上不是主观的，而是可理解的——即使个人或整个文

化不追求这些价值，甚至仇视它们。换而言之，我认为人类交往取决于以下事实的可能性，那就是很多人在很多场合都多次接受了不相同的，但在很大程度上有交叉重叠的价值观集合，即使他们并不追随所有这些价值，但在此意义上这些价值可以说是客观的，无论不同观点、趣味、意见与终极价值有多么相左或不同，不管他们是否知道，人们就这样指导自己的生活。

我发现真正的相对主义不是一个明显可见的原则，至少从希腊诡辩学家直到19世纪，哪怕就是在休谟和孟德斯鸠的思想中都是如此；而相对主义之所以显得突出，是因为诸如马克思主义这样的原则，后者在生产过程中坚持这一立场，或者阶级斗争决定价值，从而也就坚持不存在什么共同的人类利益，除非最终革命带来最终秩序。

我发现第一个真正区分不相容的终极价值的人可能是马基雅维利。他认为成功的政治领导才能与基督教的世界或价值观是不相容的。我沿着他的路径又来到德国思想家赫尔德那里，在我看来，赫尔德很好地理解了不同文化的差异，以及属于它们的价值，一个文化中的人可以很好地理解过去和世界其他地区不同文化的价值观。

自然学科与人文学科

这促使我对特定政治价值之间的关系进行考察，此外还

280 有自由社会的可能性，在这样的社会中，人们遵守着并非主观的各不相同的价值。我很欣赏意大利哲学家维柯的著述，在我看来，他是第一位懂得何为文化的思想家，懂得道德、宗教、语言、艺术等价值之间的关系所构成的文化，懂得习惯、语言和法律对于理解文化的重要性。这进而让我思考自然科学与人文科学的方法差异，维柯对这点非常重视，并思考了这方面的谬误：即将自然科学概念用于彻底解释思想、想象力，以及历史、哲学、文学、宗教、语言学等人文学科所涉及的其他能力的本质，以及相应的由很多社会学家在此意义上发展出来的谬误，我认为正是将决定论接受为一种基本原则，导致了将科学与人文两类思考同化的错误。

启蒙与反启蒙

此后，我开始思考法国启蒙运动的观念。在我看来，很多 19 世纪的激进思想都遵循了这些观念，有时候还以歪曲的方式。这主要是在我写完了一本研究马克思的著作以后，在我被所在大学任命为社会与政治理论教授的那个阶段。这也促使我探究解决人类问题终极方案的可能性，之前我认为这在理论上和实践上都是谬误，即一种概念上的错误，因为如果说终极价值在理论上是不相容的，理想世界的观念，无论被设想为是怎样，无论综合了或者共同蕴含了所有的真实价值，必须是错误的。这让我进而思考了这一谬误，有许多

在其他方面非常进步，给人启迪的思想家都为之摇旗呐喊，还有反启蒙主义者、迷信和非理性之徒的敌人们。这一谬误 281
是否发展为以终极解决方案为名的那些原则，并进而导致了20世纪最具破坏性的社会与政治运动，特别是列宁对马克思主义原理和论证方法的运用。

这些潜在的原则，即认为所有真正的问题只有一个真实答案，其他答案都是错误的，它们唯一的不同就是获取答案的方式不同，有的是通过理性考问，有的是通过神圣文本或它们的阐释者，还有的是依靠深刻的直觉，差别只在于是理性还是神秘主义的方式，在我看来，这些原则早就受到过浪漫主义思想家及其批评家的攻击，他们在18世纪后期的德国影响深远，此后也绵延不息。根据他们的原则，我们用以生活、思考与行动的价值不是由某种有效的方法或者用自然科学方法和常识发现的客观真理，它们不是被找到的，而是人为制造出来的，不是被人发现的，而是被创造者所发明的。这些创造者无论是个人还是团体都是更加形而上的思想家，是人中之人，他们的创造活动包括国家、政党、阶级、教会、历史、进步、世界精神、本质或诸如此类，这种活动被构想出来的初衷不是用于研究或理解，而是自我创造之物并朝自创活动本身的目标运动。在我看来，这些观点常常导致谬误和致命的结论，特别是在社会和政治实践中，正是这种运动构成对我早前提过的18世纪理论经验主义的严重威胁。 282

民族主义与俄国思想

此后，我试图解释当代人类在很大程度上都是这两种运动的产物，由此造成的不可调和的冲突有时导致了出色而高尚的，有时却带来非理性和致命的后果。正是在这种联系中，我试图分析现代民族主义，它与解决人类问题终极方案可能性的关系，以及19世纪俄国思想家的思想，他们是法国启蒙运动的自然继承人，创造了自由资本主义阶级，这在很多国家被认为是社会中最具人性和进步的元素，我也如此认为。

终极解决方案

我后期的文章都收录在《扭曲的人性之材》中。这些文章主要是分析解决所有社会与政治问题终极方案之可能性所具有的含义，这不仅包括这些思想与心理学或人类实际可能性的不相容性，还包括这些思想所依据的概念谬误——这种方案不仅是不能实现的，它们的构想因为人类智力能力所限，本身就是不清晰的。

观念的力量

很明显，我思考的这些问题之间都是互相联系的。读者

诸君希望我就自己的哲学兴趣给出一种清晰的印象，我也承
认了自己受到休谟、康德和俄国激进思想家赫尔岑（他的思
想对我影响很大，他的教诲让我放弃了大多数英语世界哲学
家所思考的问题，中途转入观念史研究，而且投身其中长达 283
四十年之久）的影响。我相信观念的影响，相信无论是清晰
还是模棱两可，理性还是非理性，观念都会对人类命运造成
重大影响。在我看来，这种影响之大，至少相当于各种非个
人（经济的，社会的，地理的，人口的，心理的，生理的）
力量的影响，对这些非个人力量的研究最好是采用现代自然
科学的方法，也让很多历史学家乐此不疲，无论是社会进化
史的史学家还是现代观念史的史学家。

《概念与范畴》访谈

编者按：比利时电台于1979年2月广播了有关《概念与范畴》和《俄国思想家》两本书的访谈，访谈内容次年以佛兰芒语刊出。[1] 访谈分三次播出，以下为前两部分（第三部分是关于《俄国思想家》的）。

弗朗斯·本德斯（以下简称“本德斯”）：以赛亚爵士，您以出色的观念史学家和政治理论家而著称。我觉得，很少有人意识到您的学术生涯其实是从哲学家开始的，确切说来是一种认识论学家。您能和我们谈谈您的哲学思想是在怎样的条件下发展起来的吗？我当然想到了当时英国新实证主义以及相关的观念的肇始，以及20世纪30年代以艾耶尔为代表的维也纳学派。

以赛亚·伯林（以下简称“伯林”）：我的确是从一个普
284 通的哲学老师在牛津大学开始我学术生涯的，当时我的主要兴趣是认识论（在某种程度上还包括伦理学），因为那也是当时牛津哲学家们的主要兴趣所在。但是，这是牛津哲学发生激烈变化的时期。我到牛津的时候，唯心主义（黑格尔唯

[1] 弗朗斯·本德斯，《哲学、历史与自由》，载《大声思考》（Bussum，1980）。

心主义）的优势已然不再，甚至奄奄一息。代之而起的是牛津唯实论，一种由剑桥的摩尔和罗素发起的运动，我多少可以说是这场运动的一分子。后来又出现了你刚才说的所谓新实证主义，我们在牛津称之为逻辑实证主义。艾耶尔的《语言、真理与逻辑》无疑是这方面的最好论著。我在 20 世纪 30 年代写过几篇这方面的文章，但主要是找茬的那种。尽管我对那场运动深表同情，但我觉得它走得太远，存在过于简单的夸张立场，若想真站得住脚必须要大幅度调整。我认为当时包括艾耶尔在内的逻辑实证主义者现在也都会认为当时太过夸张，他们当时之所言只是不正确的字面含义。如此说来，我并不后悔自己是当时那场运动的批评者。

本德斯：有意思。我觉得《概念与范畴》一书收录的您那篇有关证实原则的文章，就表明了您的上述立场。您在文中的确着实批评了证实原则。但我发现，我在文中没有看到波普尔的名字，我的意思是波普尔也是对证实原则提出了批评的人，而您在文中没有把自己的观点与波普尔的比较起来谈。

伯林：的确没有。我觉得波普尔对于证实原则的批评在当时的牛津并不广为人知。他当时在维也纳。他写了《科学发现的逻辑》（1934）一书，我们当时本该是要读的，但我 285
们中没有什么人德语阅读能力足够好。该书当时又没有译本，我们是等波普尔从战时栖身的新西兰到了英国以后才知道他的观点的。他的《开放社会及其敌人》（1945）整体而言是关于政治与伦理学的著作，但也提到了他的认识论观点，书中的观点直到他开始在伦敦政治经济学院教书后才开始流传开来。

本德斯：也就是在《科学发现的逻辑》被翻译成英语以后。

伯林：是的，的确是在《科学发现的逻辑》被翻译以后。所以，我在写自己那篇相对微不足道的批评证实原则的文章时，我还真没受到过任何人的影响，我当时只是觉得要这么说才对。

本德斯：而当时只有您一人认为如此。

伯林：相对说来，也不是绝对就我一人。在牛津还有那么一两个人同意我的观点，也认为逻辑实证主义的确是大胆的、激进的运动，大多数牛津哲学家们在当时对此或还没有彻底轻信，但对于那些可谓同情或支持实证主义的人而言，包括我自己在内，相对而言，我是唯一的批评者。奥斯汀是牛津哲学最有影响力的人，我们俩私交甚好，他对我的影响比当时任何人都要大，至少在我作为哲学家所持的信念方面
286 是如此。

本德斯：以赛亚爵士，第二次世界大战前的英国哲学活动好像与当时欧洲大陆的哲学几乎完全隔绝，后者一方面是

德国胡塞尔开创的现象学，然后就是一种唯心哲学，我想到了法国的里昂·布兰斯维克和柏格森等人。您当时作为一名年轻的牛津哲学家，是否认同其他牛津、剑桥的年轻哲学家，认为这些欧陆哲学不够科学，或者说像法国哲学那样，文学性太强？

伯林：我们当时的确不怎么读欧陆哲学。19 世纪的哲学的确可谓是只有一股潮流，第一次世界大战后，哲学在英语世界，从某种程度说来，还有斯堪的纳维亚半岛国家，与法国、德国所追求的哲学好像的确不是一门学科。我们的确读柏格森。有人也读胡塞尔，也没人觉得那不是哲学——相反，知道胡塞尔的人对此还是敬重的，但我觉得两者的分歧主要是你也在或多或少暗示的原因，那就是，英语世界的哲学主要是基于对科学语言和常识语言的考察发展起来的，而欧陆哲学则有关人类生活、生存问题的深刻问题——人生目的、形而上意义上现实的本质，人类生活的感情色彩，被认为普遍困扰人类的深刻的精神或形而上的问题——这就使得欧陆哲学比英国哲学更接近文学，而整体说来，欧陆哲学家 287
认为英国哲学家是学究气十足的逻辑屠夫。英国哲学家则认为欧陆哲学家是非常困惑、脑袋糊涂的形而上学之徒，缺乏理性思辨或清晰的智力结构。如此这般，两者就岔开发展了。

本德斯：在我看来，这种情况即使在战后也没变，欧洲哲学出现了一种新的对比：英国受维特根斯坦、赖尔和奥斯汀影响，出现了语言哲学和分析哲学；法国和德国则出现了现象学的副产物，存在主义哲学和后来法、德、比等国的结构主义。这实在太奇怪了，我觉得，所以也想请您解释一二。直到最近才有英国哲学家开始对德里达、福柯等人感兴趣，美国东海岸的哲学家也是如此，想想也很奇怪。您觉得这是一种充满希望的进化，还是说英国哲学，或者说语言哲学、分析哲学在自身发展过程中失去了立足之地？

伯林：我不知道。你说的是事实。你说的那种法国思想花了很长时间才到达英国和美国，而且是先到美国。即使在美国，时不时去耶鲁讲学的德里达所到之处也不是哲学系，而通常都是语言系与文学系。如果你要问我这是否是一个令人遗憾的事实，我会说可能是的。

288 就英语世界的哲学家而言，主要问题是他们不知道欧陆哲学家们在说什么。英国哲学从培根时代以降，历经从洛克、贝克莱和休谟的经验传统到密尔，甚至一直到诸如布拉德利或麦克塔格特这样的黑格尔派哲学家；他们不同于19世纪德国的黑格尔派哲学家，一直都有一个明晰的传统。欧陆哲学家不像英国哲学家一样不大懂外语，在英国哲学家眼里，他们只会喷吐出大块大块五颜六色的云，看起来根本就是理性思考而来的巨大思想气球，哪怕他们非常有创意，非常有想象力，思想上非常有意思。我认为，欧陆哲学要被翻译成普通英国或美国哲学从业者能懂的语言得花上一点时间。一旦翻译成英语了，或者会产生相当大的影响，但至少现在还没有。你讲到的那些对所谓结构主义感兴趣的人，对福柯和德里达感兴趣的人，还主要限于文学系的人，对比语言学家，人类学家（当然还有心理学家），考虑到拉康，毫无疑问还有心理学家——也就是说感兴趣的人是普遍意义上的知识分子，对普遍意义上的思想感兴趣的人，他们不会将思想捶打至尽可能精确的程度，如果他们乐于因此受到影响，也就是说要是他们的思想因此往别处发展，如果欧陆哲学令他们受到启发，甚至在某种程度上刺激他们自己的思想，我想那也是无可厚非的。如此这般之后，我想这些影响会发展成一种专家最终会感兴趣的语言，但这会要花上一段时间。

本德斯：回到您自己的学术生涯，经常有人说语言哲 289
学、语言分析、分析哲学读起来是令人乏味的，我自己也认为是如此，这就是为什么它们无穷无尽的分析（想想《心灵》期刊上的那些论文）从来也没落实到实际问题。这就好像是这种哲学家总在洗手，却不开始干活似的。我之所以这么说，是想知道这是否是您后来何以逐渐转向具体问题，如观念史的那些问题的原因？如果不是主要原因，至少也是原因之一？如果可以这么说的话，您后来为什么又转向了历史，而不是，比方说，发展当代观念或者当代政治理论？

伯林：你提的问题很复杂。你说到了不止一个问题——至少有两个吧，如果不说是三个。我尽力回答部分问题，但我觉得我回答不了所有的问题。

首先，我得告诉你，我不认为分析哲学很枯燥，也不认为它无足轻重。我认为它是非常有价值的发展方向，配得上最高的尊重。我认为它是哲学史上的新篇章。以逻辑学为例，某种意义上说来它可以说是哲学的主心骨，逻辑学在 20 世纪得到了自 17 世纪以来最大的发展，罗素、维特根斯坦和其他推手（如哈佛的奎因），取得了最大胆，也最有趣的进步。我肯定不是因为它无趣而放弃了分析哲学，肯定不是这么回事。分析哲学终结了大量的故弄玄虚，这也是哲学最伟大的任务之一：即使哲学从品性上而言不是给人提供治疗的，但终结
290 普遍和专业思想上的模糊和混乱是哲学家的主要任务之一。

本德斯：请容许我插一句，我完全同意您的看法，尽管我也认为只能有一个维特根斯坦和一个罗素。我的意思是，维特根斯坦自己都说，追随他的人没搞懂他的思想体系——他不认为那是一个思想体系。（伯林接口说："不，不是。"）我不是在说像维特根斯坦和罗素这样的人，我认为他们是非常有帮助，非常有必要的。我是在说那种连篇累牍的只有很少哲学家和人类学家会感兴趣的详细分析，那种分析永远不会联系大问题；维特根斯坦是关心大问题的，罗素也是。

伯林：我从历史的角度来说说吧。在我看来，如果有人要概括哲学——你很清楚，所有的概括当然都是不对的——如果有人试图这么干的话，就会发生下面的情况。首先，人为何想要从事哲学研究？因为他们想要解释世界，他们想要解释

自己在世界中的存在，他们与外部现实的关系，他们彼此之间的关系，他们与上帝的关系（如果信上帝的话）。我想，正是这些最初的冲动促成了最简单的哲学：形而上学、神学以及诸如此类。一旦人开始这么做以后，他们慢慢开始用类比、用隐喻、用讽喻、用神话解释世界与自己的关系。慢慢地，宏大结构出现了，这后来越来越膨胀的所谓形而上学，越来越多的东西进入宏大结构，变成很壮观的结构，它迟早要变得模糊、巨大、复杂，以至于有人，有个小孩站起来说，皇帝没穿衣服。有人说他不懂到底人们在说什么，如果讲的是真理，真理必须用更浅显的话来说。问题是简单的，答案为什么要如此让人摸不着头脑，模棱两可，如此刻意为之，在某种意义上说来还不
切实际？于是，你就有了哲学上的膨胀期，事情变得越来越膨 291
胀，越来越模糊，越来越壮观，然后有人站起来说：难道我们就不能用简单明了，旨在能让人懂，而不是诗情画意、令人飞扬的语言来回答简单明了的问题吗？

这在哲学史上时有发生。笛卡尔就是这么开始。我的意思是，笛卡尔不过就是这么简单说了：存在一种巨大的壮观的中世纪的结构。假设我们问自己：我们能确定的是什么呢？于是就有了怀疑的方法。你瞧，这无疑对洛克和英国经验哲学家产生了影响，他们对笛卡尔认为确定的事提出了质疑，于是事情继续。这种事情干着干着终究就变得乏味了，有些无趣了，可以说他们试图——尽管他们也许是真的——变得单调一些，平淡无奇一些，然后人们就觉得这些不是

困扰他们问题的合适答案，要知道让他们困扰都是人生问题，而不是纯理论问题。于是又一次膨胀就发生了，我们就有了浪漫主义运动，这说到底是反对法国百科全书派思想的极度单调，对18世纪的孔狄亚克、拉梅特里、霍尔巴赫的回应。于是你就有了德国式对平淡无奇、过分分析、过分学究、过分烦琐的回应，也有了19世纪黑格尔派学派现象，有了德国唯心主义，有了费希特、谢林、黑格尔，这种回应是一种对当时相对谨慎，相对敏锐而精确，也高度负责的康德思想的膨胀。

这种膨胀一而再，再而三地发生，于是剑桥的摩尔起来说：也许这些大厦，这些伟大的哲学大厦是还不错，但难道我们不能就其中一两块砖头测量看看？假设我们问砖头是什
292 么材料制作的？是否可靠？是否坚固？看完了砖以后，也许我们可以盖起大厦，但在我们理所当然地拿起砖头之前，难道我们不应该先测测砖头？它们怎么看起来有些不够扎实呢？于是，当你放弃这些巨大的不可理解的怪物（这怪物让张三害怕，让李四备受启发，也感到害怕）之后，这未尝不是一种巨大的释然。它让人有一种回到现实的新鲜感，膨胀过的你开始紧缩，你会说："也许我要说的话不那么令人兴奋，但无论如何它是对的。"美国哲学家刘易斯[1]曾说过：

[1] 刘易斯的原话是，"就算真理要复杂并且有点让人幻灭，也不至于用一种更戏剧性，更令人舒适的简单来取代它"。参见C.I. 刘易斯著作《心灵与世界秩序：知识理论纲要》(New York，1929)，第339页。

“不存在先验的原因让真理一旦被发现变得有趣。”这是一个有益的、有疗效的陈述：正确本身就足够。这是摩尔和罗素之类的人会有的反应，也是紧缩的分析哲学方法成功所注定的。当人们开始为了这种方法而使用它时，那种有关愈来愈小领域内的经验愈来愈无趣的观点就当然走得太远了。如你所言，这让事情变得令人生厌，你就因此走向了相反的方向。现在就出现了这种情况，毫无疑问现在的哲学领域出现了一种新浪漫主义。（本德斯插话说：“斯特罗森是英国一种新的形而上学运动的很好代表。”）他的确是，的确。不过，也还有美国哲学家；法国和德国哲学家中也有人对阐释学、结构主义等感兴趣，因为，说起来，人没法靠干巴巴的药片活着，不管它们多真诚，不管它们多真实。人们想要以此造成一种反应，反对这些广阔无边的、不可分析的巨大形而上学结构，这种结构只会最终让人糊涂、困惑。 293

本德斯：现在您说话终于像一个历史学家了。有意思，因为我们正要回到您自身，我正想谈谈您本人的历程。您为何会成为一名历史学家？

伯林：如果你想要听的话，我给你讲个故事吧，我想故事可以说明一切（不是说明，是解释）。我也可以给你一个非常明确的回答。事实上，答案就在你提到的《概念与范畴》的“前言”当中。不过，我很乐意给你再详细讲讲。

我在20世纪30年代还多少算是分析哲学家，尽管不像一些同事那样准确、严肃或极端。第二次世界大战期间，我在英国驻华盛顿大使馆工作，战时结识了一位著名的逻辑学家谢费尔，他发明了著名的谢费尔竖线，在数学逻辑史上非常重要。谢费尔当时住在马萨诸塞州的坎布里奇，在哈佛教书，是个很有趣的人，我反正要因公去波士顿，就找人引荐了谢费尔。他在哈佛的教工俱乐部请我吃了午饭，当时应该是1943年前后，我和他聊起了哲学。我说过，谢费尔在逻辑史上是一个很重要的人物，尽管他几乎不曾出版著述。他告诉我，他认为哲学进步几乎是不可能的，这甚至不是一个真实的概念；不断积累的进步在科学上存在，在逻辑学上也存在，后者犹如数学可以不断进步——这是说，逻辑上一种新工具代替老工具，因为它更好，可以得出更多有用的结果——于是你就为了新玩意放弃了老玩意，数学和物理也都如此。心理学也可以不断进步，因为它是经验科学，你可以发现越来越多，了解得越来越多，以此将无知降至最低。但是，他认为说一个人
294 “在认识论上学识渊博”是说不通的，说一个人是“伦理学学者”也说不通。

我理解他说的是什么意思，但我希望再多补充一些。他当时当然是非常反对实证的，尽管从历史角度而言，他可谓是实证主义之父。他认为，卡尔纳普和逻辑实证主义方向上

的哲学是反哲学的，在某种意义上说来的确不错，但我无意赘述他何出此言。他的意思是，哲学是要揭示某些疑惑，解决某些问题的，这需要取决于一些具体的观念和思想，后者又取决于特定时间内发生的各种（政治的、社会的、心理的）运动，当运动消失的时候，困扰人们的哲学问题也就消失了。有些问题停留的时间会长一些，因为有些人类特征比其他特征更加长久，有些情况会比其他情况更加频繁地重复出现，但在原则上说来，哲学就是试图回答有关我们在世间地位的疑问，或者疑问还可能是有关伦理学上的善，有关对错，有关善恶，有关美学上的美丑，有关认识论上的意义、真理，后者对于多年后生活在不同思想环境下的人而言是没什么意义，且没什么用处的。我认为他说的话不无道理，并促使我自己进行反省。

我记得我在 1944 年回到英国，当时还要坐轰炸机。当时的轰炸机舱内没有增压，我们必须吸氧。这意味着人不能睡着，因为有可能在吸氧的时候睡着了窒息而死。机舱内也没有灯，也就不能读书。如此一来，就只能被迫做一件更可怕的事——思考，轰炸机从加拿大到英国要飞七八个小时，
我也就必须思考七八个小时，历经这一极不情愿的艰苦条件 295
的结果就是，我有了以下想法：我想在自己生命结束之前比出生时了解得更多，哲学是一门非常不错的学科，将人的最高智力消耗到极致，有些天才也取得了一些成就，但哲学不属于我。我想要得到这些哲学问题答案的迫切程度，不及一

个真正的哲学家必须有的程度。我不会半夜醒来困惑于哲学问题，尽管我很喜欢哲学问题。

另一方面说来，我对19世纪俄国思想家的著作略有涉猎，当我读到他们关于道德和社会问题的文章时，也困惑于他们的问题，它们的确是会让人产生一种智力兴奋的问题，我认为有必要用些年头去把它们当作一门抽象的学科来追求。于是，我开始对其历史产生了浓厚的兴趣，因为我认为它们不仅与现代社会有关，也与整体上人类的状况相关，于是我回到牛津，回到我担任研究员的新学院，我的话让同事们大吃一惊，我说我不打算做哲学了，我打算将自己变成一位观念史学家。他们反应冷淡，毕竟这不是一门在英国受到推崇的学科，当时不是，现在也不是。不过，当我答应在战后继续教至少两到三年哲学之后，还是得到了从事这一研究的许可。战后会有大量学生返校，必须有足够的老师教他们。于是，到了1950年，我不再是一位专业哲学家，开始致力于19世纪俄国观念史的研究。我就这样成了一名历史
296 学家。

本德斯：很有意思。我的问题还有第三层含义，您为什么没有立刻将历史（即19世纪的俄国）同当代政治理论联系起来？

伯林：我并不知道需要那么做。我想和我一样读到19世纪俄国思想家的人都可轻易地判断出，我看到的问

题也是我们在20世纪面临的问题。我觉得没必要多说。事情明摆着，我的批评家们只能接受。我想那是在我开始写关于俄国思想家的文章后，文章内容已然与当代问题相关，例如关于两种自由，或者我对那些认为历史变化之不可避免性的人的批评，这些都是当代问题，因为后一个演讲与当代马克思主义和当代自由主义以及两者的对比相关，我认为读到这些文章的人，如果他们了解足够事实，又深受19世纪俄国思想家著作的影响，是可以自己想明白这一点的。

本德斯：请允许我就您的历史观念提几个问题，因为，这些问题当然也是我自己本人想知道答案的问题，而且受到《概念与范畴》中一篇文章的启发。在您看来，历史是一门怎样的科学？当然，您在文中说了，历史不是自然科学那样精密的学科。我想，它也不像波普尔所认为的心理分析或马克思主义那样，是一种不可证伪的故事讲述。它肯定不是一种文学。在您看来，历史研究到底具有多大程度的科学性？可以发现关于过去的真理吗？ 297

伯林：你知道，我并不是一位严格意义上的历史学家，所以我还是慎重为好。我不知道一位历史学家是否会理解我的意思。我认为历史是一门经验学科，旨在发现关于过去的事实。这是我能给你的最简单的答案，但我还可以多说几句。历史要发现的是哪种事实呢？我感兴趣并有所了解的是文化的历史。在我看来，要解释政治历史、经济历史，或任何历史的意义都很困难，除非这一历史被放置到它所处的大语境中。而这大语境当然是这些内容所构成的一种文化，一种文明，有时还可能存在几种文化的冲突。你要问我如何发现一个文化是怎么样，那是很难回答的问题。发现过去事实的通常方法和自然科学里的那种方法并非截然不同。我不是想说要发现 1066 年，1789 年或 1812 年各发生了什么事情存在某种历史逻辑，这在原则上与地质学家或其他从事时间性学科（如天体物理学也有时间维度）的科学家开展工作的方式是不一样的。

说到底，从原则上说来，要为历史学家之所言找到正当理由和其他自然科学是一样的，也就是说，你要先做出某种概括，至少努力得出某种概括，然后找证据，以及波普尔所谓的反证据，然后得出假设，接着将之付诸试验，看看是否经得住铁的事实的考验。你如何知道那就是铁的事实呢？其实，你归根结底是不知道的。这是一门充满不确定性的学科。你怎么知道我们不是生活在一个巨大的错觉里？你只能想当然地接受有些事情是对的。你想当然地接受我们生活在
298 一个三维空间。你想当然地认为和你说话的人不是你想象出来的。你想当然地认为你不是第一个出生在地球上的人，人家的证词可以用作不利于另外一些人可能做了某事的证据。你能做的只有这些。这部分是最没意思的；这就是所谓对过去回忆的科学检阅，对过去记录的可靠性、文件的日期、现

在证据的确切历史日期、考古证据、荣誉证据、硬币证据、艺术品证据、立法证据等的确认。但是，一旦确定下来，你要是一位真正的历史学家，你就必须能够在脑海当中建构、想象当时可能存在一个怎样的社会，人与人之间可能会有怎样的联系。

换而言之，只是陈述1812年发生俄国被入侵的事实还不够。你必须要有一些小说家的天赋，要有一些想象才能建构一个可能存在的社会图景。你必须能够听到过去的人们彼此交谈的声音。这当然是一种假象，但在我看来，没有这种假象就没法做严肃的历史研究。

然后你用手头铁的证据来测试这个想象的重现。否则，它最多也就只能成为一篇历史小说。你只能用那种根据推断可以展示的证据，但是除非你先对过去有一种想象，否则你根本没法动手。无论你的想象多么不切实际，你也必须从那里开始。如果你想让想象切乎实际，你就得像优秀的历史学家那样，埋头去找那一时期的造物。他们回去找纪念碑，读
当时的文献，看当时的艺术作品；如果是涉及欧洲有文学作 299
品出现的某一时期，他们就必须好好去研读文学，不一定读一流的作品，它们是超越时间的作品，往往会被现今的人从某种特别的视角来读，还可以读二流或三流的作品，它们有时候比一流的艺术作品更能体现当时普遍的思想模式和情感，总的来说，我们总容易带着自己的眼光读一流作品。这样一来，历史学家的想象可能就会切入实际，这意味着他们

与他们所研究的时期达成了某种友好和谐的关系，他们可以努力呈现出那一时期的某个具体社会及其各种关系。在我看来，这是最好的历史。

当你说某位历史学家学识渊博或很伟大，你的意思不是说他们所说的话是正确的，或者他们比别的历史学家懂得更多事实，或者他们测试事实的方法更为谨慎，尽管这些都很必要，很重要，必不可少。当你这么说，你的意思是指他们描绘的社会图景让人洞察到永久的人类特征，洞察到转瞬即逝的人类特征，将其传达给读者，让他们明白各种各样原本不会注意到的事情，让他们觉得自己是在阅读一个真实的世界，而不只是一堆不相关的事实。

有人说过，我想应该是巴特菲尔德教授，他说历史学家不是法官，而是侦探。[1] 他当然是侦探，但他也不能只是侦探。如果你只是侦探，那你得出的结论还只是供历史研究的研究材料，还不是历史。材料必不可少，有必要，但并不足
300 够。一名侦探不会重现罪犯作案时的社会生活，而一流的历史学家应该要这么做。

本德斯：我觉得您说得很对，不过这当中存在一种危

[1] 赫伯特·巴特菲尔德，《历史的辉格解释》(London，1931)，第107页：辉格历史学家“倾向于把自己当作法官，但是他采用的方法和使用的工具却只会让他像一个侦探”。

险，那就是，如果一个人要成为出色的历史学家，它意味着要在一个人身上聚合众多难能可贵的品质。以著名法国哲学家、历史学家福柯为例，他先写了《疯癫与文明》，您也知道，他现在正着手为性著史，他的历史观当中就总充满了一种哲学观。您不认为脱离真实材料和文献是一件很危险的事情吗？

伯林：你所言极是。我对福柯的著作并不真的很熟。我的意思，我当然大致知道他写了什么，但我从未把他哪一本书彻底读完过，最多读到一半的样子。回应下你刚才所说，我们该如何避免某种特定的看法？当然，如果该看法太狭隘，太不切实际或偏见太深，这些就是不足，是缺点，但大家都会带着自己的态度看事情。你不可能完全没有态度。要说宇宙之外存在一个阿基米德点，可以让你从完全客观、超然的方式观察我们的宇宙，如同另外一个星球上的人观看我们的世界一样，但是哪怕就是这样，他也没法做到彻底客观，因为他会受到自身星球的影响，这种说法只会空洞，不可能实现。

这就是为什么人们说历史学家不应该将道德判断带入历 301
史，他们只是侦探，不是法官，这在一定程度上是对的：他们不能带着深刻的偏见，他们不能用不同标准判断不同的事实，因为他们在其中一个方面已经持有偏见了。与任何事有关的任何人都会带着自己的看法来看待这件事。人就是这样，你不能将道德观或审美观从历史学家身上剥离掉，他们也是人。所以，要求他们不要带任何价值观，坚持无价值偏见，说历史必须不带价值观，就是让他们只写那种只可谓是“一块历史”的东西。如果你写的是科技史，还有可能避免道德偏见。我想，如果你写经济史，如果你从普遍历史当中抽出某一特定方面来写，忽视其他方面，你还可能可以获得一定程度上的客观性，免于道德、审美或社会的判断，但如果你写的是人与人的关系，这就不可能了，认为它可行是没用的。

本德斯：这么说，归根结底，历史著作的价值就是其作者赋予它的价值？既然没有历史要如何写的普通方法论，那么事情就变成历史学家个人平衡各种力量的问题了？

伯林：我觉得确实如此。可以给历史学家的警告也就是可以给普通人的警告。没有什么特别之处。你不需要警告一个原子弹科学家说不要用道德判断去考验他的理论，因为它们是互不相关的。如果你要一个历史学家客观，要他精确，这就是无异于是你要一个人在处理和他人关系的时候不要有
302 偏见，不要不切实际，不要感情用事，要沉着冷静，要以一位 18 世纪的哲学家之所谓“更加冷静的时刻”之所知来行事。如此，造就历史学家所需的天赋也就是造就普遍聪明人的天赋。

让我这么来说吧：造就数学家或逻辑学家所需的天赋是将通常有联系之物去除联系。你必须要有一种非凡的，能将通常在一起的东西强行掰开的能力。如果一位数学家突然对

你说，“假设一条直线只有一端”，这在常识里是非常陌生的概念，却是数学家所需要的。历史学家所需要的正好相反：他们需要那种让常人显得聪明的天资。一个学识渊博的历史学家不可能是一个肤浅的人。一位好的历史学家不可能不是聪明人。那是不可能的。造就历史学家所需的天赋就是造就有想象力、聪明、敏锐、反应灵敏之人所需的天赋。

历史学家当然会使用一些技巧，但这些技巧本身是不够的；用过这些技巧之后，人的天赋开始起作用。我们只要读读他们的历史著作，就知道麦考利、吉本、兰克或哈爱理分别是怎样的人。我们知道这些人对待世界的态度。可是，如果我们是读普朗克或牛顿或达尔文，我们并不知道他们是怎样的人。

本德斯：历史研究中有进步吗？比方说，我们比 19 世纪末的人更加了解启蒙时代吗？当然，我们已经离那个时代很遥远了，但这必然意味着我们会有更多的洞察力？ 303

伯林：也许有，也许没有。我们可能比 19 世纪的人了解更多他们当时没有注意的其他方面。我想克罗齐说得对，人们注意的东西都是当下与他们有关的东西。毫无疑问，活在 20 世纪这样一个更加混乱的时代的人，相比于活在 19 世纪中期相对和平不曾经历动荡的人，会对战乱且动荡不安的 17 世纪有着更多的理解，我们的确可能了解其他时期或地区的人不会注意到的 17 世纪的某些方面。除此以外，也可以清楚地看到比方说经济史、社会史的巨大发展——马克思主义对此提供了非常富有成效的推动力——让我们意识到启蒙运动的方方面面，没有受过其影响的人是做梦也没法想到这些方面的。认为浪漫主义运动可能是被18世纪某种经济的，或者社会的变化唤起的观念，不是从纯思想或纯审美观点出发写这种东西的人会有的思想，在此意义上说来，每一种创造了新科学的新角度、新范畴，例如社会历史、阶级战争史、经济史、心理学史（不是心理学史，而是心理研究史），每一个人类精神的新起点无疑都给了解过去被忽视的方方面面提供了一种洞察力，如果你想把这叫作进步的话，那就可谓是历史研究有进步之说了。但是，我们在此过程中也失去了一些东西。我认为不存在什么直接进步。会有一些
304 方面19世纪的人看得很清楚，而我们可能看得不那么清楚，因为我们思考方式不一样：这就是我说的有失有得。

逻辑实证主义

编者按：书评，评尤里乌斯·维恩伯格著《逻辑实证主义研究》。[1]

尤里乌斯·维恩伯格博士的逻辑实证主义研究是一本讲究方法、耐心细致、措辞谨慎、不可多得、不辞辛劳的著作。该书的研究主题很重要，据我所知，这也是该领域第一本研究专著。书中有说明，偶有批评，有当代好几个逻辑学家团体的观点，他们对于基本问题达成的一致足够让他们成为一种独立的哲学运动的代表。

逻辑实证主义的崛起、发展与不断增长的影响是当前最显著的思想现象：其原则备受争议，哲学究竟是要严肃追求还是为了哲学而哲学；它在赞同者和反对者中激发的无限热情确保了其革命性；其结果是观念史和当前哲学现状感兴趣的人都没法忽视这一流派，无论他们各自看到的逻辑实证主义的内在价值何在。

如其名字所示，逻辑实证主义意味着这是一场反对一切形式的形而上学或超验思想的运动。它是非常经验主义的，

[1] *Criterion* 17 (1937), 174—182.

在这方面继承了英国哲学的主要传统，贝克莱、休谟、密
305 尔及其他们的德国追随者恩斯特·马赫都可谓这方面的先辈。但它与先辈们也存在不同，特别是与休谟，逻辑实证主义与其主要原则最为接近。不同之处在于它拒绝过时的心理学、松散和修辞性语言、对行为上学陈述常有的不合逻辑的干扰，尤其是错误对待数学和逻辑的本质这种有损现代经验哲学之父的行为。构成各种逻辑实证主义的核心原则来自休谟，这是指有意义的断言有且只能有两种：它们要么陈述事实（莱布尼茨之所谓事实真理），此时它们是依据经验的，依情况而定的，原则上说来是可以通过观察予以求证的，要么它们就是必要真理（莱布尼茨之所谓理性真理），此时它们不是可求证的，因为它们在某种特殊意义上说来是同义反复的，它们遵从使用符号的定义，是无条件正确的，但在另一方面说来又不是任何事实。

据称任何在这两大范畴以外的任何陈述，一旦检查起来都会被发现并无指称物，从字面上说来是没有意义的。大多数科学陈述和常识属于第一类的陈述。数学、逻辑和其他演绎体系的真理属于第二类。神学家、形而上学人士的大多数陈述属于第三类，也就说“无意义”的这类，它们长期以来让外行困惑不已，但并不是因为它们内在的深度或复杂性，而事实上是它们在用语法正确的句子表达无意义，那些句子的本质最初难以揭示，难以让读者相信它们有字面含义，然后导致一大堆语言上的含糊和假问题，并且长期以来被误以

为是深厚的哲学表达。

有些语言（例如德语），更容易陷入这种迷惑：很多形 306
而上学的假陈述不仅语法正确、漂亮，情感表现力也强，有召唤力，同诗歌和修辞一样打动人，这一事实掩盖了其词汇含义的整体匮乏。过去研究这些句子的哲学家（持上述观点的人继续认为）动辄执迷于探寻它们的“意义”。既然它们没有意义，这就导致了各种自相矛盾和混乱，无法摆脱含混语言这一奇妙特性的人试图想要“明确”含义之举因而导致新的含混，至少同他们想要解决的问题同样令人困惑。由此产生了系统的让人有误解的术语学，通过暗示存在真正的实体与新的术语相对应，于是又自创一种神话，结果是让真理（贝克莱很早就指出过这一点）越来越不可得；我们只有遏制只有形而上学家的虚张声势，并最终撤除词语的烟幕，才可能取得进步。这种预备教育功能只能通过对词语和表达的字面意义进行仔细分析，将它们归入上述两类中的一类才能完成。

反形而上学者以这种程序为武器，同时在两大前线开展行动。一方面，他们开始检查、分类并明确界定科学与日常生活中的命题类型。这种研究的要领是考察这些命题如何在原则上来讲是可以被求证的：有些看上去不能求证的后来又被证明是可以的，因为哲学家发现它们可以被彻底还原为另外一些可以求证的命题，其中那些到最后也都拒不服从的就被拒绝了，因为它们虽然看起来在表述什么，但其实没有指

向任何可能之事，也就因此可以说它们在字面上是没有意义
307 的。逻辑和数学的形式命题也同样有显著发展：这之所以可能，主要得益于19世纪后半叶数学逻辑的复兴，其中最激动人心的、最出色的发展就是就是罗素和怀特海《数学原理》一书的出版，可谓顶峰。这块向逻辑方法之美与力量致敬的里程碑代表了一种将数学命题还原到纯逻辑，不用任何非形式的增加物强化的努力：可以清楚地看到其成功可以大大削弱那种哲学家的命题，他们将代数和几何的直觉基础看作对以下论点的反驳——如果命题是有意义的，不是经验的，它们就因此不一定是纯粹形式的。

此时阐明者的任务和法国启蒙运动时期伟人们的任务可谓不无相似之处：两者都相信他们的所做所为是在驱除固执的含混主义者从大行其道的无知，为既得利益出发而维持的一种黑暗状态。休谟、伏尔泰、狄德罗和孔狄亚克等人在现代有与之旗鼓相当的人物：现代实证主义者身上也充满着与之比肩的智慧、愤慨、追求真理的激情和相信新方法的巨大潜能。

他们要反对的力量是非常强大的。欧洲大陆主流的形而上学体系给这个思想上极为节制、贪安的国家留下了奇怪的、令人沉醉的影响：语言的流通被极度膨胀，高度重视含混性、联想性、“文学性”风格；18世纪相对简洁的语言被一种洪亮的，通常还雄辩的修辞所取代，不仅意象丰富，带着某种特别的、暗指的含混，让真诚的、纯粹哲学上的争论

陷入宽阔的晦涩急流。这种氛围有益于伟大著作的诞生，如 308
黑格尔、尼采和叔本华，他们表达出一种对很有意思也富有创新的人生态度，其精神上和思想上的情感使得他们的著作在文学上也占据一席之地。哲学被阐释为活跃的思想，造成破坏性后果：卡尔·马克思在《德意志的意识形态》[1] 一书的“前言”当中对19世纪30、40年代德国哲学的混乱和退化的状态有非常生动乃至可怕的描述。类似这种情况在英国也发生了，不过程度没那么严重，时间上也不可避免地晚一些。

正是本着反对这种思想状态的自然反应，英国和德国的哲学家引入了一种新的、更加严格的思想学科，开始用一丝不苟的、坚定不移的精确性写作，这一特征代表了一些在其他方面都截然不同的作家，如20世纪早期的胡塞尔与摩尔。摩尔的影响尤其显著：他在对当前概念与表达进行详尽、彻底的分析中显示出的简洁、敏锐与无限坦诚给英国哲学引入了一种新方法和新标准。他提出了一个现在很有名的观点，那就是哲学的主要任务不是去发现有关世界的新事实，那是科学和普通经验所做的事情，对于他们的发现哲学家们既不能肯定，也不能反对，但可以去区分，阐明那些术语和通常表达究竟是什么意思，因为它们的晦涩或不精确往往让哲学

[1] 首版为 *Die Deutsche Ideologie 1845—1846*，ed. D. Riazanov (Frankfurt/Berlin, 1932)。

309 家们和普通人都困惑不已。在某种程度上说来，这是一种笛卡尔式的行为，通过知觉和很多令人信服的例子使用了当前发现真理最强大的工具。

与此相应的欧洲大陆的哲学运动则局限于更加狭隘的分析数学与逻辑。这主要是因为罗素与维特根斯坦的著作，使得两种趋势（将事实命题视为经验的，将其他的都形式化）走到一起，并被视为彼此支持。如果一定要明确分配角色的话，当前运动之所以存在的首要原因是罗素，而不是其他哲学家。如果说摩尔不屈不挠的、谨慎的正直，他的专心和精确对当代哲学中更严肃的问题有着更大的间接性影响的话，罗素令人感叹的精湛，让新想法、创见自如地有利于新哲学（让其他方向不可行）的潮流给后来的人提供了基础和鼓舞。

维恩伯格博士的书从罗素的早期哲学生涯写起，一直写到当下，写到我们这一代中最伟大、最有创新的哲学家是维特根斯坦，他的《逻辑哲学论》[1] 是一部从根本上改变了当下对于语言与事实——对于他和普遍意义上的逻辑实证主义而言，这就是哲学的主题——看法的著作。维恩伯格书中关于《逻辑哲学论》这章是全书写得最好的一章：说明仔细而明确，收集或发现的反对意见也非常令人敬畏。维特根斯坦

[1] Ludwig Wittgenstein，“Logisch-Philosophische Abhandlung”，*Annalen der Naturphilosophie* 14 nos. 3—4 (1921)，185—262；由 C. K. Ogden 翻译后再版为英德双语的 *Tractatus Logico-Philosophicus* (London，1992)。

似乎想要说明：

> 一、一个关于世界的命题的意义是它的可求证性的手段。 310
>
> 二、凡无法明确表达的就是不能表达的：只有原子命题，或者可以分析到原子命题的命题（与来自名词性定义的同义重复）在此意义上是可以被清楚表达的。

维恩伯格（追随他人）对此提出了反对意见：(a) 这意味着通常被描述为一般命题的表达，例如，科学上具有因果关系的命题，不符合两类中的任何一类，因为它们既不可以令人信服地求证，又不可以还原到有限数量的原子命题。但不管怎么说，它们还是真命题，因为它们都可以令人信服地被证伪（在我看来，维恩伯格博士似乎误以为，所有一般命题都可以被证伪：即使有一些的确是，他也只说对了一半）。(b) 一个逻辑命题（如，维特根斯坦自己这个大胆而非常有创意的原则说，物体的关系最终不是由符号，而是由符号之间的关系所显示，于是“显现”这一表达的符号结构在严格意义上不能说是“象征”了事实的结构，其意义是通过一种“图示”关系表达出来的）既不是经验的，也不是明确定义所蕴含的，不能自己被明确陈述出来，只能“显现”。既然逻辑主要是由象征化类型的陈述组成，如果这是对的，从严格意义上说来它就不是可以表达的。这同样适应于对于一般命题的各种分析：无论结论是什么，严格说来它们不能被陈述，这也造就一个非常可观的哲学难题。维恩伯格博士在维特根斯坦这里非常清楚地看到了这一困难，但他似乎认为通过核实的象征，难题的一半至少已被卡尔纳普去除：他
311 此处的论点和卡尔纳普的一样难以令人信服。

(c) 用可求证性来界定的意义会导致一种奇怪的唯我论。既然所有的经验命题都可以还原到关于我经验的原子命题，我所有的命题最终指的也就是我，即使我是指物体或他人。他们这里说的“我”与“你”、“它”不可比，和康德的超验的自我倒是十分相似。这在经验哲学中无论如何都是非常奇怪的；不能表达出来，而后就导致一种不可避免的唯我的世界，我在其中被迫分析关于“你头疼”的命题，将之分析至与一系列合乎情理的表象相关的我的观察或期待，而那其实是指“你”或“你的”。这是一种由来已久的以自我为中心的困境，不过是被转换至词语而不是形而上学的方式。不过，维恩伯格博士指出，要记述普通人或科学家说物体、交流或其他自我是什么意思也是不可能的。他赞同说卡尔纳普最终没有解决这一症结。他非常不自信地在书末附上了自己的解决方案——我们将超越主体的交流视为理所当然，建构我们自己的符号来反思它，然后从这一更高的层次上将最初的问题视为已被解决。在我看来，维恩伯格博士不过是在避免回答问题本身。

前面我们谈到的维恩伯格博士著作的这一部分令人兴奋

而有价值：之后作者和读者都开始倍感沉重，持续如此但也不是全无收益。关于概率的讨论太东拉西扯，也毫无特色。但关心概率这一难题的人会感激维恩伯格博士区分的三种概率：(a) 数学的或先验的概率，一种数学或形式逻辑的分支，与逻辑实证主义的关系仅限于维特根斯坦和魏斯曼的 312
追随者将之用于命题演算，把原子事实与系列自然数字以坐标表示出来，然后用数字描述概率，分子命题部分重叠的概率。(b) 科学概率，一个算式用于经验数据，其量性和行为模式都被看作是给定的。这算式究竟要如何建立起来，或者说它们被建立是什么意思，维恩伯格博士自己或其他人都没有充分解释。(c) 不能以量化形式对待的其他科学上的概率，例如，心理学、人类学、历史学等会涉及这样情况，有人说起可能得出这样或那样结论的证据，但无法明确这一概率的准确程度，因为要这样做看起来是没有意义的。

也许就是这些科学内在的模糊性导致了一种普遍的看法，那就是在某种特殊意义说来，这是哲学的任务，也就是说，哲学要负责所有被精细科学拒绝的、无法量化的东西。如果是这样的话，我们就有必要消除这种错觉，而维恩伯格对概率的分析就是达到这一目的的手段。他没有明确提炼出这样的论点，但暗示说，如此有细微差别的各种概率不管怎么说都属于同一大类概率，他的许诺高于实际所为，并没有解决问题。

他对归纳的讨论更加难以令人满意。他看起来赞同对因果关系命题的实用主义分析，但又没能提到对此给出经典说

明的拉姆齐，而是引用了费格尔相对无力的观点。根据这一
观点，因果关系的命题根本就不是命题，也无所谓真伪，而
是一套适用于特定范围假言情况的规则。维恩伯格博士没有
提及对于这一观点的惯常反对。例如，在什么意义上，科学
规律，无论它们的真伪，可以被解释为是可能的，可以被关
313 键试验所驳斥，或者逻辑上不同于普通假言（“我饿的时候
总是不快乐的”），并被一个否定例子所扼杀。书中也没有提
及对现象论的反对这一与归纳高度相关的话题。

作者就新旧实用主义（旧的实用主义将真理等同于有用，逻辑实证主义将可证实的视为真理，新的实用主义只将不可证实的视为真理）的差别说了几句有价值的话之后，就直接谈起了他非常敬仰的卡尔纳普。奇怪的是，这部分反而是他最薄弱的：他虽然清楚地讲述了卡尔纳普所区分的以形式说话的方式和以实质说话的方式，前者指定义和同义重复，后者指经验命题，他认为这两种方式穷尽了语言所有的可能性，在日常说话中使用不当的话就导致了形而上的伪自相矛盾。但是，维恩伯格试图展示卡尔纳普对去除维特根斯坦原则的内在难题上有所突破的努力不能算作是成功的，他自己在大纲中不大有力地提出的解决方案也无济于事。全书的最后一部分缺乏重点，没有生气，让一个本该紧张、敏锐，从枯燥走向戏剧性高潮的学科显得单调无味。拉姆齐的文章就不是这样：他的方法和思想都是非正式地自言自语，但这比更加正式的文体反而更合适。

提出了这么多批评之后，我得不补充说，这本书在我看来优点大大多于缺点：论及的主题非常重要，文献处理得很好，信息量丰富，而且大体说来都非常准确；书的后面部分松懈一些，除了写维特根斯坦那一章很精彩以外，也不特别 314
有新的见解。但它是一本有用的书，对逻辑实证主义这一重大主题提出了很好的、理解力很强的批评性说明，这实属罕见，不该等闲视之或者只是勉强赞扬。

价值判断的理性

编者按：本文最早发表在卡尔·弗雷德里克所编的《理性决定》(New York，1964: Atherton Press；London，1964: Prentice-Hall International）中。

奥本海姆教授[1]区分了通常被认为是休谟提出的描述性判断与价值判断，提出两者之间存在一个裂缝，一个无法建立起逻辑联系的裂缝。他认为，如果我理解正确的话，“合理的”这一表语只可以用来合法描述有关事实或逻辑关系的判断或信仰，如有关事实或事件，包括诸如一个给定手段是否足够完成一个给定目的，或一个政策是否与同一方追求的其他政策相容等问题。但是，在我看来，“理性”不能用于目的，目的不能说是理性或非理性的，因为价值不是那种合理性概念可以适用的实体。

我对这一观点深有同感，自己过去也持这种观点。但在我看来，可以有否定的例子可以证伪这一命题，说目的与手段之间的差距在逻辑上是无法桥接的。我来举例说明。

[1] 费利克斯·E. 奥本海姆（1913—2011），麻省大学阿默斯特分校政府学教授(1962—1983)。他为该文集撰写的文章是《理性决定与内在评价》。

假设我碰到一个喜欢把针插入他人的人。我问他为什么这么干。他说这给他快感。我问他，是不是造成痛苦这一事实带来快感。他回答说他不关心自己造成痛苦与否，因为给 315
他快乐的是把针插入他人体内的身体兴奋。我问他是否知道到他的行为造成痛苦。他说他知道。我问假设别人也往他身上插针，他是否会感到痛苦。他同意他会感到痛苦。我问他是否他会允许此事发生，他说他会尽自己的一切所能千方百计地避免。我问他，当他把针插入他人身体，他人必然感到痛苦，是否他应该做这种他自己不想他人对他做的事。他说他不明白：插入他身体的针让他痛苦，他想要避免；他插入别人身上的针不给他造成痛苦，反而让他快乐，于是他想继续做下去。我问他，是否给别人造成痛苦这一事实在他看来与把针插入他人体内这事是否可取这一问题有关。他说他不明白我到底用意何在：给别人造成痛苦，或者不给别人造成痛苦，与他获得快感方式的可取性会有什么可能的影响？我问他在这个特别的活动中是什么让他快乐。他说他喜欢把针插入有弹性的身体。我问他，是否把针插入，比方说，网球，也让他产生同样快感。他说是的，把针插入人体或网球对于他没有什么区别——快感是相似的，如果我愿意，他可以不用网球用其他的，他不理解我奇怪的关心——能有什么不同呢？把针插入活人身上，或网球上？

此时，我开始怀疑他有些神经错乱。我没说（像休谟那样），“这是一个标杆或道德价值与我不同的人。价值是不受

争论影响的。我可以不同意但不能和他理论”，对一个信仰剖腹自尽或种族屠杀的人，我是想要这么说的。我更倾向于
316 相信这个不理解我问题的扎针人要被归为杀人的疯子，应该被关在疯人院里而不是普通医院。我这样做，是因为一个无法看到受苦是人生重要问题的人，一个无法明白为何有人想要知道，会介意是否造成痛苦，只要他自己不受苦的人，实际上超出了我和同仁所在世界所能理解的程度。他的整个行为模式对于我而言是遥远的；我没法与之交流，如同没法与一个认为自己是恺撒；或死了的人；或是门拉手的人，或者E.A. 霍夫曼故事里的人物那样。在我看来一些价值（无论是多么普遍，无论数量多少）都应该纳入所谓大脑清醒之人的定义。我们会发现，如果我们看得够远，这些结果不会是不变的，但是这也不会改变这一事实：完全缺乏这些价值的人几乎不能定义为人，更不能说是理性的人。在此意义上，追求，或没能追求某些价值可以视为非理性的证据，在极端情况下还可视为非理性定义的一部分。

尽管我总体说来同意奥本海姆教授，如果我的例子有效的话，它与教授有关事实与结果的关系，描述性判断与价值判断的关系的观点所立足的一般命题是不相容的，它要求从根本上调整这一观点。当然，我无意说我的观点多有创意(它受益于康德，也同样得益于亚里士多德)，只是想诉说其
317 有效性。

历史哲学可能吗?

编者按：该文最早以伯林与他人合著的同名文章问世，载约威尔编《历史与行动哲学》(1978)。

这些讨论中已经出现两种观点，分析哲学与除此以外的哲学，为了努力在它们之间搭建起桥梁，让我先说点适中的东西。在我看来，明显存在一些常规但很丰富的话题可以让历史哲学同时吸引两者的注意：例如，检查历史学家们使用的一些关键概念。这将让他们在最直接也最核心的方式上涉身历史哲学。

于是，他们可能考虑一些看起来简单的问题（它们其实并不简单)。历史学家是如何使用“因为”一词的？在历史话语中使用的“因为”并非一定是表示因果关系，它可用于动机，可用于历史之间和内部的神秘联系。或者说，历史学家是如何使用诸如“因而”这样的词语的？他们为什么不是在历史叙事中用“于是我们看到”或“不足为奇的是”或“并不奇怪的是”为什么这不奇怪呢？是什么不足为奇？为什么？诸如此类。之所以将它们连接在一起，是因为它们将对一个事件，甚至文化的记述，同对另外一个事件，或文化的记述桥接起来。他们取决于家庭一些特别的概念与范畴，只有用它们才可以写出可能的历史。

318 19世纪末曾过一个众所周知的对自然科学与人文科学的区分。这种区分很合理地提出，如果一种自然科学的现象之所以是那样，是因为另一个现象，或者说一个对象或事件总是和另外一个对象或事件在一起，这种断言只能建立在得到认可的观察和试验程序之上。用一个现代的例子来说，有人可能会问，“我们怎么知道这种药能治病——例如，用盘尼西林治肺病？”我们并没有什么特别的理由要相信这种论断，只因为它基于大量经过仔细检验的归纳，这构成一个逻辑体系，一个科学知识的资料库。它并不需要关于相互连接的事件或对象，不需要什么原则或关系将它们联结，除了说是属于一个可以界定的X类的时间或事情，它们的成员明显看来遵从一个可以界定的Y类事件或事情。另一方面，人文科学好像不是这样。写历史的人希望读者相信它，因为他会很有策略地运用社会学和心理学规律，有些没必要刻意说明，我们都可以看得出来，这明显不需要以任何科学步骤为基础。

如果有人正在解释某一历史事件，比方说是某次革命，这人可能会说在某个地区某个阶级当中存在某种程度的不满或愤慨之情，他可能还会补充说统治阶级为了减轻这些情绪做出了一些妥协，让不满的阶级提高了期望，让他们要求得越来越多，如果统治阶级对他们施行更加有效的压迫的话，这些要求本会得不到满足，统治阶级的示弱和让步让抵抗力

量加强，而不是使之迟钝，等等。这种辩论想当然地假定，一般条件下设想的一些情形被“可以理解地”认为是那种会 319
导致这样或那样结果的情形：之所以可谓“可以理解地”，是因为我们可以期待，在特定人物、目标、情感、习惯等这些毫无疑问地想当然的条件下，人就会以某种方式行事。只要是人，就可能在某种程度上以这种不好定义的方式行事，我们与他人的交往预设了这一点。于是，给出一个特定情形就是如此行为通常被认为是合适历史解释的例子。

我们需要回溯的一点是，时下写历史的一大态势是更加依赖精确的方法：量化测量和统计信息。不过，这类历史著作更适合写某些专门的历史。例如，写经济史的时候：有关13世纪的英国经济史可以通过考察这类事项，不同商人团体卖出了多少捆羊毛，以什么价格卖出的，它们去了哪里，被用来干什么，等等。在此过程中，没有必要过问商人的道德或宗教观，他们的私生活，他们的个人特性。有关他们的心理知识既没必要也没有什么帮助。通过统计归纳获得的人口学方面的数据则更加相关，这些是通过与自然科学非常不同的方法所获得的。我们可能会发现，可以得知的14世纪经济史要多于17世纪的经济史，因为有关货物价格等事实更容易获得。这是经济史上的一个悖论。

技术史可能也会如此，有关一些历史人物的历史可能会被理想化，也就是说，他们被人为地限制之处，就会建立起一些分类证据和推断的模式或特殊方法。仅有常识是不够

320 的。但是，在写一般历史，特别是政治历史的时候，这点又不对了。用来描述情形、事件和过程的概念与范畴在很大程度上都是不精确的，它们有一种所谓“开放的结构”。大体说来，它们是与人的永久利益相关的普遍的日常观念。在不同时期，不同国家，不同条件下，它们可能会略有不同，但所有的观念都是属于基本的人类态度、观点、目标、信仰等。对这些概念没有一定程度的了解和分享，就根本不可能了解人或历史。

若非如此，我们很难说可以在某种程度上理解荷马或希罗多德，毕竟他们所写的社会与我们的社会非常不同。例如，如果你问，为什么有些历史人物做了某事，对此行为的解释很可能要取决于使用有关在日常生活中有关人性的概念与范畴，而且我们假定，即使不是所有这些概念与范畴都进入了我们有史料记载以来的祖先的观点，那也有很大一部分是如此。

如果只依靠归纳调查，可得出的结论就会非常单薄。从虚构作品中举个例子来说，如果有人问为何伊阿古憎恨奥赛罗，有人回答说是因为伊阿古性格软弱而奥赛罗坚强，伊阿古卑鄙而奥赛罗高尚，软弱和卑鄙之人容易憎恶或讨厌高尚或坚强的人，这种思路在某种程度上会被认为是对伊阿古行为的合适解释。如果有人接着问，参与谈话的人究竟自己观察了多少嫉妒的例子，他对他人有关弱者和强者之间的关系观察了解多少，他在多少地方，多少种场合下进行过多少确

切的心理调查，他积累了多少规律性才得出他经过经验测试的假设，他会发现化学家或物理学家不会认为这类证据是得 321
出科学结论的合适基础。不过，这是我们着手解释大部分人类行为的唯一方式，我们没法以别的方式行事或活着。毫无疑问，人是会犯错的，心理学家和社会学家能揭示人的错误，毫无疑问人总在给出各种未经检验的断言，没有这些断言，人压根就没法着手做事。

我想要提出的观点不是基于特殊性与普遍性之间，或者价值中立与价值衡量之间众所周知的对立，而是基于将应用以下两者的差异，其一是基于观察得到的规律或规则，其二是基于经验相关性的信仰，无论是自己的信仰，还是某一社会的信仰，还是他人的信仰、其他文化的信仰。所有经验体现科林伍德之所谓对一个时代或文化的“绝对预设”。它们不是屡教不改的，但正是对它们的掌握让严肃的历史学家不同于聪明的故事讲述者和记者：这是历史学家所需的，与作家共有的一种能力。

为什么我们说有些历史学家伟大，有些还不错，还有些很肤浅呢？我这么来说吧，一位历史学家之所以伟大，不仅因为他们具有描述能力，不仅因为他们比别人掌握了更多的知识，或者他们的观察更加细致，他们的发现更加准确——所有这些都是必要，也必不可少的造诣，但这些能力无法造就一名伟大的历史学家。一名历史学家之所以伟大，是因为他被认为对某一特定时期，一个特定社会从整体上提供了洞察力，他们给读者呈现出一幅人类生活的图景，他们将一个社会的整体经验呈现为一种可能发生过的、有充分证据的生活方式。让想象力复苏的危险在于它可能会产生连贯行动。
322 为了证明我们关心事实，我们需要从现存数据中推断一个可靠的依据。基于这种证据的建构（蒙森在晚年开始怀疑）主要都是想象的。一部伟大的历史学著作必不可少的品质就是读者读完以后可以认为，他不仅可以告诉自己说，这些社会中的各种角色在被记录在案的场合下之所思、之所做、之所图，他还可以说在其他可以想象的场合下他们会（至少是他们可能）有什么想法，他们会如何应对其他情况，如何应对发生在他们那个时代的一般情况、事件、思想和自然/人造物体。要想象生活在一个不同于自己社会的情形，没必要引入什么神神秘秘的观念，诸如让自己回到过去，或者飞入恺撒（科林伍德几乎就要如是说了）的意识，以便了解他为何入侵英国，他当时的感受、抱负和目的是什么。

如果我们能对所说的社会有一种想象上的把握，我们就能回答一些假设的问题，即使答案远非确定。这就是说，只有当历史学家给出了有关一个社会的具体构造，它的结构，它的“灵魂”，它的道德、思想类别和价值观，我们才能将试图描述这一社会的他看作是一位有天赋的历史学家。做不到的话，我们甚至还可以指责他缺乏深度。顺便提一下，深度和伟大都是哲学家们不太常用的概念，尽管我敢说如果他们多用用会是一件好事，因为它们不仅仅是华丽的辞藻。“深刻”是一种隐喻性表达——也许来自水井。这是什么意思呢？要是说（无论说得正确与否），帕斯卡是一位比笛卡尔更为渊博的思想家，蒙森或库朗日是比那些辛苦的 323
编纂史者或爱国教材的作者更为伟大的历史学家，这意味着什么呢？

我无意在此深究这个问题，只想坚持说仅仅从考古意义上来重现过去是不够的。仅有自然科学的范畴也不行。这关乎通常被称作知识的概念与狄尔泰之所谓理解之间的差异。我想坚持说我们之所谓知识在自然科学和人文科学上都是一样的——要涉及行为人、他们的动机、目的、恐惧、希望、感受、思想、行为等：这不仅仅是个人的，还是某团体的、某阶级的、某次运动的、某一机构的或整个社会的。讨论这些行为人的生活、观点和行动涉及的概念与范畴未经拟人化就无法用于自然科学主题，处理两种科学之间中间地带或无人地点的话题会造成自身的问题。要理解一个特定社会的道德规则、社会目的、文化或精神潮流，就是要理解假如活在那个环境下会是什么样子。这种洞察力需要一种类似艺术家的天赋，只有这种天赋能够将干巴巴的研究和有关事实积累（只能通过经验考察获得的事实）融合起来，让它们栩栩如生。

当然，这些也都是老生常谈。我情不自禁地想到一项对于历史学家而言更有用的任务，说起来也是他们的主要任务，那就是分析历史解释的逻辑。这意味着分析诸如“因

为”、“因而”、“到一定时候”、“不足为奇的是”等词语的
324 使用。这种分析充当各种有关过去命题的联系，将它们以不同于这些逻辑充分用于自然科学的方式结合起来。自然科学本身不是历史思想，它们是历史思想的组成部分，因此我把以下学科统统都归在自然科学门下：考古学、古文书学、金石学、人口统计学、自然地理、人类学，以及星相学的、化学的或生物学的计时方法，还有所有其他测量时间间隔，分析影响人类生活的环境和其他物质因素所需的附属学科，没有这些就没法得到关于过去的准确知识。

我所说的也许是异端之言，既不同于科学导向的分析哲学的立场，也不同于那些具有黑格尔路线倾向的哲学立场。也许这点也还是异端之言：我无意撤回，除非迫于理性争论的绝对责任。

多元主义与自由主义

以赛亚·伯林与伯纳德·威廉斯

编者按:《多元主义与自由主义:一个回应》是对乔治·克劳德同名文章的回应,载《政治理论》第42期(1994)。

“多元主义,”克劳德称,“预设各种价值当中存在某种更强形式的冲突,而不只是简单的互不相容。”他此处提到的“更强”形式的冲突适用于这种的情形,我们的确无法在提出或尊重某一种价值的同时而不会有损其他价值,而且除此以外,也没有什么“共同的衡量或排序”。这就意味着,首先,没有实用主义允诺的那种共同的比较标准。它还意味 325
着更为宽泛的一点(不过克劳德自己没有明确区分这两点),那就是没有其他决定性的普遍的程序来解决冲突,如词汇优先法则。正是在此更为宽泛的意义上,各种价值被认为是“不对称的”。有人说存在这种冲突(与此相当地,也就存在不对称的价值)是多元主义造成的,克劳德将这一立场归在我们身上,特别是伯林身上。我们并不想否认被如此描述的多元主义的立场,但我们拒绝克劳德以此做出的推论。

克劳德称,根据多元主义,不对称价值之间的选择是

"不由理性决定的"，也就是说包含了一种理性的"不确定性"。克劳德这些话的意义非常不明确（引自其他作家，不是我们两人中的任何一个）。他承认人们可以在冲突状态下做出选择，说"毫无疑问他们可以为自己的选择提供理由"。截至目前，这听起来还是令人鼓舞的。但克劳德认为，多元主义者除此以外的承认非常有限。问题是，他没说明他认为这些限制会是什么。

有时候，比如，他用反义疑问句问到，是否"公正比忠诚更加重要呢"，他的观点看起来就只是说，既然两种价值相冲突，多元主义者就会在每一次冲突中否认是一个价值胜出了另外一个。这就等于重复说没有优先原则。此外，对于很多种冲突而言，这也是一个理性的人会期待的结果。在更广泛的意义上说来，公正偏好的价值会以牺牲忠诚的代表来被追求，但事情并不总是如此，在另外情况下，有可能也有理由看到，考虑事情涉及的忠诚比考虑公正更重要。当然，有人会坚持说，两种情况都不会出现，说真正的公正永远也不会要求以牺牲真正的忠诚为代价，但这些人不认为这两种
326 价值之间存在真的冲突，他们也就不会走上多元主义的道路。已经走上了这条道上的人会接受说，一种价值在某种情况下可能比另外一个价值更有分量。

与此一致，特定情况下的答案都可以成为理智之人讨论和商议的话题。克劳德想到的可能是另外一个非常不同的对理性的限制，说是在多元主义前提下，事情不会如此。"我

能给出的理由都是穷尽的，其中并不包含只顾这一头而不顾另一头的选择”；所有理由不能“强行管制那个选择”。这么说的时候，克劳德似乎是想说，如果在特定情况下我认为，比方说，忠诚比公正更重要，那就没有任何余地让人理智地同意或不同意我的看法了。的确，克劳德还失控地提到说：“我必须依赖我的喜好和欲望来解决这一问题。”他的意思好像是说，一个判断大意是说在特定语境下一个考虑因素更重要或显著，就说明这个判断是不理智的，或者说主观的或只是品位问题。

我们为什么相信这点？尤其是，为什么我们相信，相比于那些认为我们应该要接受某种优先原则的主张来说，这种判断从本质上讲来是更不理智或不可理喻的呢？当然，如果我们就优先原则达成一致的话，那么我们也会（非常无关紧要地）在这一原则管辖之下的情形中达成一致。但是，同样说来，如果我们就重要判断达成共识，我们也在相关情形上达成共识；如果我们达不成共识，我们至少可能就一个给定的优先原则的优点提出不同看法。的确是存在冲突，特别是涉及公共政策的时候，存在一些比个人对重要性的判断更简单也更可发现的规则。同样地，还有其他事情更适合留给对重要性的判断来处理。此外，丝毫不存在什么决定上的机械 327
性程序。以上种种情形本身没有任何一种阐明了理性的力量与局限，它们只是提醒我们说，实践决定从原则上说来不能完全由算法来决定，旨在图谋理想算法的实践理性的概念应该是错误的。

克劳德在提到“理性的欠定”时，似乎不太确定到底要把有关潜在冲突价值的两种观点中的哪一种归结于多元主义：一种观点是，理性并不要求存在一种价值在所有情形下都胜出另外一种价值；另外一种观点是，在每一个特定情形下，理性对于哪种价值该胜出毫无发言权（不存在什么理性之言）。多元主义者（至少是我们这些多元主义者）认为第一种观点是明显正确的，而第二种是明显错误的。克劳德自己有时候好像也同意我们的看法。但是，他在讨论理性的时候，还是显示出对于这些观点的困惑。而这种困惑在他现在用来探究他所谓核心问题（辩驳据说是多元主义和自由主义之间的联系）的方法上也起到非同小可的作用。

克劳德在探究其核心问题的时候，其策略就是将所有论点都还原至同一形式，每一种情形只由两个部分组成：(i) 多元主义支持、提倡、偏好某一个种价值 x；(ii) x 对于自由主义是非常重要的，支持或至少偏好自由主义。[我们可以把这叫作（i）—（ii）结构。] 我们一共考虑了六个候选项对 x 价值的支持情况。克劳德在其中五种情况（宽容、自由选择、人性、多样性、自立）下批评了（i)。在真理和真理性价值这点上，他声称（ii）失败了。对于这一番争论，我们无意发表任何意见，x 价值是宽容这一点要归功于卢克斯。多元主义与宽容之间无意存在联系，但它们绝不是简单的联系，我们以拒绝他考虑的论点的形式赞同克劳德。

在克劳德讨论的其他价值中，他采用了三种形式的批评，我们觉得哪一种都不够有说服力。 328

(a) x 不是仅仅与多元主义，或与自由主义相关。这一批评是明显不相干的。还不如说，多元主义以外的观点支持或偏好，比如说，自由选择，但讨论涉及（i）—（ii）结构——也就是说多元主义可以通过所涉及的价值对自由主义给予支持。还有其他要素也会支持该价值，但它并不影响这一点。同样地，联系（ii）也是不相关的，说自由主义的机构可以被理解为对多元主义之外其他观点的正确表达。毫无疑问这种情况可能存在，也存在过，但只能说明一项有益的事业可以不只有一个朋友支持。

（b）多元主义中的 x 价值只是多个价值中的一种。我们不清楚克劳德为什么把这个观点视为反对意见，而且还反复多次提及。(i) —（ii）结构产生有效论点的必要条件是 x 应当与自由主义适当相关，相比于自由主义的敌人能对价值 y 提出的要求，这种才证明它们反对自由主义，多元主义可以更有效地提出对 x 价值的要求。克劳德之所言并没有显示，这与多元主义认可 x 价值是多个价值（y 价值也许其中之一）这一点存在不一致。

克劳德为何会认为多元主义在此处遇到了问题？也许是因为我们之前提过的“理性的欠定”的观念在价值选择上存在含糊。如果你认为在多元主义立场下，一个人必须在普遍层面上选择一种价值，排除其他的，这就自然让人难以理解为何自由主义者的朋友 x 比反自由主义的朋友 y 更得宠。但是，如同我们也煞费苦心解释的那样，这不是多元主义要求或允许的选择。

当然，如克劳德所言，多元主义者有时从自己的观点提倡某个价值的重要，如多样性或自立，这些价值在其他人看
329 来或者没那么重要，甚至都根本都不算是一种价值。再重复一遍，他们这样做，与他们接受这是多个价值中的一个，这两者之间并不存在不一致。如果他们要进而推翻这一价值的重要性，有些自自由主义者有时会这么做，那么他们就开始与多元主义产生分歧了。但是，多元主义者不是那种自由主义者，克劳德自己也都提到了密尔这位最接近这一观点的自由主义者，说他不是多元主义者。

(c) 多元主义不支持自由主义，而是“积极损害”自由主义。克劳德指出：“多元主义者永远在问，为什么没有不自由的选项？”可是，任何人，包括自由主义者在内，也同样可以问那个问题。此处重要的是，多元主义是否必须觉得这个问题特别难回答。克劳德的论述中没有任何地方提到说必须如此，只是又提到说多元主义是反理性的，事实上是怀疑的，这一看法或许基于我们讨论过的困惑。

从克劳德所选择的非常抽象层面上的论证来看，我们在他的主张背后只能找到困惑。事实上，我们两位作者都相信，讨论这种问题也需要这种风格才是最容易说明问题的。说起来，其实存在很多广为人知的，也很重要的有关自由主

义之社会与政治稳定性的问题，及其历史上与自由主义观点相关的观点。只有对这些问题进行具体的讨论，而不是开展有关逻辑可能性的辩论，自由主义的短板和忸怩的多元主义的问题才可能出现。同样地，要通过社会和历史现实，我们才可能吸取自由主义的优势，并被提醒，事实上，粗暴而不诚实的简单化才是自由主义真正敌人常用的招式。 330

查尔斯·泰勒的哲学

编者按：此文最早是詹姆斯·塔里所编《多元主义时代的哲学：查尔斯·泰勒的哲学论》一书的“前言”。

鉴于本书都是对查尔斯·泰勒作为一位思想家的全面考察和讨论，我就纯粹谈谈个人对他本人及其观点的看法。我从 1956 年开始就认识泰勒，此后一直私交深厚，对他敬仰有加。他是一个思想敏锐、诚恳万分、刚直不阿的人，对多种哲学传统及其思想都有非凡的洞察力，通晓以灵活而复杂的方法应对实际或可能的反对意见。他有关社会与政治生活方面的观点（这也是他的主要思想所在）充满了想象力，被普遍接受，充满了人性，都是通过他自己看到的真理而形成的，不是根据什么教条或强势的意识形态。这赋予他的著作真实性、具体和现实感，这些品质在他一些思想不够豁达，又改变了信仰，甚至思想中充满了现成公式和意识形态的同僚和信徒当中是看不到的。我可以以自己的经验作证，他比他们都优秀得多，哪怕是那些与他持不同意见的人也都由衷地觉得他是不断给人启发的人。

我们俩观点的主要分歧是泰勒从根本上来说是一位目的论者——他既是基督徒，也是一位黑格尔学派哲学家。他真诚地相信，正如观念史上很多人一直以来也都相信的那样，人类乃至整个宇宙有一个根本目的：那也许是由上帝所创造的目的，如基督徒和犹太教徒相信的那样，也许是由自 331
然所创造，如亚里士多德及其信徒，也许还有黑格尔（在我看来，他在此事上的看法有些模棱两可）所传授的那样。由此，他的全部著作都在关心人相信了什么，为了什么而斗争，发展到了什么样子，最终根据怎样的最终目标来生活。在他看来，人依照本性而言会坚决朝着自己的目标前行。例如，他对赫尔德（我们俩都同他意气相投）的兴趣说起来就是作为一个人的固有兴趣。赫尔德大概是第一位如此强调的人，说人之所以是现在是这个样子，是因为他们生活在一个持续不断的文化、道德和精神发展潮流中，而这一潮流不仅是个人的，还是他们所属的整个社会的，这种归属感，这种朝着一个内在的文化与社会而前进的观念是理解人类生活、思想和情感的唯一途径。泰勒和我都欣赏赫尔德的核心思想，属于社会是一种人的本质需要，如同对食物、安全感、自由等的需要，而自我实现的获得离不开社会生活，其框架离不开他们与生俱来的、情不自禁地有归属感的文化或社会的有机结构——泰勒比我更赞同这一框架之说。

我想，这就是我们的分歧所在。我不相信目的论。我不否认社会与文化以某种方式发展——没人能理解那些无法理解这一点的人或历史作品。但是，正如斯宾诺莎、休谟和其他在观念上更接近我而不是泰勒的思想家一样，我相信目的

都是人强加给自然和世界的，而不是人要追求的本性的一部
332 分。我相信，是人，以及人的想象力、智力和性格塑造了他们所居住的世界，当然，不是单独居住而是和其他人住在一起——我不否认这一点——但是这在一定意义上说来是一种自由的，没有组织的发展，并非能用因果关系来预测。这不是决定论结构中的一部分，它不会冷酷无情地朝着某个单一的，预先设定好的目的前进，而基督徒、黑格尔学派哲学家，马克思主义者和其他决定论信徒和目的论者一直以来都在以各种不同的，而且常常相互冲突的方式相信这一点，至今都如此。

我想，马克思主义思想——在我看来，这种思想以一种令人惊奇的方式影响了泰勒的形而上学观点和社会观点——吸引泰勒的就是这样一种观念，人可以全面发展，发挥出所有属于他们的潜能，只要人类社会能从现代资本主义——其根源还是出自过去的种种形式——所包含的不可避免的压迫、剥削、被统治当中解放出来。他相信，如果我理解得没太错的话，这种解放只能通过创立一个理性社会才能实现，在这样一个社会里，人理解世界，不管是有生命的还是无生命的世界，理解自身，理解自然科学家们致力研究的物质世界的决定因素。有且只有在这种状态下，人才会自由地追求他们之所以被创造出来的目的，个人是如此，社会尤其也是如此。他的这一愿景有关这样一种人类社会，人与人和谐共处，以集体方式运作，社会中的公民通过自由自在的理性、

自由交流和相互理解而团结，只有这样才能自由生活并实现发展。

我但愿自己能够相信它，但我做不到。我无意借机大谈特谈我自己的看法，只是想说我相信不同社会，不同个人和不同文化所追求的多种多样的价值，有些会相互冲突，或互不相容，有关同一个世界，同一种人类朝同一个目标忠诚、
快乐而胜利地迈进这种观念是不真实的。不同时期的不同社 333
会互不相容，但它们都是平等有效的理想，组成这些社会的个人持有各种不同的价值和目的，是这些而且只能是这些，而不是什么放之四海而皆准的计划，来决定人类行为的总体后果会是如何，哪怕个人自己无法说出这些互动活动的结果究竟会怎样。这些后果，这些只有专门的观察者才能分析的后果，不是从具体的普遍原则或超个人的实体发散出来的，而是由（用亚里士多德的话来说就是）人“行事与受难”[1]，人的行为和目的，全部个人与社会经验的网络所构成的。

不过，我不该再赘述我与泰勒的分歧所在。我想重申，查尔斯·泰勒是一位高尚的，天赋极高的，饶有趣味的思想家，他的每一本著作都让我得到启发，让我兴奋，对于很多其他读者也是如此。说起来，他在众多社会与政治哲学家中所获取的独特地位也是因为他的人性，他对不同团体、个人、社会与国家之差异的理解与支持，或者说共情。这让他

[1] 同上文引用（第 135 页注释 1）。

不会在著作中表现出任何教条主义，或者狭隘坚持某种已成定局的方案，因为在后者的观念里，救赎被认为是说谎。不管别人如何看待他的核心信仰，泰勒的人性与共情都只会让人视野开阔，读他的书，听他讲座或与他交谈，都给人这种感觉。总而言之，他是一位伟大的、让人深受启发的、有创意、有自己见地的思想家。作为多年好友，我由衷地向他致敬，希望他在今后很多年都继续自己硕果累累的思想活动。即使是不同意他观点的人，我敢说，也会从中获益，而且获
334 益匪浅。

索　引* 道格拉斯·马修斯 编

-A-

*条目后的数字为原书页码，见本书边码。

-B-

-C-

-D-

-E-

-F-

-G-

-H-

-I-

-J-

-K-

-L-

-M-

-N-

-O-

-P-

-Q-

-R-

-S-

-T-

-W-